CLÁUSULAS PENAIS MORATÓRIA E COMPENSATÓRIA

CRITÉRIOS DE DISTINÇÃO

VIVIANNE DA SILVEIRA ABILIO

Prefácio
Gustavo Tepedino

CLÁUSULAS PENAIS MORATÓRIA E COMPENSATÓRIA

CRITÉRIOS DE DISTINÇÃO

Belo Horizonte

2019

© 2019 Editora Fórum Ltda.

É proibida a reprodução total ou parcial desta obra, por qualquer meio eletrônico, inclusive por processos xerográficos, sem autorização expressa do Editor.

Conselho Editorial

Adilson Abreu Dallari
Alécia Paolucci Nogueira Bicalho
Alexandre Coutinho Pagliarini
André Ramos Tavares
Carlos Ayres Britto
Carlos Mário da Silva Velloso
Cármen Lúcia Antunes Rocha
Cesar Augusto Guimarães Pereira
Clovis Beznos
Cristiana Fortini
Dinorá Adelaide Musetti Grotti
Diogo de Figueiredo Moreira Neto
Egon Bockmann Moreira
Emerson Gabardo
Fabrício Motta
Fernando Rossi
Flávio Henrique Unes Pereira

Floriano de Azevedo Marques Neto
Gustavo Justino de Oliveira
Inês Virgínia Prado Soares
Jorge Ulisses Jacoby Fernandes
Juarez Freitas
Luciano Ferraz
Lúcio Delfino
Marcia Carla Pereira Ribeiro
Márcio Cammarosano
Marcos Ehrhardt Jr.
Maria Sylvia Zanella Di Pietro
Ney José de Freitas
Oswaldo Othon de Pontes Saraiva Filho
Paulo Modesto
Romeu Felipe Bacellar Filho
Sérgio Guerra
Walber de Moura Agra

Luís Cláudio Rodrigues Ferreira
Presidente e Editor

Coordenação editorial: Leonardo Eustáquio Siqueira Araújo

Av. Afonso Pena, 2770 – 15º andar – Savassi – CEP 30130-012
Belo Horizonte – Minas Gerais – Tel.: (31) 2121.4900 / 2121.4949
www.editoraforum.com.br – editoraforum@editoraforum.com.br

Dados Internacionais de Catalogação na Publicação (CIP) de acordo com ISBD

A148c	Abilio, Vivianne da Silveira
	Cláusulas penais moratória e compensatória: critérios de distinção / Vivianne da Silveira Abilio. Belo Horizonte : Fórum, 2019.
	204p. ; 14,5cm x 21,5cm.
	ISBN: 978-85-450-0556-8
	1. Direito Civil. 2. Direito das Obrigações. 3. Contratos. 4. Direito Privado. I. Título.
	CDD 342
2018-880	CDU 347

Elaborado por Vagner Rodolfo da Silva - CRB-8/9410

Informação bibliográfica deste livro, conforme a NBR 6023:2002 da Associação Brasileira de Normas Técnicas (ABNT):

ABILIO, Vivianne da Silveira. *Cláusulas penais moratória e compensatória*: critérios de distinção. Belo Horizonte: Fórum, 2019. 204p. ISBN 978-85-450-0556-8.

À Gabriela, "razão para poder seguir".

AGRADECIMENTOS

Zenith e Zolírio – ele caminhoneiro e ela dona de casa que complementava a renda familiar com a venda de doces caseiros – criaram, em São Fidélis, interior do estado do Rio de Janeiro, com grande esforço, seus seis filhos. Ensinaram-lhes, mesmo diante de toda a dificuldade financeira, que cabe a cada um traçar seu destino e que a educação é o que de melhor podemos deixar para nossos herdeiros. Essa filosofia inspirou Rosangela e José, que respondem pela alcunha de mamãe e papai, a quem vi fazerem todos os sacrifícios possíveis para dar a seus filhos (de sangue e de coração) a instrução mais completa que podiam. Ao concluir o mestrado que deu origem à presente obra – primeiro (de muitos!) da família que vovô e vovó construíram –, espero ter contribuído para que, onde quer que estejam, sintam-se também vitoriosos.

Ao destino, sorte, entidade superior, devo os mais profundos agradecimentos, por ter me cercado sempre de pessoas extraordinárias. À minha família, devo tudo o que fui, sou e serei. Com eles aprendi que cuidar do outro é o que há de mais gratificante. Nenhuma palavra é capaz de descrever o sentimento de chegar à casa na Rua Miguelote Viana e ter a convicção de que nada no mundo poderá me atingir e de que tudo sempre dará certo. Obrigada, mais uma vez, Rosangela, José, Lúcia, Giselle, Raphael, Luana e Rodolpho, por existirem.

Como se não bastasse, encontrei em Marcelo o companheiro com quem decidi formar nossa própria família. A cada desafio, dificuldade e vitória que partilhamos, amplia-se a convicção da escolha, que se renova a cada dia e está eternizada na nossa obra-prima, a pequena Gabi. Com ele vieram à minha vida outras pessoas maravilhosas, a quem também agradeço e aproveito para registrar minhas desculpas, em especial aos meus sobrinhos, João Pedro e César, cujos pequeninos coraçõezinhos tive que partir tão cedo com minha ausência.

Incrivelmente, colocou-se em meu caminho outra família, com quem tenho o prazer de conviver cotidianamente – os sensacionais componentes do escritório Gustavo Tepedino Advogados. Ao meu indescritível professor orientador, líder insuperável dessa família, me faltam, uma vez mais, palavras para agradecer. Creio que a ninguém mais a designação "professor" é tão adequada. Ao acreditar em mim em momentos nos quais eu duvidava que estivesse à altura do desafio, ensinou-me, entre tantas outras coisas, que a melhor forma de motivação advém não da cobrança, mas da confiança. Como se não bastasse, ali encontrei mais uma irmã do coração: sem o apoio incondicional de Milena Donato Oliva, certamente não conseguiria superar diversos obstáculos. É incrível como associa juventude a brilhantismo e maturidade sem igual! Reitero aqui minha gratidão eterna! Ao amigo-irmão Andre Roque, cuja parceria se intensificou nos últimos anos, agradeço por também "segurar a onda" e permitir que eu concluísse esse trabalho. A Eduardo Nunes, agradeço a paciência com todas as minhas angústias e por sempre ter uma palavra de conforto. Infelizmente, não terei espaço para lembrar de todos os que compõem ou já compuseram nossa família. Agradeço a todos nos nomes de Ana Frazão, Ana Rafaela de Medeiros, André Nery, Angelo Gamba, Antônio Pedro Dias, Marina Campos, Bernardo Baptista, Camila Melchior, Guilherme da Silva Medeiros, Henrique Fleury, Julia Thompson Flores, Laís Sampaio, Marcely Ferreira Rodrigues, Marco Antônio Lima, Natalia Marques d' Avila, Paula Greco, Renan Soares Cortazio, Rodrigo Requena, Sofia Temer; bem como aos solidários membros de nosso administrativo, nas pessoas de Miriam, Therezinha, Jussara, Cláudio, Matheus, Ana Beatriz, Renata, Luciana, Roberta, Rose e Sueli.

Na UERJ encontrei na graduação e na pós-graduação professores e colegas extraordinários. Diante da impossibilidade de enumerar todos, agradeço em especial aos professores Carlos Edison do Rêgo Monteiro – que desde o início e nos diversos cursos em que tive a honra de tê-lo como professor demonstrou grande confiança em meus trabalhos – Maria Celina Bodin de Moraes – que, sempre muito atenciosa, também me incentivou profundamente – e Carlos Nelson Konder – com sua gentileza ímpar e integral disponibilidade, auxiliou sobremaneira o desenvolvimento deste trabalho. À professora Caitlin Sampaio Mulholland, agradeço pelas relevantes ponderações expressadas com a maior das gentilezas. Diversos também foram os amigos que encontrei nos corredores uerjianos: em nome de todos os brilhantes colegas, agradeço a Vinícius Pereira, companheiro fiel de crises e angústias, e também a Antonio dos Reis Júnior e Marcelo Dickstein. Agradeço, ainda, a Francisco Viégas – ilustre representante de sua queridíssima turma de graduação da UERJ e com quem atualmente tenho o enorme prazer de conviver no escritório – pelo auxílio imprescindível.

Por fim, em meio às diversas amizades com as quais fui agraciada, gostaria de ocupar um pouco mais desse espaço para agradecer a Renata Maynards – cujo longo vínculo ainda assim não traduz a intensidade de tudo o que passamos juntas –, Talita Bretz Cardoso de Mello – brilhante jurista de maturidade inexplicável para sua pouca idade, apenas superada pela doçura ímpar –, Anna e Jeferson Cadete – pela amizade e apoio imprescindíveis nos últimos anos, mas também por generosamente permitirem conviver com as lindas Cecília e Camilla, de quem ainda tenho orgulho de ser madrinha! – e Giovanna Minari – cuja amizade, embora recente, tornou-se, para usar expressão a ela tão quista, inalienável – a ponto de me permitir partilhar, como madrinha, a vida do delicioso João Vicente.

SUMÁRIO

PREFÁCIO
Gustavo Tepedino 15

INTRODUÇÃO 15

CAPÍTULO 1
O DEBATE EM TORNO DA CLÁUSULA PENAL 21

1.1 A cláusula penal no descumprimento das obrigações: entre indenização e sanção 21

1.1.1 A essencialidade do dano para o dever de indenizar no direito brasileiro 27

1.1.2 A teoria das penas privadas 33

1.2 Natureza e função da cláusula penal 43

1.2.1 A cláusula penal como pré-fixação das perdas e danos 44

1.2.2 A cláusula penal como pena civil: função punitiva do instituto 48

1.2.3 A cláusula penal como instituto misto: a tese da dupla função 56

1.2.4 A cisão entre cláusula penal "propriamente dita" e cláusula de pré-fixação das perdas e danos 59

1.2.5 Síntese conclusiva: em busca das funções das cláusulas penais à luz de seu papel na disciplina obrigacional 68

CAPÍTULO 2
AS MODALIDADES DE CLÁUSULA PENAL
NO DIREITO BRASILEIRO 79

2.1 Inadimplemento e mora no direito brasileiro 79

2.2 As modalidades de cláusula penal no direito brasileiro: conceito e funções 96

2.2.1 Cláusula penal compensatória 100

2.2.1.1 A função da cláusula penal compensatória no direito brasileiro 100

2.2.1.2 A alternativa do credor no contexto das transformações no conceito de inadimplemento 117

2.2.1.3 O valor da cláusula penal compensatória e a restituição de parcelas recebidas da parte inocente 125

2.2.2   Cláusula penal moratória 127

2.2.2.1 Conceito e função..127

2.2.2.2 Cláusula penal moratória e juros de mora...135

2.2.3   Síntese conclusiva..138

CAPÍTULO 3
CRITÉRIOS DE DISTINÇÃO ENTRE AS MODALIDADES
DE CLÁUSULA PENAL...141

3.1   A distinção na perspectiva funcional 141

3.2   Elementos de qualificação: avaliação a partir da perspectiva
         funcional..150

3.2.1   O valor da cláusula penal em comparação ao da obrigação
         principal...150

3.2.2   A qualificação da cláusula penal atrelada ao (des)cumprimento
         de obrigação específica 154

3.2.3   A cláusula de descumprimento de "quaisquer das obrigações" 157

3.2.4   Critérios relativos à espécie de obrigação e ao tipo contratual.........160

3.2.5   As consequências do pagamento da cláusula penal 165

3.2.6   A presença de cláusula resolutiva expressa ou termo essencial 169

3.2.7   Critérios relativos à forma de incidência da cláusula penal 175

3.2.8   Outros elementos: regras gerais de interpretação 178

3.2.9   Síntese conclusiva: o processo de qualificação da cláusula penal....180

CONCLUSÃO...183

REFERÊNCIAS...195

PREFÁCIO

Por sua intensa recorrência na prática jurídica, aliada à clareza legislativa e sólida base doutrinária, alicerçada desde o direito romano em favor da autonomia privada (*semel commissa poena non evanescit*), a cláusula penal pode suscitar a falsa impressão de relativa simplicidade. A análise do tema, entretanto, crucial para a interpretação das relações obrigacionais, revela-se árida e tormentosa. Ao entrevê-la, o intérprete logo se depara com inóspita controvérsia, refletida em processos judiciais e arbitrais, desde o seu próprio reconhecimento (trata-se de cláusula penal?), passando por sua qualificação (moratória ou compensatória?), dificultada frequentemente pelo conjunto de cláusulas, por vezes contraditórias, inseridas no mesmo instrumento contratual, até o vacilante estabelecimento de seus efeitos, limites e suscetibilidade à restrição e controle por parte do julgador.

O enfrentamento dessas dificuldades não pode ser adiado pelo profissional do direito, já que do aclaramento de tais divergências depende toda a sistemática do direito obrigacional, cujo risco do inadimplemento se apresenta como contraponto insuperável da segurança jurídica no sistema de crédito. A presente obra volta-se precisamente para a benfazeja compreensão dogmática da cláusula penal, estabelecendo critérios de qualificação e distinção funcionais das cláusulas penais moratória e compensatória.

Com o trabalho ora apresentado ao público, a autora obteve – com grau máximo, distinção e louvor, e recomendação de publicação –, o título de Mestre em Direito Civil no Programa de Pós-Graduação da Faculdade de Direito da Universidade do Estado do Rio de Janeiro (UERJ), em banca examinadora que tive a honra de presidir, integrada também pelos ilustres professores Carlos Edison do Rêgo Monteiro Filho (UERJ) e Caitlin Mulholland (PUC-Rio). Longe de perfil abstrato e acadêmico, a ingente tarefa é facilitada pela elegância de estilo e vocação didática da autora, que tornam agradável a leitura do texto, entremeado por instigante casuística extraída de exitosa e cotidiana prática da advocacia.

Desse modo, Vivianne da Silveira Abilio logra associar, nesta obra, densidade teórica com experiência profissional, estruturando o livro em três capítulos. No primeiro capítulo, apresenta as controvérsias, questões fundamentais suscitadas pela temática, propondo perquirir na análise metodológica funcional os critérios qualificadores das cláusulas penais moratória e compensatória. No segundo capítulo, são apresentados os traços característicos das modalidades de cláusula penal admitidas no direito brasileiro, a partir do discrímen entre o inadimplemento relativo e absoluto, associado necessariamente à noção de interesse útil do credor. Tal exposição permitirá compreender as funções específicas das cláusulas penais moratória e compensatória, de modo que, no terceiro capítulo, sejam explicitados os critérios distintivos de cada uma dessas categorias, seus efeitos, limites e regras interpretativas no âmbito das vicissitudes da relação obrigacional.

Tais são as linhas gerais dessa admirável contribuição de Vivianne Abilio ao direito civil brasileiro contemporâneo. O tema, a um só tempo clássico, momentoso e atualíssimo, fornecerá subsídios valiosos para a interpretação específica da cláusula penal e, de forma mais abrangente, para a teoria do inadimplemento e para o direito das obrigações. Eis uma rara e proveitosa fonte de reflexão e consulta para os leitores do direito civil.

Rio de Janeiro, junho de 2018

Gustavo Tepedino

Professor titular de Direito Civil e ex-diretor da Faculdade de Direito da Universidade do Estado do Rio de Janeiro. Doutor em Direito Civil pela Universidade de Camerino (Itália). Professor visitante das Universidades de Molise (Itália), São Francisco (Califórnia – EUA) e Poitiers (França). Sócio do Escritório Gustavo Tepedino Advogados. Presidente do Instituto Brasileiro de Direito Civil (IBDCivil).

INTRODUÇÃO

A renovação metodológica pela qual atravessa o direito civil,[1] no âmbito do direito das obrigações, representou a superação da avaliação estática do vínculo obrigacional – centrada apenas nos momentos de constituição (especialmente para fins tipológicos) e do adimplemento pelo devedor (focado exclusivamente no desempenho da prestação principal nos exatos tempo e forma convencionados) –, que deu lugar à visão dinâmica e funcional da relação.[2]

Sob a influência dos princípios constitucionais, notadamente o da solidariedade (*CRFB*, art. 3º, I), de que é expressão a boa-fé objetiva, acentuou-se a importância da cooperação entre as partes para a consecução da finalidade pretendida com o ajuste, atribuindo-se aos centros de interesses envolvidos direitos e deveres a ela relacionados

---

[1] Sobre o tema, ver, entre outros: PERLINGIERI, Pietro. A doutrina do direito civil na legalidade constitucional. In: TEPEDINO, Gustavo (Org.). *Direito civil contemporâneo*: novos problemas à luz da legalidade constitucional. São Paulo: Atlas, 2008. p. 1.

[2] "A pretensa separação, normativa e conceitual, entre a relação obrigacional e as suas *fattispecie* constitutivas funda-se em uma concepção atomística que atribui, quando muito, ao fato constitutivo o papel de um mero e ocasional fato causativo, relevante exclusivamente como fonte da relação e não já como título, sua razão justificadora, e ininfluente na sua função e no seu regulamento. Um tal enfoque tende a reduzir a noção de relação a uma idêntica e achatada ligação (*relazione*) entre centros de interesses ou situações subjetivas, sem que se evidencie o perfil funcional, normativo-regulamentar da relação. Na realidade, é preciso apresentar o fenômeno em uma visão procedimental que, 'superando o esquema fato-relação onde o fato faz as vezes da causa, e a relação, do efeito', concentre a própria atenção 'na tríade relação-fato-relação de maneira que, especificamente, a relação obrigacional ou a situação inicial façam as vezes de '*prius*' do fato, condicionando a sua estrutura'. A estreita aproximação entre a teoria da relação e aquela da sua fonte, em uma superação de qualquer tendência orientada a separar uma da outra, pode explicar os modos e os tempos da dinâmica da obrigação, captando no movimento as suas vicissitudes simples ou complexas, por sua vez estritamente conexas à própria obrigação, mesmo na estrutura". (PERLINGIERI, Pietro. *O Direito civil na legalidade constitucional*. Rio de Janeiro: Renovar, 2008. p. 902-903.)

(não já apenas no momento do adimplemento e da constituição, mas) ao longo de todo o processo obrigacional.[3] Nesse viés, supera-se a concepção da obrigação como vínculo de integral subordinação do devedor à arbitrariedade do credor.[4] Assim, muito embora a relação obrigacional funcionalize-se ao atendimento do interesse do credor, este se extrai das circunstâncias objetivas postas no negócio, a se considerar, ainda, os interesses do devedor merecedores de tutela no caso concreto, bem como impor ao próprio credor deveres de cooperação.[5]

Tal concepção implicou verdadeiro redimensionamento do conceito de obrigação e, principalmente, da apuração do cumprimento da prestação. Por um lado, a valoração de seu desempenho escorreito descolou-se da simples observância da prestação principal com o reconhecimento de que também os chamados deveres laterais compõem a causa do ajuste, a determinar o interesse do credor. Por outro, rejeitam-se posturas formalistas, em relação à verificação do inadimplemento absoluto, isto é, calcadas em descumprimentos de importância secundária para o programa obrigacional.

---

[3] Nesse sentido, confira-se Judith Martins-Costa: "como efeito da apreensão da totalidade concreta da relação obrigacional, percebe-se ser a mesma um *vínculo dinâmico* – porque passa a englobar, num permanente fluir, todas as vicissitudes, 'casos' e problemas que a ela possam ser reconduzidas – que se movimenta processualmente, posto criado e desenvolvido à vista de uma finalidade, desenvolvendo-se em fases distintas, a do nascimento do vínculo, do seu desenvolvimento e adimplemento". (MARTINS-COSTA, Judith. *A boa-fé no direito privado*. São Paulo: Revista dos Tribunais, 2000. p. 394.)

[4] "A avaliação naturalmente não é remetida ao arbítrio das partes, mas depende do regulamento normativo no qual consiste a obrigação: regulamento autônomo, no quanto predisposto pela autonomia negocial nos limites a esta permitidos, e heterônomo, no quanto disposto pelo ordenamento, mediante procedimentos de integração, de substituição e, em sentido amplo, de qualificação. *A obrigação não se identifica no direito ou nos direitos do credor; ela configura-se cada vez mais como uma relação de cooperação. Isto implica uma mudança radical de perspectiva e de leitura da disciplina das obrigações: esta última não deve ser considerada o estatuto do credor*; a cooperação substitui a subordinação e o credor se torna titular de obrigações genéricas ou específicas de cooperação ao adimplemento do devedor" (PERLINGIERI. *O direito civil na legalidade constitucional*, p. 912-913, grifo nosso). E remata em nota de rodapé (nº 96, p. 912): "As definições que levam em conta exclusivamente o lado ativo da relação, isto é, o poder do credor de pretender o adimplemento, não identificam o conceito de obrigação na sua complexidade".

[5] "A situação chamada de débito, de resto, não se traduz em um mero dever ou obrigação de uma parte para com a outra (dita situação creditória), já que em diversas relações concretas pode-se verificar uma série de poderes a ela relacionáveis. Tome-se como exemplo o devedor que tem interesse – protegido pelo concreto regulamento da relação jurídica – a executar a prestação e o relativo poder de constituir em mora o credor se este não cooperar com o adimplemento (art. 1206 Cód. Civ.); considere-se também um contrato de fornecimento (art. 1559 ss. Cód. Civ.) entre duas empresas, do qual emerja o interesse, para fins publicitários, da empresa fornecedora a que a outra use a mercadoria fornecida". (*Ibidem*, p. 673.)

A renovada perspectiva traduziu-se, por exemplo, na consolidação das teorias do inadimplemento anterior ao termo e do adimplemento substancial. Do mesmo modo, possibilitou-se que também o devedor possa exigir do credor postura consentânea com o alcance da causa da obrigação, bem como coibir condutas que representem o agravamento de sua situação (como ocorre na teoria do dever de mitigar os danos).

Conquanto profunda, a transformação do direito obrigacional não se refletiu nas mesmas proporções nos estudos relativos à cláusula penal: o instituto permanece associado sobremaneira ao arbítrio do credor, a ponto de se asseverar que lhe seria assegurado ignorar a previsão caso assim desejasse. Ao mesmo tempo, mantém-se perspectiva segundo a qual o instituto assume relevância apenas na ocorrência do inadimplemento, sem que seja inserido na lógica obrigacional delineada pelas partes, reproduzindo-se, no mais das vezes de forma etérea, discussões sobre suas funções punitiva ou indenizatória. Nesse panorama, o papel atribuído à cláusula penal e, por consequente, a identificação da modalidade prevista pelas partes, acaba relegada a segundo plano, suplantada pelas abstrações teóricas.

Inspirado nas alterações anteriormente mencionadas, o presente trabalho procura investigar o papel da cláusula penal a partir (não de sua concepção como ajuste "paralelo" à obrigação, mas) de sua inserção na lógica obrigacional. A previsão de cláusula penal pode se mostrar significativa, assim, na identificação de escolhas efetuadas pelas partes e evidenciar até mesmo a maior relevância atribuída em concreto a determinadas prestações.[6] Em tal concepção, há que se estremar as distintas modalidades – cláusula penal compensatória e cláusula penal moratória – em decorrência de sua vinculação a momentos com lógicas diversas – inadimplemento absoluto e mora – à luz da manutenção do interesse na prestação. Nesse cenário, a verificação da função desempenhada em concreto pela cláusula penal, apurada de acordo com o seu papel no programa obrigacional, consiste em metodologia capaz de auxiliar o intérprete a qualificar a previsão contratual, identificando, assim, a disciplina adequada à hipótese. Cuida-se, em síntese, de

---

[6] Em sentido semelhante, veja-se citação de Andrea Zoppini: "Si tratta, pertanto, di un patto che, in astratto, non aggiunge nulla, né modifica la struttura o la funzione del regolamento di interessi cui accede, ma che nell'analisi della fattispecie concreta assume particolare importanza in vista dei motivi che hanno spinto le parti all'accordo negoziale e dei fini alla realizzazione dei quali la penale è connessa" (ZOPPINI, Andrea. *La pena contrattuale*. Milão: Giuffrè, 1991. p. 100.)

tentativa de revisitar o instituto e algumas conclusões tomadas à luz de lógica mais centralizada na estrutura da cláusula penal.

Com o objetivo de enfrentar tais questões, o presente trabalho desenvolve-se em três capítulos, nos quais são abordados os diversos temas que a análise da cláusula penal em perspectiva funcional apresenta ao intérprete. O primeiro capítulo destina-se ao estudo das discussões travadas sobre a natureza e a função da cláusula penal, vinculadas aos conceitos de indenização e punição – a tornar imprescindível avaliar as teorias da responsabilidade civil e das penas privadas, seus elementos centrais e sua configuração moderna. Debruça-se, assim, sobre a atual configuração dos requisitos da responsabilidade civil, sua função e o papel do dano; bem como sobre o conceito de pena privada, sua pertinência como categoria autônoma e, ainda, sua viabilidade no direito civil brasileiro. Após, explicitam-se as teorias defendidas para explicar a função da cláusula penal, delimitando-se os pontos nos quais se baseiam, apurando-se criticamente suas contribuições a partir dos conceitos de função e relação obrigacional adotados pelo presente trabalho.

O segundo capítulo dedica-se à verificação dos conceitos de cláusula penal compensatória e cláusula penal moratória no direito brasileiro, notadamente a partir das concepções de mora e inadimplemento absoluto, a demonstrar que, enquanto o primeiro se vincula a questões não relacionadas à essência do ajuste, o segundo reflete pontos que consubstanciam o cerne do objetivo buscado pelas partes com a obrigação. Estudam-se, desse modo, as distintas modalidades de cláusula penal a partir da sua ligação com a causa do ajuste, verificando-se as consequentes funções que podem assumir no caso concreto, a determinar o regime aplicável a cada modalidade.

A seu turno, o último capítulo, com base nas questões levantadas nos anteriores, debruça-se sobre a qualificação da cláusula penal à luz de suas funções. Procura-se demonstrar que a identificação da modalidade eleita pelas partes depende da inserção da previsão na lógica contratual, buscando-se apurar a relevância do dever a que se vincula para, então, determinar se se trata de cláusula penal compensatória ou moratória. A partir dessa concepção, busca-se avaliar o atendimento dos critérios empregados em doutrina e jurisprudência a tal paradigma hermenêutico, bem como se oferecem outros critérios de avaliação.

O caminho a ser percorrido pelo intérprete na qualificação da cláusula penal é sinuoso: à delicada definição da função do instituto – especialmente sensível em virtude dos plúrimos conceitos de função empregados em doutrina –, associa-se sua importância na prática contratual. Daí a necessidade e relevância da análise funcional, única capaz de garantir segurança ao tortuoso processo.

CAPÍTULO 1

O DEBATE EM TORNO DA CLÁUSULA PENAL

1.1 A cláusula penal no descumprimento das obrigações: entre indenização e sanção

Muito embora o interesse central no estabelecimento das relações obrigacionais consista no irretocável cumprimento da prestação ajustada,[7] o momento patológico das obrigações[8] é objeto de complexa disciplina jurídica, a abranger controvérsias desde a determinação do conceito e da configuração das espécies de inadimplemento[9] até as diversas consequências jurídicas deles decorrentes.[10]

---

[7] "A obrigação é criada com o fim de se extinguir pelo cumprimento, quando o devedor, voluntariamente (espontaneamente) ou à instância do credor, por intimação ou notificação, antes ou durante a tramitação do processo de conhecimento ou de execução, realiza a prestação devida, satisfazendo o interesse do credor". (AGUIAR JÚNIOR, Ruy Rosado de. *Extinção dos contratos por incumprimento do devedor*. Rio de Janeiro: Aide, 2004. p. 91.)

[8] "O estudo da inexecução compreende a parte patológica do direito obrigacional. O modo natural de extinção dos vínculos obrigacionais é o pagamento; esta é a regra. O inadimplemento é a exceção". (BARBOSA, Heloisa Helena; MORAES, Maria Celina Bodin de; TEPEDINO, Gustavo (Org.). *Código Civil interpretado conforme a Constituição*. 2. ed. Rio de Janeiro: Renovar, 2007. v. 1, p. 700.)

[9] É recorrente a divisão das modalidades de inadimplemento (i) quanto aos efeitos, em relativo e absoluto (tema que será melhor delineado no Capítulo 2, *infra*), e (ii) quanto à extensão, em total e parcial, a significar ter ocorrido descumprimento de parte ou da totalidade da obrigação. Veja-se: "Necessário distinguir, ainda, entre o inadimplemento absoluto e o inadimplemento relativo. O inadimplemento absoluto caracteriza-se pelo descumprimento *definitivo culposo* da obrigação, seja porque a prestação se tornou impossível, seja porque, embora ainda possível, o seu cumprimento perdeu utilidade à luz da função concreta da relação obrigacional. (...) O inadimplemento relativo, ou simplesmente *mora*, consiste no retardamento, na impontualidade, na *demora* culposa da realização ou recebimento da prestação. Ao contrário do inadimplemento absoluto, o descumprimento

A despeito das dificuldades hermenêuticas envolvidas na análise do descumprimento das obrigações, não se hesita em afirmar a responsabilidade do devedor pelos danos decorrentes de inadimplemento a ele imputável, seja esse relativo ou absoluto.[11] Tal regra encontra-se plasmada no artigo 389 do Código Civil, segundo o qual "não cumprida a obrigação, responde o devedor por perdas e danos, mais juros e atualização monetária segundo índices oficiais regularmente estabelecidos, e honorários de advogado".

Conquanto pormenorizadas as consequências legais do inadimplemento, nada obsta que as partes – pressupondo-se paridade de condições – disciplinem os efeitos decorrentes do descumprimento imputável ao devedor.[12] Tal é, de acordo com a abordagem tradicional, a seara de aplicação da *cláusula* penal,[13] destinada a atuar apenas na hipótese em que a obrigação não encontra sua solução natural – o escorreito cumprimento.[14]

---

aqui não tem caráter definitivo, podendo-se purgar a mora enquanto a prestação conservar utilidade. (...) A doutrina diferencia o inadimplemento absoluto ainda em duas subespécies: o inadimplemento total e o parcial. O inadimplemento total se verifica quando a obrigação, em sua totalidade, deixa de ser cumprida, e o parcial, quando se tem apenas em parte a frustração do objeto da relação obrigacional, como quando se cumpre apenas parcialmente a prestação, entregando metade do que se pactuara entregar" (TEPEDINO, Gustavo; SCHREIBER, Anderson. *Código Civil comentado: direito das obrigações*. São Paulo: Atlas, 2008. v. 4, p. 342-343.)

[10] Como se procurará demonstrar no Capítulo 2, *infra*.

[11] Nessa direção, confira-se a lição de Agostinho Alvim: "Não cumprida a obrigação ou cumprida de modo irregular, surge para o devedor a obrigação de reparar o dano (Cód. Civ. Art. 1.056). (...) A consequência, pois, do inadimplemento é fazer nascer a obrigação de satisfazer o dano" (ALVIM, Agostinho. *Da inexecução das obrigações e suas consequências*. 3. ed. São Paulo: Saraiva. 1980. p. 169-170.)

[12] "Les règles relatives à l'évaluation judiciaire des dommages-intérêts (...) appartiennent à la catégorie des lois supplétives de volonté. Elles ont pour but de tracer les directives qui s'imposent au juge en droit commun, quant aux suites de l'inexécution. Elles ne sont pas d'ordre public. Il en résulte que les parties peuvent y déroger. Elles le font en précisant elles-mêmes le montant des dommages-intérêts qui seront dus en cas d'inexécution". (DE PAGE, Henri. *Traité élémentaire de droit civil belge*: les obligations (seconde partie). Bruxelas: Émile Bruylant, 1950. v. 3, p. 145.)

[13] Como se verá no item 1.2.5, nada obstante a cláusula penal se torne exigível apenas quando verificado o descumprimento a que se relaciona, não deve o instituto ter sua função avaliada apenas à luz dessa circunstância, como se não assumisse relevo na disciplina obrigacional.

[14] "(...) la sua forza coattiva interviene ('la clausola si incorre') solo quando il debitore si rende in tutto o in parte inadempiente; cioè quando sai scaduto il termine o in mancanza del termine sai stata fatta l'interpellazione" (BARASSI, Lodovico. *La teoria generale delle obbligazioni*. Milão: Giuffrè, 1964. p. 483). Em semelhante lição, veja-se Caio Mário da Silva Pereira: "Descumprida a obrigação garantida por cláusula penal, esta entra em real funcionamento. Antes, não. Porque antes, sua exigibilidade é potencial, sujeita ao requisito do inadimplemento". (PEREIRA, Caio Mário da Silva. *Instituições de direito civil*: teoria

Conforme conceituação amplamente difundida em doutrina, a cláusula penal consiste na estipulação acessória de convenção específica, vinculada a um pacto principal, segundo a qual os contratantes estabelecem que, no caso de descumprimento (que pode ser relativo ou absoluto) da obrigação avençada, a parte inadimplente se obriga a determinada prestação previamente pactuada.[15]

---

geral das obrigações. 26. ed. Rio de Janeiro: Forense, 2014. v. 2, p. 156.) Justamente em função dessa vinculação, promoveu o Código Civil de 2002 relevante alteração topográfica ao disciplinar o instituto: outrora incluído pelo Código Civil de 1916 no âmbito das modalidades obrigacionais, os artigos referentes à cláusula penal foram inseridos nas normas relativas ao inadimplemento das obrigações. A respeito da mudança, comenta Guilherme Calmon Nogueira da Gama: "A mudança topográfica no tratamento da matéria – em comparação com o Código Civil de 1916 – se fundamentou na idéia referente às consequências do não-cumprimento da obrigação: a indenização pelo inadimplemento pode ser apurada pela atuação do processo no exercício da prestação jurisdicional (perdas e danos), pode ser fixada por lei (juros legais, entre outros institutos) ou é prefixada pelas partes (cláusula penal e arras)". (GAMA, Guilherme Calmon Nogueira da. *Direito civil*: obrigações. São Paulo: Atlas, 2008. p. 389.)

[15] É o que acentua Andrea Magazzú: "Si desume dall'art. 1.382 comma I C.C. che la clausola penale consiste in un accordo in forza del quale uno dei contraenti, per il caso di inadempimento o di ritardo nell'adempimento di una obbligazione (principale), è tenuto ad una determinata prestazione in favore dell'altra parte". (MAGAZZÚ, Andrea. Clausola penale. In: ENCICLOPEDIA DEL DIRITTO. Milão: Giuffrè, 1960. v. 7, p. 186.)

Segundo Michele Trimarchi, trata-se de instituto de formação complexa e sucessiva: consiste na junção de manifestação de vontade e de comportamento humano. Isto é, sua eficácia encontra-se condicionada ao estabelecimento de uma pena para o caso de descumprimento de uma obrigação ou um dever, somado à não observância desse dever. Confira-se em suas palavras: "La clausola penale, prevista dagli art. 1382-1384 C. Civ., consiste, a nostro avviso, in una fattispecie complessa a formazione successiva, costituita da un atto di volontà e da un comportamento umano: da un contratto unilaterale, obbligatorio, con cui le parti tendono a colpire con una sanzione punitiva il mancato conformarsi di un soggetto (debitore nel rapporto obbligatorio principale o soggetto tenuto all'osservanza del divieto dell'aleterum non laedere) ad una regola di condotta legale o convenzionale, e da un comportamento umano, consistente in un'attività o in una omissione in contrasto con il comportamento dovuto, che è attratto nella fattispecie dalla volontà delle parti come punto di riferimento e antecedente immediato della efficacia dell'intera fattispecie". (TRIMARCHI, Vicenzo Michele. Clausola penale. In: NUOVISSIMO DIGESTO ITALIANO. 3. ed. Torino: VTET, 1957. v. 3, p. 351.)

O conceito é reproduzido por diversos autores. No Brasil, veja-se a lição de Serpa Lopes, segundo a qual a cláusula penal afigura-se "obrigação acessória, adjeta a um contrato e pela qual se obriga o devedor a uma prestação determinada, no caso de faltar ao contrato, ou a qualquer de suas cláusulas, ou retardar sua execução" (SERPA LOPES, Miguel Maria de. *Curso de direito civil*: obrigações em geral. 4. ed. Rio de Janeiro: Freitas Bastos, 1966. v. 2, p. 163). Confira-se, ainda, definição de Orosimbo Nonato: "No título mesmo constitutivo da obrigação ou em instrumento separado, pode ficar estabelecido haja o devedor de pagar certa prestação em caso de inadimplemento seu – parcial ou total – ou de mora. Trata-se, então, de cláusula penal" (NONATO, Orosimbo. *Curso de obrigações*. Rio de Janeiro: Forense, 1959. v. 2, p. 303), e Silvio Rodrigues: "por meio de tal cláusula o devedor se vincula a se submeter a uma pena, anteriormente estipulada, se der causa ao descumprimento do contrato" (RODRIGUES, Silvio. *Direito civil*: parte geral das obrigações. 30. ed. São Paulo: Saraiva, 2006. v. 2, p. 262.)

VIVIANNE DA SILVEIRA ABILIO
CLÁUSULAS PENAIS MORATÓRIA E COMPENSATÓRIA – CRITÉRIOS DE DISTINÇÃO

Aludida avença pode constar já do título da obrigação principal,[16] em cláusula específica, ou mesmo ser ajustada em instrumento posterior,[17] desde que preceda ao descumprimento.[18] Nada obstante ordinariamente se estabeleça que aludida prestação se consubstancia no pagamento de quantia em dinheiro, afigura-se possível convencionar obrigação de natureza diversa da pecuniária.[19]

De qualquer forma, a cláusula penal pressupõe a existência de uma obrigação, à qual se vincula intrinsecamente e, por conseguinte,

---

No direito comparado, observe-se a lição de Josserand: "La cláusula penal es aquella por la cual las partes fijan de antemano la suma que tendrá de pagar el deudor si no ejecuta su obligación o si la ejecuta tardiamente" (JOSSERAND, Louis. *Derecho civil*. Buenos Aires: Bosch, 1950. t. 2, v. 1, p. 518) e de Karl Larenz: "Al estipularse un contrato no es raro que se acuerde que en caso de incumplimiento, de cumplimiento no puntual o de otras infracciones deberá el deudor hacer outra prestación consistente casi siempre en la entrega de una suma dineraria" (LARENZ, Karl. *Derecho de obligaciones*. Madri: Editorial Revista de Derecho Privado, 1958. t. 1, p. 369.)

[16] Afirma-se que a cláusula penal pode ser aplicada também em matéria testamentária, como forma de coagir o herdeiro a cumprir eventuais deveres impostos por disposição testamentária (cf., por todos, NONATO. *Curso de obrigações*, p. 308). Tito Fulgêncio, ao avaliar a questão, salienta expressamente que, nos casos de disposições testamentárias, haverá apenas natureza punitiva: "Em regra, dizemos, porque há casos em que, conforme a declaração de vontade, ela conserva esse caráter [de pena], como no exemplo, que já apontei, do testador impor ao herdeiro ou ao legatário a proibição de impugnar as disposições testamentárias, pena de privação da herança ou legado. (...) Em casos tais, a penal é uma cominatória tecnicamente dita" (FULGÊNCIO, Tito. *Manual do Código Civil Brasileiro*: das modalidades das obrigações. Rio de Janeiro: Jacintho Ribeiro dos Santos, 1926. v. 10, p. 376). Na doutrina alienígena, estabelece-se a incompatibilidade das cláusulas dessa natureza com a multa convencional, em grande parte por entender inexistir ajuste de vontade em tais casos: "La natura essenzialmente contrattuale, che deve assegnarsi alla clausola penale, porta a ritenere al di fuori del tipo quei casi in cui la fonte di una obbligazione 'penale' non possa essere individuata in un accordo tra debitore e creditore. In particolare non può essere configurata come clausola penale la disposizione testamentaria a titolo di pena, cioè quella in base alla quale il testatore dispone che 'nel caso di inadempimento di un modo, l'onerato sai obbligato ad effettuare una determinata prestazione'". (ZOPPINI. *La pena Contrattuale*, p. 234-235.)

[17] "A cláusula penal pode ser inserta, desde logo, no negócio jurídico, por acordo entre credor e devedor, ou resultante de pacto posterior". (PONTES DE MIRANDA, Francisco Cavalcanti. *Tratado de direito privado*: direito das obrigações. São Paulo: Revista dos Tribunais, 2012. t. 26, p. 148.)

[18] "Anzitutto la clausola penale deve essere una clausola esplicita: anche posteriore alla nascita dell'obbligazione principale, ma anteriore all'inadempimento" (BARASSI. *La teoria generale delle obbligazioni*, p. 483). Ver, ainda: "Nenhuma dúvida suscita o poder a multa convencionada inserir-se no texto do instrumento mesmo da obrigação ou em ato separado e até posterior, uma vez preceda ao inadimplemento ou à mora". (NONATO. *Curso de obrigações*, cit., p. 319.)

[19] "Ordinariamente a pena, vocábulo com que a lei designa o conteúdo ou objeto da cláusula, consiste em uma soma de dinheiro, mas nada há no Código que se oponha a que ela se constitua de uma coisa, de um fato, ou de uma abstenção, imperando o princípio da autonomia da vontade das partes". (FULGÊNCIO. *Manual do Código Civil Brasileiro*, v. 10, cit., p. 377-378.)

seu destino sofreria as consequências das vicissitudes atravessadas pela prestação a que se refere.[20] Assim, uma vez que a cláusula penal se justifica enquanto houver uma prestação a ser cumprida,[21] a extinção (natural ou por invalidade) dessa importa no seu perecimento.[22] Por tais razões, o Código Civil de 1916 expressamente estabelecia que a nulidade da obrigação principal implicava a da cláusula penal,[23] bem como o perecimento do objeto (ou a extinção por qualquer ato não imputável ao devedor) da primeira levava à extinção da segunda.[24]

---

[20] "O primeiro caráter da cláusula penal, diz Giorgi, consiste, exatamente, em ser convenção acessória" (NONATO. *Curso de obrigações*, v. 2, p. 337). "Esta función de seguridad que llena la cláusula penal, se resuelve en outra cosa: la obligación que en ella se contiene viene a depender juridicamente de la obligación que tende a assegurar; por donde ésta resulta una obligación principal, al passo que aquélla se convierte en una obligación accesoria" (COLMO, Alfredo. *De las obligaciones en general*. Buenos Aires: Abeledo-Perrot, 1944. p. 133). Sobre a discussão a respeito da chamada "cláusula penal independente", cf. nota de rodapé nº 30.

[21] "Quoique étant en soi une convention, la clause pénale ne constitue qu'une convention accessoire. Elle n'a trait, en effet, qu'à l'évaluation du dommage, em cas d'inexécution d'une obligation déterminée. Elle dépend donc de cette obligation, qualifiée obligation principale, dont elle suit, en príncipe, le sort". (DE PAGE. *Traité Élémentaire de Droit Civil Belge*, v. 3, cit., p. 146-147.)

[22] Veja-se, nessa direção, a lição de Pothier: "Sendo a obrigação penal, por sua natureza, acessória a uma obrigação primitiva e principal, a sua nulidade traz consigo a nulidade da obrigação penal. (...) Por outro lado, sendo a obrigação penal a obrigação de uma pena estipulada para o caso de inexecução da obrigação primitiva, se esta não é válida, a obrigação penal não pode ter lugar, visto ser impossível haver pena para inexecução de uma obrigação, a qual, não sendo válida, não poderia ser executada" (POTHIER, Robert Joseph. *Tratado das obrigações*. Trad. Adrian Sotero de Witt Batista e Douglas Dias Ferreira. Campinas: Servanda, 2001. p. 296). Ver, ainda: "Noteremo che data la sua accessorietà, l'estinzione dell'obbligazione principale fa estinguere automaticamente la clausola penale aggiunta all'obbligazione stessa". (CLAUSOLA PENALE. In: NUOVO Digesto Italiano. Torino: UTET, 1938. p. 209.)

[23] Confira-se o dispositivo: "A nulidade da obrigação importa a da cláusula penal".

[24] Eis o teor do artigo 923 do Código Civil de 1916: "Resolvida a obrigação, não tendo culpa o devedor, resolve-se a cláusula penal". Os dispositivos, embora não tenham sido reproduzidos no Código Civil de 2002, representam consequência da natureza acessória da cláusula penal: "Certo é que, ainda que não exista artigo semelhante ao art. 923 do Código Civil de 1916, no novo Código Civil a conclusão é a mesma e decorre do vertente dispositivo [art. 409]. O art. 922 do Código Civil de 1916, que também não encontra equivalência no direito atual, trazia mais nitidez à natureza jurídica acessória da cláusula penal ao preceituar que a nulidade da obrigação importada a da cláusula penal". (FILHO, Castro *et al*. *Comentários ao Código Civil Brasileiro*, v. 4, cit., p. 548-549.) Em direção semelhante, Ruy Rosado de Aguiar Júnior e Nelson Nery Jr., ao atualizarem a obra de Pontes de Miranda, asseveram: "O fato de o atual Código não ter repetido o disposto no art. 922 do CC/1916 não significa que tal princípio tenha sido abandonado, porquanto, de ordinário, a cláusula acessória segue a sorte da principal, assim como está no art. 184 do CC/2002. (...) Também não foi reproduzido o art. 923 do CC/1916, regra igualmente dispensável porque a ausência de culpa do devedor impede a aplicação da cláusula penal". (PONTES DE MIRANDA. *Tratado de direito privado*, cit., p. 152-153.)

Uma vez descumprida a obrigação principal[25] por ato imputável ao devedor,[26] faculta-se ao credor efetuar a cobrança da prestação consubstanciada na cláusula penal. Nesse momento, alega a doutrina, não cabe cogitar da pertinência do ajustado à luz dos prejuízos decorrentes do inadimplemento: a cláusula penal seria sempre devida, ainda que não haja quaisquer danos a serem reparados pelo devedor e seu valor independe do montante desses prejuízos.[27] Tal sistemática da

---

Há que se ressalvar, ainda, a teoria defendida por Serpa Lopes (*Curso de direito civil*, cit., p. 172), segundo a qual a nulidade da obrigação principal não implicaria a da cláusula penal se (i) da nulidade (relativa) decorrer perdas e danos e (ii) se essa for estabelecida para salvaguarda da própria nulidade, pacto ao qual denomina "cláusula penal independente" (em sentido semelhante parecem se posicionar AUBRY, C.; RAU, C.. *Cours de droit civil français*. Paris: Marchal et Billard, 1879. t. 4, p. 113). Aludidas hipóteses, contudo, não parecem consubstanciar exceção à regra acima mencionada. Em relação à segunda hipótese, o próprio autor reconhece que, na verdade, não se está diante de verdadeira cláusula penal. Em suas palavras: "Mas, como ensina SCUTO, assim convencionada, a cláusula penal como que se desnatura, perdendo o seu caráter comum, porque pressuposto de sua eficiência não mais é a existência da obrigação principal, senão a sua inexistência" (SERPA LOPES. *Curso de direito civil*, cit., p. 172). Já quanto à primeira hipótese – danos decorrentes da nulidade relativa – verifica-se que ou se trata de questão que foge ao controle das partes – e, portanto, inexiste o pressuposto subjetivo da responsabilidade, a afastar, portanto, a obrigação de reparar os danos e a própria exigibilidade da cláusula penal – ou a nulidade é imputável a uma das partes, hipótese na qual se assemelha ao descumprimento contratual, a atrair, justamente por isso, o pagamento da cláusula penal. Também Orosimbo Nonato suscita que a acessoriedade da cláusula penal seria suprida no caso em que a obrigação principal seja "vazia de conteúdo econômico" (*Curso de Obrigações*, v. 2, cit., p. 340). A assertiva vai ao encontro de outra comumente verificada em doutrina: a de que a cláusula penal teria como um de seus objetivos "patrimonializar" obrigações desprovidas de conteúdo patrimonial (LARENZ. *Derecho de obligaciones*, p. 370). A rigor, ambas as conclusões vinculam-se à concepção de que o caráter patrimonial – compreendido como expressão pecuniária – seria essencial à relação obrigacional, assumindo a cláusula penal papel central nas obrigações cujo valor pecuniário se mostra impossível aferir. Contudo, ainda que se admita que a patrimonialidade consiste em caráter elementar das obrigações (em sentido contrário, cf. CALIXTO, Marcelo. Reflexões em torno do conceito de obrigação, seus elementos e suas fontes. In: TEPEDINO, Gustavo (Coord.). *Obrigações*: estudo na perspectiva civil-constitucional. Rio de Janeiro: Renovar, 2005. p. 1-28), de acordo com a doutrina contemporânea, cuida-se de característica que deve ser avaliada não como mera expressão pecuniária, mas em que "a conduta do devedor, prometida como meio para realizar esse interesse, seja considerada, no contexto jurídico-social, como algo negociável". (KONDER, Carlos Nelson; RENTERÍA, Pablo. A funcionalização das relações obrigacionais: interesse do credor e patrimonialidade da prestação. In: FACHIN, Luiz Edson; TEPEDINO, Gustavo (Org.). *Diálogos sobre direito civil*. Rio de Janeiro: Renovar, 2008. v. 2, p. 290).

[25] O termo "principal" é utilizado em contrariedade à expressão "obrigação acessória" (consubstanciada na cláusula penal).

[26] A exigibilidade da cláusula penal pressupõe o inadimplemento imputável ao credor. Nas palavras de Karl Larenz: "la ley considera, em general, la pena convencional, no como garantía del resultado, sino como consecuencia injusta que sólo se produce cuando exista culpa, aunque ésta sea tipificada". (LARENZ,. *Derecho de obligaciones*, cit., p. 370.)

[27] Entre as inúmeras manifestações nesse sentido, veja-se Menezes Leitão: "não há que se averiguar se o credor sofreu ou não, efectivamente, prejuízos em consequência da

cláusula penal – estar vinculada ao inadimplemento de uma obrigação principal e, ao mesmo tempo, ser exigível a despeito da existência de prejuízos – encontra-se no seio de acirrada discussão doutrinária que procura delinear a natureza e a função do instituto, premida entre os conceitos de indenização e sanção.

1.1.1 A essencialidade do dano para o dever de indenizar no direito brasileiro

Decorrência, no direito das obrigações, do não cumprimento do ajuste, o dever de indenizar[28] pressupõe classicamente a existência de três requisitos: culpa,[29] dano e nexo de causalidade.[30] Na construção

---

inexecução da obrigação e, em caso afirmativo, qual o seu valor" (MENEZES LEITÃO, Luís Manuel. *Manual de direito das obrigações*. Coimbra: Coimbra, 1965. v. 1, p. 236). Na mesma direção, afirma Pontes de Miranda que: "a cláusula penal incide ainda que nenhum prejuízo haja existido. (…) Não é preciso, sequer, que, ao conceber-se a cláusula penal, se pense em prejuízo ou dano que possa ocorrer" (PONTES DE MIRANDA. *Tratado de direito privado*, cit., v. 26, p. 148.) Veja-se também Enrico Colagrosso: "essa è dovuta independentemente dalla prova del danno, mentre alle parti non è vietato di pattuire il risarcimento del maggior danno". (COLAGROSSO, Enrico. *Teoria generale delle obbligazioni e dei contratti*. 2. ed. Roma: Stamperia Nazionale, 1948. p. 116.)

[28] "O vocábulo 'responder' tem como étimo latino *respondere*. Constitui este último expressão da ideia de uma resposta reparadora da ruptura de um equilíbrio ou ordem, formado segundo determinado rito ou solenidade, a que corresponde a designação de *spondere*". A partir da etimologia, define responsabilidade civil (em lição que pode ser plenamente incorporada ao direito brasileiro) como "a obrigação de reparar um dano causado a outrem". (VICENTE, Dário Moura. *Da responsabilidade pré-contratual em direito internacional privado*. Coimbra: Almedina, 2001. p. 105.)

[29] Nos dias atuais, em que o Código Civil estabeleceu sistema dualista em que a cláusula geral de responsabilidade objetiva (art. 927, parágrafo único) e a de responsabilidade subjetiva (art. 186) coexistem, o papel da culpa restou sensivelmente reduzido (sobre o sistema dualista, ver Gustavo Tepedino, em atualização da obra de PEREIRA. *Responsabilidade civil*, em especial p. 10, 37), de modo que parte da doutrina passou a utilizar a expressão "imputabilidade", a qual abrangeria também as hipóteses de responsabilidade objetiva. Nas palavras de Judith Martins-Costa: "O nexo de atribuição de responsabilidade – que se chama imputação – pode ser informado pelos princípios da culpa, do risco, da segurança 'haja o que houver', ou da garantia (fatores de imputação). No nosso sistema de *direito comum* em regra responde quem é culpado, mas em várias situações corriqueiras no tráfego negocial a culpa (fator de imputação subjetivo) é abstraída do suporte fático da regra de imputação, e aí teremos a chamada imputação objetiva, que resultará na responsabilidade objetiva, tal qual ocorre, no âmbito das relações de consumo (…)." (MARTINS-COSTA, Judith. *Comentários ao Novo Código Civil*: do inadimplemento das obrigações. Rio de Janeiro: Forense, 2003. v. 5, t. 2, p. 373-374.)

[30] Cuida-se de elementos necessários independentemente da fonte do dever de indenizar: "Tais requisitos tanto dizem respeito à culpa aquiliana como à contratual". (ALVIM. *Da inexecução das obrigações e suas consequências*, cit., p. 177.)

do direito civil oitocentista, cujo princípio basilar consistia em garantir aos particulares ampla liberdade, a culpa ocupava papel primordial,[31] conferindo justificativa moral para embasar a teoria responsabilidade civil.[32] A reparação do dano, assim, traduzia consequência da reprovabilidade do ato do causador, ocupando papel secundário: o foco consistia na repressão da conduta antijurídica, não já sua tutela.[33]

Nada obstante o viés punitivo da responsabilidade civil encontrar-se nas raízes históricas do instituto,[34] as transformações verificadas no panorama metodológico do direito civil[35] impactaram profundamente a compreensão da função da teoria.[36] Com efeito, a

---

[31] "A ideologia liberal e individualista, então dominante, impunha a construção de um sistema de responsabilidade que se fundasse no mau uso da liberdade individual, justificando, desta forma, a concessão de um amplo espaço à atuação dos particulares. Responsabilidade e liberdade passam, assim, a ser noções intimamente vinculadas, uma servindo de fundamento à outra". (SCHREIBER, Anderson. *Novos paradigmas da responsabilidade civil*. 5. ed. São Paulo: Atlas, 2013. p. 12.)

[32] "A obrigação de indenizar sempre foi associada à existência de um ato ilícito. Este era seu fundamento primário e sua razão de ser. O ato ilícito, conceituado como toda conduta culposa contrária ao direito que gera um dano a outrem, possui forte traço moralista, no sentido de que os danos causados por quem tenha agido contra o direito devem ser devidamente ressarcidos. Nota-se aí que o foco da atenção é o ofensor, isto é, a reparação do dano causado em o objetivo de sancionar a conduta do ofensor, quase que como uma punição pelo desequilíbrio sócio-patrimonial que gerou com sua atuação contrária ao direito". (MULHOLLAND, Caitlin Sampaio. *A responsabilidade civil por presunção de causalidade*. Rio de Janeiro: GZ, 2009. p. 15.)

[33] Nessa esteira, confira-se a lição de Maria Celina Bodin de Moraes: "Na medida em que a investigação era feita sob o aspecto subjetivo, da intenção do pecador, também as consequências eram determinadas por considerações desse mesmo tipo. Ressaltava aqui não o interesse da vítima, mas a existência do pecado e a sanção a ser aplicada. A sanção pelos danos culposos era, portanto, dirigida à consciência do ofensor, através de uma reprovação baseada na culpa como núcleo do pecado". (MORAES, Maria Celina Bodin de. *Danos à pessoa humana*: uma leitura civil-constitucional dos danos morais. Rio de Janeiro: Renovar, 2003. p. 203.)

[34] PEREIRA. *Responsabilidade civil*, cit., p. 3.

[35] A transformação é costumeiramente atribuída ao influxo dos princípios das constituições valorativas do século XX, associada à constatação da força normativa dos princípios constitucionais e representa a superação do paradigma patrimonialista: em breve síntese, o reconhecimento de que a pessoa humana consiste no objetivo primordial do ordenamento – alçada, no direito brasileiro, a fundamento da República –, levou à reformulação dos institutos do direito civil para atender ao mandamento constitucional. Sobre o tema, confira-se, entre diversos outros trabalhos: TEPEDINO, Gustavo. Premissas metodológicas para constitucionalização do direito civil. In: TEPEDINO, Gustavo. *Temas de direito civil*. 4. ed. t. 1, Rio de Janeiro: Renovar, 2008. t. 1, p. 1-24; e MORAES, Maria Celina Bodin de. A caminho de um direito civil-constitucional. In: FACHIN, Luiz Edson; TEPEDINO, Gustavo (Org.). *Obrigações e contratos*. São Paulo: Revista dos Tribunais, 2011. v. 1, p. 259-274.

[36] Ressalte-se que tal perspectiva não se mostra inequívoca, havendo estudos destinados à defesa de um viés punitivo da responsabilidade civil. Sobre o tema, ver nota de rodapé nº 52.

consagração da dignidade da pessoa humana e da solidariedade social como princípios fundamentais do ordenamento jurídico – com direta e imediata aplicação nas relações privadas – implicou verdadeiro "giro conceitual", alterando os parâmetros e a própria base do dever de indenizar.[37]

A culpa, outrora centro da dogmática, cedeu lugar à reparação do dano, como consequência da mudança de seu protagonista – do causador para a vítima.[38] Valoriza-se, assim, (não mais o perfil punitivo, porém) a função compensatória da responsabilidade civil, cujo objetivo central consiste em tutelar a pessoa.[39]

Verifica-se, contudo, perspectiva segundo a qual, diante da constatação de que a indenização da vítima não se mostraria suficiente para reparar com eficácia o dano causado, haja vista que, especialmente nos danos não patrimoniais, o retorno ao *status quo ante* afigurar-se-ia impossível, deve-se ressuscitar o viés punitivo da responsabilidade civil, ainda que lateralmente ao compensatório.[40]

---

[37] A expressão é de Orlando Gomes e pretende expressar a alteração de paradigma a que ora se alude: do ato ilícito ao dano injusto. (GOMES, Orlando. Tendências modernas da reparação de danos. In: FRANCESCO, José Roberto Pacheco di (Org.). *Estudos em homenagem ao Professor Sílvio Rodrigues*. Rio de Janeiro: Forense, 1980, p. 293.)

[38] Na síntese de Gustavo Tepedino: "Na atualidade, o dano adquiriu papel central na responsabilidade civil. A consagração constitucional dos princípios da dignidade da pessoa humana e da solidariedade social, associada ao acelerado desenvolvimento tecnológico, deslocaram a ênfase da conduta do agente para o dano ressarcível, assistindo-se ao surgimento de formidável tipologia de novos danos, na esteira do incremento de riscos e do potencial danoso trazido pelas novas invenções. Não parece exagerada, neste cenário, a alusão à era dos danos". (Cuida-se de trecho inserido na atualização da obra de PEREIRA. *Responsabilidade civil*. cit., p. 54.)

[39] Tal é a posição de Stefano Rodotà, para quem "un profilo afflittivo, una riprovazione della condotta, debba comunque ritenersi incompatibile con la disciplina della responsabilità civile". (RODOTÀ, Stefano. *Il problema della responsabilità civile*. Milão: Giuffrè, 1967. p. 54.)

[40] Essa é a posição de Nelson Rosenvald, para quem a centralidade do dever de indenizar na reparação do dano causado à vítima levou à "neutralidade" da teoria da responsabilidade civil, pois "a função reparatória dos danos é axiologicamente neutra, descansando-se o desvalor da conduta" (ROSENVALD, Nelson. *As funções da responsabilidade civil*: a reparação e a pena civil. São Paulo: Atlas, 2013. p. 76). Tais mudanças teriam, ainda, implicado a alteração da "regra de ouro da função compensatória da responsabilidade civil", na medida em que "a noção de que o dano deva recair sobre o sujeito que o tenha culposamente provocado, transferindo-se ao patrimônio do ofensor a perda do ofendido" (*ibidem*, p. 71). Insurge-se o autor contra tais questões, não para rejeitar a função compensatória da responsabilidade civil, mas para salientar que a exclusiva menção a esse perfil resultou na incorporação, pelos agentes econômicos, do *custo* com as indenizações (mediante, por exemplo, o estabelecimento de seguro de responsabilidade civil), o que significou que "a condenação civil se converte em impunidade do ofensor e, paradoxalmente, estímulo para a reiteração de condutas pluriofensivas" (*ibidem*, p. 76). Ou seja, o foco no dano teria levado a que o "causador" nada "sofresse" como consequência

de sua ação culposa. Em suas palavras: "o fenômeno expansivo do seguro modifica a tradicional conotação da responsabilidade civil.

Se antes, o problema do dano se resolvia na relação entre o lesado e o lesante, hoje esta relação não é mais o centro do problema, pois frequentemente o responsável pelo dano não ressarcirá pessoalmente já que o lesado não o procurará, mas ao seu segurador" (*ibidem*, p. 73).

Nesse cenário, entende necessário que o ordenamento retome, ao lado da postura compensatória, a função punitiva da responsabilidade civil para que, por meio da punição da conduta desabonadora, desestimule-se o ato ilícito. Cuida-se, em sua visão, de perfis complementares: "Defendemos a necessidade do sistema de responsabilidade civil, amparado em valores constitucionais, contar com mecanismos capazes de sancionar comportamentos ilícitos de agentes econômicos, em caráter preventivo e de forma autônoma a sua notória vocação ressarcitória de danos" (*ibidem*, p. 74), em processo no qual se vislumbraria, inclusive, a responsabilidade sem dano: "O ilícito é pressuposto da sanção. Assim, a incidência de uma sanção punitiva pela prática de um ato ilícito poderá ser fonte de responsabilidade civil, independentemente da aferição concreta de danos patrimoniais ou extrapatrimoniais, seja por não existirem ou serem de difícil percepção. Vale dizer, a função sancionatória se dará cumulativamente, lateralmente à função reparatória da responsabilidade civil, ou mesmo à margem desta. Neste caso, haverá a responsabilidade civil sem dano. A pena constitui uma punição pela transgressão da norma; enquanto a reparação persegue unicamente a restauração da lesão praticada por outro sujeito" (*ibidem*, p. 37).

Sua tese, portanto, baseia-se na necessidade de conferir resposta às insuficiências dos instrumentos de reparação: "A insuficiência das soluções oferecidas pelos meios reparatórios de responsabilidade implica a necessidade do ordenamento jurídico ir além da reparação propriamente dita e investir em sanções diversas e mais efetivas, sem que com isto tenha de recorrer ao extremo do direito penal" (*ibidem*, p. 17. Ver também p. 9, em que repete a fórmula de reparação sem prejuízo). Encontra no recurso à pena civil o meio adequado para coibir a prática de ilícitos e evitar que a reparação de danos acabe levando o ofensor, a partir de uma lógica econômica, a perpetuar sua conduta: "As penas civis também se propõem a realizar uma tutela efetiva, com critério funcional preventivo/punitivo, naquelas hipóteses em que a reparação por si só não é idônea a desestimular o ofensor à prática de ilícitos, principalmente nas hipóteses em que a calculadora do potencial ofensor acena positivamente para a efetivação do ato antijurídico, pela matemática da diferença entre os lucros obtidos com a conduta reprovável e o valor da compensação restrito ao equivalente dos danos praticados (e provados!)" (*ibidem*, p. 81).

Suscita, para fundamentar sua conclusão de que o direito civil pátrio valora em determinadas ocasiões a conduta subjetiva do agente mais do que a reparação do dano, os artigos 392, 400, 451 e 1235 do Código Civil. Tais dispositivos demonstrariam uma "necessidade de se atender aos graus de culpa do agente para fundar a responsabilidade civil", consistindo em indícios de que "eventualmente, este modelo jurídico supera a preocupação com a reparação do dano causado e investe na gradação da culpa como forma de imputação de danos" (*ibidem*, p. 50).

Nada obstante a robustez dos argumentos deduzidos, é possível se enumerar alguns contrapontos à construção: (i) os dispositivos citados consistem em hipóteses nas quais se encontram, de um lado, o sujeito que efetuou ato de liberalidade e, de outro, aquele que se beneficiou, a excluir a responsabilidade daquele que, não tendo se beneficiado do ato, cause danos culposamente, que, justamente por isso, responderá apenas caso tenha agido dolosamente. Não se trata de punição do dolo, mas de excluir a reparação no caso de simples culpa; (ii) a ausência de cunho, em regra, repressivo da responsabilidade civil, não parece axiologicamente neutra, mas a concretização dos paradigmas constitucionais: a valorização da reparação do dano é consequência da constatação de que a pessoa humana é o ponto central do ordenamento; (iii) a admissão de responsabilidade civil "sem dano" colide, por outro lado, com a vedação ao enriquecimento sem causa; (iv) a atribuição de caráter punitivo à responsabilidade civil não implica necessariamente superações

Trata-se, no entanto, de perfil que não foi acolhido no sistema brasileiro que, como já salientado em doutrina, (i) não contempla na disciplina genérica da responsabilidade civil qualquer dispositivo de caráter punitivo[41] e (ii) expressamente rejeitou a tentativa de estabelecer multa de caráter exclusivamente punitivo quando do veto ao art. 16 do Projeto do Código de Defesa do Consumidor.[42] Ademais, não se pode olvidar o óbice consagrado pelo artigo 884 do Código Civil, que estabelece expressamente o princípio da vedação ao enriquecimento sem causa, o qual restaria vilipendiado caso se tutelasse a atribuição de escopo punitivo à reparação civil, vertendo-se à vítima o fruto de tal punição.[43]

---

dos problemas indicados pelo próprio autor, na medida em que os riscos seguirão incorporados na lógica econômica dos fornecedores, acarretando elevação dos custos, ao fim e ao cabo repassados para as pessoas a que se desejava proteger; (v) tampouco se poderia olvidar que a conduta que se quer reprimir já teria ocorrido, sendo questionável sua função de prevenir danos; (vi) ademais, não se pode olvidar que o ordenamento já oferece, sem necessitar recorrer à responsabilidade civil, instrumentos de punição e prevenção de danos, como a aplicação de multas por órgãos fiscalizatórios, ao que se somam os instrumentos e medidas coletivas para tutela de interesses supraindividuais (cuja legitimidade é atribuída a determinadas pessoas).

A rigor, o caráter punitivo (genérico) da responsabilidade civil foi já objeto de contundente crítica doutrinária: "A constitucionalização do direito civil explica esta transformação: princípios que normalmente eram alheios ao surgimento da obrigação de indenizar foram incorporados à definição do regime de reparação civil. Se a responsabilidade civil tradicional se baseava exclusivamente na tutela do direito de propriedade e dos demais direitos subjetivos patrimoniais, hoje a dignidade da pessoa humana, a solidariedade social e a justiça distributiva modificaram decisivamente a sistemática do dever de ressarcir. Em virtude disso, a responsabilidade civil volta-se para a tutela dos interesses da vítima, independentemente de qualquer critério de reprovabilidade em relação ao ato do agente ofensor, servindo então de instrumento, na esteira de uma tendência central, para a proteção dos direito fundamentais da pessoa". (MORAES, Maria Celina Bodin de. *Perspectivas a partir do direito civil-constitucional*. In: LEAL, Pastora do Socorro Teixeira (Coord.). *Direito civil constitucional e outros estudos em homenagem ao Prof. Zeno Veloso*. Rio de Janeiro: Forense; São Paulo: Método, 2014. p. 1000.)

[41] Nem se alegue que o art. 944, parágrafo único, representa essa orientação: para além das diversas discussões doutrinárias a respeito de seu conteúdo, o legislador é categórico em afirmar que o dispositivo permite apenas a redução da indenização. Ver, por todos: MONTEIRO FILHO, Carlos Edison do Rêgo. Artigo 944 do Código Civil: o problema da mitigação do princípio da reparação integral. In: FACHIN, Luiz Edson; TEPEDINO, Gustavo (Org.). *O direito e o tempo*: embates jurídicos e utopias contemporâneas – estudos em homenagem ao Professor Ricardo Pereira Lira. Rio de Janeiro: Renovar, 2008. p. 757-796.

[42] MORAES, Maria Celina Bodin de. *Danos à pessoa humana*: uma leitura civil-constitucional dos danos morais. Rio de Janeiro: Renovar, 2003. p. 218-219, nota de rodapé nº 427.

[43] TEPEDINO, Gustavo; SCHREIBER, Anderson. As penas privadas no direito brasileiro. In: SARMENTO, Daniel; GALDINO, Flavio (Org.). *Direitos Fundamentais*: estudos em homenagem ao Professor Ricardo Lobo Torres. Rio de Janeiro: Renovar, 2006. p. 523.

A despeito da gravidade das premissas em que se baseia a tentativa de reavivar o escopo preventivo/punitivo do dever de indenizar, atribuir à reparação civil tal função (além de não se afigurar compatível com o ordenamento pátrio), tampouco se mostra mecanismo para conter violações posteriores e reprimir condutas ilícitas. Pense-se na hipótese da compensação do dano moral: embora a jurisprudência tenha considerado amplamente que tal condenação possuía função punitiva,[44] isso não implicou a diminuição de violações dessa natureza, sem representar evolução significativa no que tange à sua prevenção.[45] Ademais, a atribuição de função punitiva genérica à responsabilidade civil, na esteira da finalidade expressamente contemplada pelo direito penal,[46] sem que daí decorram as garantias processuais e principiológicas típicas desse ramo do direito (tais como o princípio da legalidade), acabaria por representar supressão de direitos basilares, valorados pela Constituição como essenciais à República.

---

[44] A título exemplificativo, veja-se: "Civil e Processual Civil. Recurso Especial. Responsabilidade civil. Morte de mãe e filha por choque. Queda de fio elétrico. Concessionária. Força maior ou caso fortuito. Dano moral devido ao irmão e esposo supérstites. Valor insuficiente para coibir novas falhas na prestação do serviço. Desproporção do dano em relação ao sofrimento. Majoração necessária. 1. Tanto a averiguação de caso fortuito como da força maior dependem de reexame de fatos e provas, vedado pela Súmula 7/STJ. 2. *Quando a função punitiva dos danos morais não é respeitada e o valor arbitrado está em desproporcionalidade com o sofrimento experimentado, mostra-se necessário majorar o* quantum *da compensação.* Precedentes. 3. Em se tratando de indenização decorrente de responsabilidade civil extracontratual, os juros de mora incidem a contar da data do evento danoso (Súmula 54/STJ). 4. Recurso dos familiares supérstites provido, majorando-se a indenização a R$ 279.000,00 (duzentos e setenta e nove mil reais) para cada ofendido. Recurso da empresa concessionária conhecido parcialmente e negado provimento" (STJ, Resp 1.171.826/RS, 3ª T., Rel. Min. Nancy Andrigui, julg. 17.5.2011, grifou-se).

[45] Anderson Schreiber salientou a inadequação da própria reparação pecuniária para suprir a reparação dos danos de natureza extrapatrimonial: "Ora, se o dinheiro assume papel subsidiário no campo das obrigações, de caráter patrimonial, maior papel não lhe pode ser atribuído no campo dos direitos da personalidade. A tutela específica da personalidade deve ser a via prioritária. (…) Nem se argumente que a ausência de patrimonialidade torna impossível a tutela específica. É justamente o oposto. A ausência de patrimonialidade reforça a necessidade de se buscar outros meios de ressarcimento, de modo a garantir a integral reparação do dano sofrido". (SCHREIBER, Anderson. Reparação não pecuniária dos danos morais. In: FACHIN, Luiz Edson; TEPEDINO, Gustavo (Org.). *Pensamento crítico do direito civil brasileiro.* Curitiba: Juruá, 2011. p. 340.)
A incapacidade da função punitiva da responsabilidade civil em responder aos anseios suscitados já foi rememorada por Anderson Schreiber e Gustavo Tepedino: "Necessário registrar, entretanto, que se a ineficiência dos remédios tradicionais do direito civil deriva, em larga medida, dos abusos praticados não mais pelo Estado, mas pelos sujeitos privados, atribuir a tais sujeitos um poder punitivo ou fazer reverter a seu favor os frutos do exercício deste poder não parece a solução mais adequada ao problema que se pretende resolver". (TEPEDINO; SCHREIBER. As penas privadas no direito brasileiro, cit., p. 524.)

[46] VINEY, Geneviève. *Métamorphoses de la Responsabilité: Rapport de synthèse.* In: *Les Métamorphoses de la Responsabilité: sixièmes journées René Savatier.* Paris: Presses Universitaires de France. 1997, p. 335.

Isso não implica dizer, por outro lado, que o ordenamento não possa contemplar, em caráter excepcional, institutos com condão punitivo no âmbito da responsabilidade civil, o que se admite em casos cujos danos representem dimensão coletiva e que a indenização fixada seja finalizada a combater a conduta lesiva, e não o mero enriquecimento do autor da ação.[47]

De mais a mais, a (necessária) prevenção de condutas ilícitas prescinde da atribuição de função punitiva à responsabilidade civil, prevendo o ordenamento de diversos instrumentos para levar ao cumprimento dos deveres dos particulares e evitar, ao fim e ao cabo, a própria verificação do dano. Na seara do direito contratual, reforçou-se a regra do cumprimento específico das obrigações,[48] estabelecendo-se, também no campo processual, mecanismos para exaurir a possibilidade de cumprimento específico.[49] Do mesmo modo, procura-se construir formas de prevenção e reparação de danos no que se refere também aos interesses existenciais.[50]

Observa-se, assim, que a existência de dano – considerado como lesão a interesse merecedor de tutela à luz do ordenamento – mostra-se fundamental para o surgimento do dever de indenizar decorrente da lei.[51] Como se verá, assenta nessa essencialidade um dos pilares da controvérsia envolvendo a função e a natureza da cláusula penal.

1.1.2 A teoria das penas privadas

No outro polo dos estudos pertinentes à cláusula penal encontram-se os debates relativos aos instrumentos de punição no

---

[47] "Para que vigore a lógica do razoável nesta matéria, parece imprescindível que somente se atribua caráter punitivo a hipóteses excepcionais e a hipóteses taxativamente previstas em lei". (MORAES. *Danos à pessoa humana,* cit., p. 263.)

[48] Nessa direção, ver lição de Gustavo Tepedino, que, após salientar que a principiologia do moderno direito obrigacional consiste em perseguir a execução específica das obrigações, como se denota da transformação relativa à tutela específica das obrigações de fazer, ressalta que: "no sistema atual a regra é a tutela específica, a execução *in natura*, salvo se essa tutela se tornar impossível". (TEPEDINO, Gustavo. Inadimplemento contratual e tutela específica das obrigações. In: TEPEDINO, Gustavo. *Soluções práticas de direito*: pareceres. São Paulo: Revista dos Tribunais, 2012. v. 2, p. 143.)

[49] Além da vasta possibilidade de antecipação dos efeitos da tutela, prevista no art. 303 do CPC, o diploma processual conferiu ao juiz poderes e instrumentos para conceder a tutela específica da obrigação.

[50] Sobre o tema cf. SCHREIBER. Reparação não pecuniária dos danos morais.

[51] Se fosse devida indenização a despeito de não haver dano, seria mera punição: "a responsabilidade, independentemente de dano, redundaria em mera punição do devedor, com invasão da esfera do direito penal". (ALVIM. *Da inexecução das obrigações e suas consequências,* cit., p. 181.)

direito civil, as denominadas penas privadas. A expressão abriga diversas celeumas, desde sua própria pertinência enquanto categoria autônoma até sua necessidade no ordenamento atual.

Diante das preocupações em subtrair do direito civil a lógica predominante no direito romano em relação às penas privadas, notadamente no que se refere à Lei de Talião[52] e à legitimação da vingança privada, bem como extremá-lo do direito penal, a admissão das penas privadas foi veementemente rechaçada.[53] As contundentes críticas que fundamentam a rejeição integral das penas privadas no direito moderno são de várias espécies: salienta-se que a própria expressão "pena privada" consubstanciaria uma contradição em si mesma, na medida em que conjugaria a defesa de um interesse privado com uma sanção (apenas decorrente do poder estatal),[54] e assevera-se que se cuida de instrumento anacrônico e bárbaro, mero resíduo de ordenamentos de outras épocas.[55]

Contribuem, ainda, para a construção da rejeição das penas no direito civil questões de ordem filosófica e sociológica,[56] segundo as quais, uma vez mais, o único titular do poder punitivo é o Estado, de modo que a ele (e somente a ele) pode ser atribuída a instituição de penalidades. Conferir tal prerrogativa a particulares redundaria na violação das garantias constitucionais – que, em sua origem, foram construídas para aplicação contra o Estado[57] –, especialmente de que

---

[52] MOSCATI, Enrico. Pena (dir. priv.). In: ENCICLOPEDIA del diritto. Milão: Giuffrè, 1982. v. 22, p. 771. O autor salienta que a cruzada contra as penas privadas encontrou em Jhering seu principal expoente, que entendia que a rejeição da pena privada era consequência da evolução da consciência social e das transformações do direito moderno.

[53] TEPEDINO; SCHREIBER. Anderson. *As penas privadas no direito brasileiro*, cit., p. 500-502.

[54] António Pinto Monteiro relembra a crítica de Busnelli, segundo a qual "o adjetivo parece contradizer o substantivo". (PINTO MONTEIRO, António. *Cláusula penal e indenização*. Coimbra: Almedina, 1990. p. 666.)

[55] As críticas são colacionadas por Enrico Moscati: "La prima notazione che è dato di fare è quella che i detrattori della pena privata hanno detto veramente di tutto: che si tratta di un'espressione terminologicamente contraddittoria, di uno strumento anacronistico e senza futuro, di um'istituzione barbarica 'che esalta quel che di peggiore vi è nella natura umana'. Nella migliore delle ipotesi si è visto nella pena privata un residuo di ordinamenti ormai scomparsi, una 'curiosità giuridica'". (MOSCATI. Pena (dir. priv.), p. 771.)

[56] "In secondo luogo, non vi è dubbio che un peso non trascurabile abbiano avuto anche motivazioni in chiave sociologica, politica, filosofica". *(Ibidem*, p. 771-772.)

[57] "Outra perspectiva histórica situa a evolução dos direitos fundamentais em três gerações. A primeira delas abrange os direitos referidos nas Revoluções americana e francesa. São os primeiros a ser positivados, daí serem ditos de primeira geração. Pretendia-se, sobretudo, fixar uma esfera de autonomia pessoal refratária às expansões do Poder. Daí esses direitos traduzirem-se em postulados de abstenção dos governantes, criando obrigações de não fazer, de não intervir sobre aspectos da vida pessoal de cada indivíduo. São considerados

não há pena sem lei anterior que a estabeleça.[58] Ademais, até entre seus defensores, alega-se que a pena privada contradiz o reconhecimento da autonomia entre o direito penal e o civil, conquista do ordenamento moderno. Tais argumentos embasam a chamada "crise" das penas privadas, relegadas a "parente pobre" do ressarcimento do dano.[59] Nada obstante se rejeite a ideia de penas de natureza privada, verifica-se, ao mesmo tempo, o reconhecimento difuso de que diversos institutos de direito civil caracterizam-se por seu viés punitivo.[60] Daí asseverar-se existir verdadeira contradição inerente ao estudo da pena privada: por um lado, se afirma que não há razão que justifique no direito moderno seu tratamento como categoria jurídica e, por outro, ao mesmo tempo, se reconhece, com certo rubor, a função punitiva como fundamento de diversos institutos de direito privado.[61]

Recentemente, nessa esteira, verifica-se tendência a reavivar o conceito de pena privada, notadamente no âmbito dos estudos a respeito das funções da responsabilidade civil e das críticas à ineficácia do sistema reparatório.[62] Explicita António Pinto Monteiro que, com a atribuição da responsabilidade civil como instrumento de reparação do dano, conforme exposto no item anterior, difundiu-se o sentimento de que o momento de prevenção/sanção no direito civil teria sido enfraquecido, o que levou à busca de outros instrumentos que desempenhassem tal função.[63] Procura-se por meio de tal expediente

---

indispensáveis a todos os homens, ostentando, pois, pretensão universalista. Referem-se a liberdades individuais, como a de consciência, de reunião e, à inviolabilidade de domicílio. São direitos em que não desponta a preocupação com desigualdades sociais. O paradigma de titular desses direitos é o homem individualmente considerado. Por isso, a liberdade sindical e o direito de greve – considerados, então, fatores desarticuladores do livre encontro de indivíduos autônomos – não eram tolerados no Estado de Direito liberal". (MENDES, Gilmar Ferreira. *Curso de direito constitucional*. São Paulo: Saraiva, 2002. p. 157.)

[58] MOSCATI. Pena (dir. priv.), p. 772.

[59] A expressão é de Enrico Moscati: "senza arrivare l'opinione di chi sostiene la scomparsa della pena privata dal nostro ordenamento dopo l1abolizione dell'arresto personale per debiti (art. 2093 C.C. 1865), non si può disconoscere che, assediata da ogni lato, la pena privata si presente oggi come una categoria in crisi, con una funzione residuale, il ruolo insomma di ... parente povero del risarcimento del dano". (*Ibidem*, 773.)

[60] Como se verá, em relação à cláusula penal, o recurso à função punitiva é corrente. Todavia, institutos como os juros moratórios e as arras, entre outros, também possuem explicações que perpassam a suposta punição do devedor.

[61] MOSCATI. Pena (dir. priv.), cit., p. 770.

[62] A questão se relaciona com a defesa da função punitiva da responsabilidade civil que, como visto, não foi agasalhada no direito brasileiro como regra geral.

[63] "Efectivamente, uma das razões (se não a principal) por que a pena privada e, bem assim, os meios de coerção ao cumprimento vêm despertando um interesse crescente, é a da

a imposição ao lesante de verdadeiro castigo, descolado (e, portanto, superior) aos danos causados, em contraposição ao ressarcimento/ reparação, visando à abstenção de comportamento danoso, o que não seria possível por meio da indenização.[64]

A construção de uma teoria das penas privadas, contudo, encontra diversas dificuldades, ainda para os que admitem a pertinência do instituto. De um lado, as já mencionadas hostilidades levaram à consolidação de um eloquente silêncio sobre o assunto, tratado apenas, quando muito, difusa e lateralmente pela doutrina; por outro, verifica-se grande dificuldade em encontrar ponto comum entre as diversas figuras a que se atribui função punitiva para forjar categoria autônoma da pena privada.[65]

Com efeito, enumeram-se como institutos dotados de função punitiva privada desde a decretação de nulidade dos negócios jurídicos,[66] o pagamento em dobro decorrente da cobrança de dívida não vencida,[67] as multas condominiais,[68] as punições impostas a membros

---

relativa ineficácia, sob o ponto de vista *preventivo-sancionatório*, da tutela operada pela via da indenização (...)" (PINTO MONTEIRO. *Cláusula penal e indenização*, cit., p. 659, grifos no original). O recurso a essa função é, de certo modo, vinculado à perspectiva econômica do direito, defendida para evitar a internalização de custos e a perpetuação de condutas lesivas, notadamente em relação aos danos extrapatrimoniais: "La ratio dei danni punitivi in materia di responsabilità del produttore, e di questa normativa in materia di inquinamento e ovviamente esattamente la stessa; evitare cioè che l'imprenditore possa considerare l'obbligo di risarcire i danni al pari di uno dei tanti costi incontrati nell'esercizio dell'attività produttiva. (...) Sempre più spesso si assiste infatti alla concessione di somme, in alcuni casi superiori ai cento milioni di lire, con finalità sanzionatorie e deterrenti". (GALLO, Paolo. *Pene private e responsabilità civile*. Milão: Giuffrè, 1996. p. 212-213.)

[64] "Envisagée d'après sa nature, la peine privée est une sanction répressive dont l'objet est de punir l'auteur comportement délictueux, indépendamment des éventuelles conséquences dommageables de son acte" (JAULT, Alexis. *La notion de peine privée*. Paris: L.G.D.J, 2005. p.14.)

[65] TEPEDINO; SCHREIBER. As penas privadas no direito brasileiro, cit., p. 503-505.

[66] Cf. DANTAS, San Tiago. *Programa de direito civil*. Rio de Janeiro: Forense, 2001, p. 278, que afirma: "a decretação da ineficácia de um ato jurídico é sempre a sanção imposta à não-observância de uma norma deste gênero. Nenhuma destas normas atribui efeito jurídico determinado a um ato ou fato realizado".

[67] "Saliente-se que a incidência da sanção independe de qualquer verificação de efetivo prejuízo ao devedor, sendo costume asseverar haver no caso uma indenização fixada *a priori*, com presunção de dano, por isso cuja prova se dispensa. Tudo como expressão de um dever de segurança para com o demandado, quando, a bem dizer, se crê dispor o Código Civil, aqui, tanto quanto no dispositivo precedente, sobre uma verdadeira *pena civil*, como já acentuava Clóvis Bevilaqua, a propósito do Código Civil de 1916". (PELUSO, Cezar (Coord.). *Código Civil comentado*. São Paulo: Manole, 2008., p. 879, grifo nosso.)

[68] "Como sói ser, a existência da norma coactiva, seja a lei geral, seja a lei particular, que no caso é a convenção de condomínio, não pode contentar-se com estabelecimento de deveres e obrigações, mas deve ainda cuidar de impor sanção, na observância do velho princípio geral que distingue a norma jurídica do preceito moral. Não fazendo exceção, a lei especial

de associações,[69] a cláusula penal, a decretação de indignidade para suceder,[70] a revogação de doação por indignidade,[71] as astreintes,[72] entre outros.

A multiplicidade de figuras radicalmente díspares torna "extremamente árdua e complexa" a definição de "um critério idôneo e suficientemente preciso e, bem assim, reunir um conjunto de características que tipifiquem a figura e lhe confiram uma indispensável homogeneidade".[73] A ausência de uma previsão legal tornou ainda mais complicado o estudo, pois há inúmeras e contraditórias definições, tais como "privação de um direito ou constituição de uma obrigação voltada à punição do transgressor de uma norma específica", "a sanção cominada por um individuo em confronto com outro" e, ainda, "aquele ato imposto pelo juiz por iniciativa e a favor de um individuo".[74] Entretanto, mostra-se necessário, até para que se possa avaliar a pertinência da categoria, a tentativa de identificar traços comuns às penas privadas

---

da propriedade horizontal cogita do *estabelecimento de penas para os infratores* dos deveres legais, que alinha. Na escolha das penalidades, duas correntes legislativas se apresentam. De um lado, as leis da Argentina e do Chile, criando penas corporais para os infratores. De outro lado, as demais legislações, contentando-se com a cominação de penas pecuniárias". (PEREIRA, Caio Mário da Silva. *Condomínio e incorporações*. Rio de Janeiro: Forense, 2014. p. 128, grifo nosso.)

[69] Disciplinada no art. 57 do Código Civil, que será tratado a seguir.

[70] "Preferem outros atribuir os efeitos da indignidade, previstos na lei, ao propósito de prevenir ou reprimir o ato ilícito, impondo uma *pena civil* ao transgressor, independentemente da sanção penal. A sanção civil consiste em privar o indigno do direito à sucessão". (GOMES, Orlando. *Sucessões*. Rio de Janeiro: Forense, 2012. p. 32, grifo nosso.)

[71] VENOSA, Silvio de Salvo. *Código Civil interpretado*. São Paulo: Atlas, 2013. p. 766.

[72] "A multa não objetiva dar algo ao lesado em troca do dano, ou mais precisamente, obrigar o responsável a indenizar o lesado que sofreu o dano. O §2º do art. 461 do CPC é expresso ao dizer que 'a indenização por perdas e danos dar-se-á sem prejuízo da multa', reafirmando o que já dizia o art. 84 do Código de Defesa do Consumidor, com isto deixando claro que a multa é devida independentemente de também poder ser devido o valor da indenização. Esclareça-se que, em alguns casos, a tutela jurisdicional pode depender da multa sem que o autor sequer tenha pedido ressarcimento pelo equivalente". (ARENHART, Sérgio Cruz; MARINONI, Luiz Guilherme. *Curso de processo civil*. São Paulo: Revista dos Tribunais, 2008. v. 3, p. 73.)

[73] Cf. PINTO MONTEIRO. *Cláusula penal e indenização*, cit., p. 663. O conceito amplo de sanção parece auxiliar na amplitude de figuras que são catalogadas a título de pena privada. De acordo com Norberto Bobbio, sanção jurídica consiste na "instituição de uma consequência desagradável atribuída a um comportamento considerado mau (ou de uma consequência agradável atribuída a um comportamento considerado bom)" (BOBBIO, Norberto. As sanções positivas. In: BOBBIO, Norberto. *Da estrutura à função*: novos estudos de teoria do direito. Barueri: Manole, 2007. p. 29). Trata-se, ao fim e ao cabo, em uma corporificação da função amplamente reconhecida pelo direito – mas que não esgota toda a sua potencialidade –, de reprimir as condutas desviantes (*ibidem*, p. 24).

[74] Todas as definições são enumeradas por BARTELLA, Maria Grazia. *Le pene private*. Milão: Giuffrè, 2006. p. XVI.

e mesmo excluir alguns institutos que são comumente incluídos no conceito.

Afirma-se que para a identificação da pena civil enquanto categoria jurídica não se afigura suficiente a simples indicação de remédios com vinculação difusamente sancionatória diversos dos instrumentos disponíveis no direito penal. Não basta, assim, valer-se de um simples dado topográfico – ou seja, contraposto ao direito penal – e, portanto, se entender que o fato de ser instrumento (de tutela) de interesses privados seria suficiente para caracterizar a pena civil. Se assim não fosse, todo expediente existente em normas de direito privado seria pena privada, como a nulidade e a resolução dos contratos, ainda que, ao fim e ao cabo, decorram da intervenção do Poder Judiciário e possam até mesmo atender aos interesses do "punido".[75] Com efeito, orientação de tal estirpe acabaria por, além de retirar qualquer utilidade da expressão "pena privada", alçar como elemento identificador da categoria a simples solução natural da operatividade do direito: a rejeição de condutas incompatíveis com as normas por ele impostas,[76] e que ocorre, portanto, independentemente da caracterização de determinada figura como "pena privada".

Enrico Moscati, assim, após rejeitar o simples uso do dado topográfico – i.e., respostas negativas em relação a certa conduta dentro das normas de direito privado – sugere que sejam somados a tal ponto elementos subjetivos e objetivos para a identificação dos meios de "tutela de interesses privados" que se caracterizariam como pena privada. Para que seja identificado como tal,[77] o instituto analisado deve decorrer de fonte puramente negocial[78] e se afigurar distinto da mera indenização.

---

[75] MOSCATI. Pena (dir. priv.), cit., p. 780.

[76] Elucidativas, nessa direção, são as palavras de Norberto Bobbio: "si può parlare di un concetto unitario di sanzione e si dà nello stesso tempo legittimità ad un uso tecnico della parola. Questo elemento comune consiste, lo ripetiamo, nel rafforzamento dell'osservanza della norma attraverso il meccanismo della risposta o della reazione che lo stesso sistema normativo istituisce a favore dell'osservante e a sfavore dell'inosservante". (BOBBIO, Norberto. Sanzione. In: NOVISSIMO digesto italiano. 3. ed. Torino: VTET, 1957. v. 16, p. 530.)

[77] MOSCATI. Pena (dir. priv.), p. 780.

[78] "appare preferibile il tentativo di individuare gli elementi comuni che possono giustificare la costruzione di un'autonoma categoria giuridica e che in ogni caso farebbero acquistare un preciso significato tecnico alla stessa espressione di 'pena privata'. Il discorso può iniziare dall'affermazione piuttosto diffusa che la pena privata è una sanzione a tutela di interessi privati. È, questa, una costante necessaria ma non sufficiente, poiché si tratta di una finalità che può essere perseguita attraverso gli strumenti più disparati. (...) La determinazione

Ainda com o objetivo de definir a categoria, construiu-se a tese de que pena privada e pena civil consubstanciariam espécies distintas de sanções: enquanto a primeira possuiria fonte privada exclusivamente e seria aplicada fora do aparato estatal, a segunda decorreria de lei e seria aplicada mediante a intervenção do Estado, muito embora tenha em vista interesses particulares somente (no sentido de que não haveria, ao menos diretamente, repercussões do ato sancionado fora da esfera jurídica dos sujeitos – de direito privado – envolvidos).[79] A distinção, contudo, não encontra grande acolhimento em doutrina, a qual permanece se referindo às penas privadas de acordo com as fontes – legal, negocial e judicial.[80] De mais a mais, pressupõe haver espaços blindados da atuação estatal, a desconsiderar que também a atuação na seara privada é permeada pelo ordenamento jurídico unitário,[81] de modo a mitigar a separação entre direito (e interesse) público e privado.[82]

A distinção, sob outra perspectiva, parece ter sido acolhida por Maria Grazia Bartella, em estudo no qual procura atribuir relevância à categoria.[83] Para a autora, as penas privadas – inseridas na categoria mais ampla das penas civis – consistem em "forma de tutela" de interesses particulares, cujos elementos caracterizantes são: (i) provocação do ofendido; (ii) benefício econômico para o lesado como consequência necessária; (iii) função preventiva-punitiva como elemento, primeiro como ameaça e, após, como sanção.[84] Por meio da análise da pena privada no âmbito contratual e extracontratual, chega à identificação de seus "limites de operacionalidade", quais sejam: (i) equidade da sanção; (ii) aceitação pelo destinatário; e (iii) ser relativa a direitos disponíveis, de modo a excluir alguns institutos comumente correlacionados como

---

(e l'inflizione) della pena da parte di un privato è già un elemento aggregante delle une e di diversificazione rispetto alle altre, poiché esta è una costante che riguarda esclusivamente le pene di natura negoziale". (MOSCATI,. Pena (dir. priv.), cit., p. 784.)

[79] A tese é de Franzoni, citada por António Pinto Monteiro em *Cláusula penal e indenização*, cit., p. 664-665.

[80] BARTELLA. *Le pene private*, p. XIII.

[81] Daí a rejeição à tese dos "espaços de não direito". Sobre o tema, cf. NAMUR, Samir. A inexistência de espaços de não direito e o princípio da liberdade. *Revista Trimestral de Direito Civil*, v. 42, p. 131-147, abr./jun. 2010.

[82] Sobre o tema, cf. nota de rodapé nº 462.

[83] "le pene private sono, quindi, ascrivibili alla più ampia categoria delle sanzioni civili, nell'ambito delle quali si caratterizzano per essere suscettibili di valutazione economica ed irrogabili su iniziativa del danneggiato, beneficiario delle medesime". (BARTELLA. *Le pene private*, p. XVII).

[84] *Ibidem*, p. 213.

pena privada, tais como a indignidade e a revogação da doação por ingratidão.

A discussão doutrinária a respeito das penas privadas evidencia, a despeito de sua pertinência como categoria autônoma, o reconhecimento de meios de tutela de interesse privado[85] cuja instituição e consequência dependam da atuação de particulares para se concretizar,[86] tal como ocorre nas relações condominiais[87] e associativas.[88] Sob a batuta do (unitário) ordenamento jurídico,[89] tal regulamentação

---

[85] A expressão deve ser lida com cautela: não se defende a existência de um interesse privado desconectado com os preceitos basilares do ordenamento.

[86] Daí se falar que as penas privadas representam a "ammissibilità della potestà punitiva dei privati" (BARTELLA. *Pene private*, p. XII). A autora, contudo, defende que é suficiente a iniciativa do particular, ainda que a aplicação da sanção em si advenha de manifestação judicial.
Em sentido semelhante ao ora exposto, cf. Enrico Moscati, embora conclua que a impossibilidade de definir uma disciplina única acabe resultando na impossibilidade de construir uma categoria autônoma. (MOSCATI. Pene (dir priv), p. 784.)

[87] Tal possibilidade é contemplada no §2º do art. 1.336, *in verbis*: "O condômino, que não cumprir qualquer dos deveres estabelecidos nos incisos II a IV, pagará a multa prevista no ato constitutivo ou na convenção, não podendo ela ser superior a cinco vezes o valor de suas contribuições mensais, independentemente das perdas e danos que se apurarem; não havendo disposição expressa, caberá à assembléia geral, por dois terços no mínimo dos condôminos restantes, deliberar sobre a cobrança da multa". A punição, assim, dependerá de previsão do estatuto (ou deliberação por maioria dos condôminos) e aplicação – com as devidas garantias – pela administração.

[88] PINTO MONTEIRO. *Cláusula penal e indenização*, p. 152.
No direito brasileiro, a possibilidade é contemplada no art. 57 do Código Civil: "A exclusão do associado só é admissível havendo justa causa, assim reconhecida em procedimento que assegure direito de defesa e de recurso, nos termos previstos no estatuto". A causa da exclusão, além de legítima à luz da finalidade associativa, deve estar prevista no estatuto e, como passou a consagrar expressamente o dispositivo, dependerá de que seja garantida ampla defesa e contraditório ao associado.

[89] A autonomia privada, outrora concebida como poder incensurável dos sujeitos de direito privado, redimensionou-se, de modo a se justificar apenas e enquanto capaz de traduzir os objetivos fixados pelo ordenamento. Aduz-se, assim, à transformação do conceito sob três aspectos: formal, objetivo e subjetivo (TEPEDINO, Gustavo. Normas constitucionais e direito civil na construção unitária do ordenamento. In: TEPEDINO, Gustavo. *Temas de direito civil*. Rio de Janeiro: Forense, 2009. t. 3, p. 14-16). A menção à atribuição de poderes a particulares, então, deve ser compreendida à luz da releitura do próprio conceito de autonomia. Nas palavras de Pietro Perlingieri: "É preciso verificar se tais liberdades encontram efetiva confirmação na teoria dos atos, em razão da fisionomia que esta assume diante dos princípios gerais do ordenamento. É a partir de tais princípios que se extrai a valoração de merecimento de tutela para a autonomia negocial: a autonomia, portanto, não é um valor em si. Revela-se indispensável o reexame da noção à luz do juízo de valor dos atos realizados, para deduzir se estes, considerados individualmente, possam ser regulados, ao menos em parte, pela autonomia negocial" (PERLINGIERI. *O direito civil na legalidade constitucional*, p. 342-343). E remata: "A autonomia negocial não é um valor em si: pode assim ser considerado, e dentro de certos limites, se e enquanto corresponder a um interesse merecedor de tutela" (p. 355). Daí se rechaçar a defesa de haver área em que os particulares gozem de plena liberdade, defesa à atuação estatal: a autonomia insere-se na unidade do ordenamento.

(mediante figuras previamente definidas pelo legislador) justifica-se apenas enquanto contribuição para a promoção de interesses que encontrem justificativa funcional capaz de legitimar o emprego desse recurso.[90] Mais do que reprimir condutas após a sua implementação, tais expedientes encontrariam justificativa funcional no fomento de comportamentos consentâneos com os objetivos do ordenamento,[91] estimulando que seja evitado o ilícito.[92] Desse modo, a atribuição de

---

[90] Sob outro viés, defende a pertinência das penas privadas, mas sem reconhecer a existência de uma categoria autônoma, Nelson Rosenvald. Na medida em que a vincula à retomada do instituto para suprir as deficiências do sistema reparatório, o autor defende a pena civil como forma de tutelar finalidades metaindividuais (como meio ambiente) e salienta que, além da aplicação no âmbito da responsabilidade civil, defendendo sua função sancionadora, haveria "no Código Civil de 2002 e na legislação esparsa (…) combinações da ideia penal de punição do lesante com a finalidade civil de reparação concedida ao lesado" (ROSENVALD, Nelson. *As funções da responsabilidade civil*: a reparação e a pena civil. São Paulo: Atlas, 2013. p. 55-56), mas que "a diversidade de estrutura das fontes impede a criação de uma categoria homogênea", o que leva a um estudo "através de um critério meramente descritivo e classificatório" (*ibidem*, p. 56). Estabelece sanções que estariam atreladas a "múltiplos danos" e as de supressão de direitos. Em sua teoria, a sanção civil seria instrumento para que o direito civil possa "ser chamado a realizar tarefas de proteção a interesses difusos e coletivos, transcendendo as esferas estritamente individuais" (*ibidem*, p. 29). A lógica que perpassa a teoria baseia-se na perspectiva do custo do exercício de atividade ilícita e centra-se na defesa da finalidade punitiva da responsabilidade civil (cf. nota de rodapé nº 51). Ainda que se reconheça o excepcional papel de sanções privadas, parece pertinente definir com precisão os denominados interesses "supraindividuais" a serem protegidos, em especial, a demonstração da possibilidade de se atingir, por meio da punição, a conduta desejada.
Embora soem semelhantes as conclusões encontradas pelo autor e as defendidas no presente trabalho, deve-se salientar que a referência a "interesses merecedores de tutela" não implica necessariamente interesses "supraindividuais". Muito ao revés, também esses são tutelados e promovidos pelo ordenamento e, do mesmo modo, devem atravessar o juízo de merecimento de tutela, o qual implica a avaliação de sua pertinência em relação a todo o ordenamento, como conjunto unitário de normas. Por outro lado, o autor ora citado parece se referir a interesses "não particulares", como se extrai do próprio exemplo por ele fornecido, segundo o qual se poderia aplicar "sanção privada" a o empregador que não observasse o uso dos aparelhos de segurança do trabalho, ainda que não houvesse dano concreto (*ibidem*, p. 29) – hipótese que, ademais, parece estar relegada, no sistema brasileiro, à atuação de órgãos públicos de fiscalização e defesa do trabalho.

[91] Nessa direção, seria possível compreender o disposto no art. 57 do Código Civil como forma de manutenção da liberdade associativa. Em sentido semelhante: "Assim, em outras associações, sem fins de representação de interesses de uma classe, a dissensão com a linha de orientação predominante da associação pode ser tipificada internamente como causa de afastamento do associado. Um bispo que passe a professar ideias cismáticas não tem direito constitucional a se opor a uma medida de suspensão de ordem ou de excomunhão (exclusão de uma associação religiosa). Nas associações religiosas as questões de ideologia estão isentas de controle judicial. As deliberações internas a esse respeito integram o núcleo essencial do direito de associação". (MENDES, Gilmar Ferreira; BRANCO, Paulo Gustavo. *Curso de direito constitucional*. São Paulo: Saraiva, 2002, p. 352-353.)

[92] "la pena privata realizza essenzialmente uno stimolo indiretto di natura patrimoniale che rende (più) conveniente l'astensione dall'atto antigiuridico (…)". (ZOPPINI. *La pena contrattuale*, p. 301.)

tal excepcional medida pressupõe a identificação de interesse que se vincule às prioridades do ordenamento. Daí parecer desimportante a atribuição de vantagem patrimonial ao instituidor da sanção:[93] a finalidade dos expedientes ditos "punitivos" no direito contemporâneo parece encontrar justificativa na promoção de condutas desejadas, não já beneficiar os instituidores da "pena".[94]

A legitimidade da aplicação encontra-se restrita, ainda, à observância das garantias constitucionais[95] relacionadas às peculiaridades da hipótese – por exemplo, tratando-se de questão sujeita a processos internos, há de se atender os princípios da ampla defesa e contraditório[96] –, normas aplicáveis diretamente às relações privadas,[97]

---

[93] MOSCATI. Pena (dir. priv.), p. 783. Em sentido contrário, defendendo a essencialidade da vantagem patrimonial, cf. BARTELLA. *Le pene private*, p. 213-214.

[94] Cuida-se de corolário da funcionalização das estruturas jurídicas ao atendimento das finalidades constitucionais. Sobre o tema, veja-se: "Os legítimos interesses de tutela na medida em que interesses socialmente relevantes, posto que alheios à esfera individual, venham a ser igualmente tutelados. Vincula-se, assim, a proteção dos interesses privados ao atendimento de interesses sociais, a serem promovidos no âmbito da atividade econômica (socialização das situações jurídicas subjetivas)". (TEPEDINO, Gustavo. Itinerário para um imprescindível debate metodológico. *Revista Trimestral de Direito Civil*, n. 35, p. V, jul./set. 2008.)

[95] Justamente por isso a jurisprudência assevera amplamente que a aplicação de multas condominiais não prescinde da atribuição ao condômino punido de direito à defesa. Cf., por todos: "Despesa de Condomínio. Cobrança. Encargos condominiais. Multa. Infração de norma do regimento interno. Ação julgada improcedente. Reconvenção. Pretensão à indenização por danos morais, ante a cobrança judicial indevida. Reconvenção julgada improcedente. Apelação do condomínio. Preliminar. Alegação de cerceamento de defesa. Julgamento antecipado era de rigor, ausente necessidade de produção de prova. Preliminar afastada. Mérito. Renovação dos argumentos anteriores. Pretensão à condenação dos réus no pagamento de multa por alegada infração da convenção condominial. Descumprimento de norma interna. Ausência de contraditório e de ampla defesa na aplicação da penalidade. Necessidade de submissão aos referidos princípios constitucionais. Inobservância das regras previstas na convenção condominial para aplicação e exigibilidade da multa. Ausente prova de que tenham os réus sido comunicados da imposição da multa. Ônus da prova de quem alega (art. 333, I, do CPC). Autor que não se desincumbiu desse mister. Multa condominial bem afastada. Sentença mantida. Recurso improvido". (TJSP, Ap. Cív. 0045967-22.2009.8.26.0562, 32ª Câmara de Direito Privado, Rel. Des. Francisco Occhiuto Junior, julg. 3.4.2014.)

[96] "Exclusão de associado. Caráter punitivo. Devido processo legal. Na hipótese de exclusão de associado decorrente de conduta contrária aos estatutos, impõe-se a observância ao devido processo legal, viabilizado o exercício amplo da defesa. Simples desafio do associado à assembléia geral, no que toca à exclusão, não é de molde a atrair adoção de processo sumário. Observância obrigatória do próprio estatuto da cooperativa". (STF, RE 158.215/RS, 2ª T., Rel. Min. Marco Aurélio, julg. 30.4.1996.)

[97] Sobre a aplicação direta das normas constitucionais às relações privadas, cf.: TEPEDINO. Normas constitucionais e direito civil na construção unitária do ordenamento, p. 12-13 em especial.

e à avaliação dos demais interesses envolvidos no caso concreto,[98] essencial para a apuração do merecimento de tutela do ato.

1.2 Natureza e função da cláusula penal

Na delimitação da natureza e da função da cláusula penal, identificam-se duas perspectivas distintas: o tratamento unitário da cláusula penal – capaz de desenvolver uma miríade de funções

---

[98] Assim, por exemplo, o STF estabeleceu a ilegitimidade da exclusão de associado em função da essencialidade da participação na associação para o exercício de direitos individuais: "Sociedade civil sem fins lucrativos. União brasileira de compositores. Exclusão de sócio sem garantia da ampla defesa e do contraditório. Eficácia dos direitos fundamentais nas relações privadas. Recurso desprovido. I. Eficácia dos direitos fundamentais nas relações privadas. As violações a direitos fundamentais não ocorrem somente no âmbito das relações entre o cidadão e o Estado, mas igualmente nas relações travadas entre pessoas físicas e jurídicas de direito privado. Assim, os direitos fundamentais assegurados pela Constituição vinculam diretamente não apenas os poderes públicos, estando direcionados também à proteção dos particulares em face dos poderes privados. II. Os princípios constitucionais como limites à autonomia privada das associações. A ordem jurídico-constitucional brasileira não conferiu a qualquer associação civil a possibilidade de agir à revelia dos princípios inscritos nas leis e, em especial, dos postulados que têm por fundamento direto o próprio texto da Constituição da República, notadamente em tema de proteção às liberdades e garantias fundamentais. O espaço de autonomia privada garantido pela Constituição às associações não está imune à incidência dos princípios constitucionais que asseguram o respeito aos direitos fundamentais de seus associados. A autonomia privada, que encontra claras limitações de ordem jurídica, não pode ser exercida em detrimento ou com desrespeito aos direitos e garantias de terceiros, especialmente aqueles positivados em sede constitucional, pois a autonomia da vontade não confere aos particulares, no domínio de sua incidência e atuação, o poder de transgredir ou de ignorar as restrições postas e definidas pela própria Constituição, cuja eficácia e força normativa também se impõem, aos particulares, no âmbito de suas relações privadas, em tema de liberdades fundamentais. III. Sociedade civil sem fins lucrativos. Entidade que integra espaço público, ainda que não-estatal. Atividade de caráter público. Exclusão de sócio sem garantia do devido processo legal. Aplicação direta dos direitos fundamentais à ampla defesa e ao contraditório. *As associações privadas que exercem função predominante em determinado âmbito econômico e/ou social, mantendo seus associados em relações de dependência econômica e/ou social, integram o que se pode denominar de espaço público, ainda que não-estatal. A União Brasileira de Compositores – UBC, sociedade civil sem fins lucrativos, integra a estrutura do ECAD e, portanto, assume posição privilegiada para determinar a extensão do gozo e fruição dos direitos autorais de seus associados.* A exclusão de sócio do quadro social da UBC, sem qualquer garantia de ampla defesa, do contraditório, ou do devido processo constitucional, onera consideravelmente o recorrido, o qual fica impossibilitado de perceber os direitos autorais relativos à execução de suas obras. A vedação das garantias constitucionais do devido processo legal acaba por restringir a própria liberdade de exercício profissional do sócio. O caráter público da atividade exercida pela sociedade e a dependência do vínculo associativo para o exercício profissional de seus sócios legitimam, no caso concreto, a aplicação direta dos direitos fundamentais concernentes ao devido processo legal, ao contraditório e à ampla defesa (art. 5º, LIV e LV, CF/88). IV. Recurso extraordinário desprovido". (STF, RE 201.819, 2ª T., Rel. Min. Ellen Gracie, julg. 11.10.2005, grifo nosso.)

simultâneas ou alternativas – e o modelo "dualista" – considerando inconciliáveis as finalidades usualmente atribuídas à mesma disposição contratual.

No âmbito da primeira perspectiva, vislumbram-se três vertentes: (i) que considera a cláusula penal verdadeira pena privada, destinada a punir o devedor inadimplente e consubstanciar reforço da obrigação avençada; (ii) que entende ser a cláusula penal pré-fixação das perdas e danos, consistindo, assim, em indenização ao credor vítima do descumprimento; e (iii) posição segundo a qual a cláusula penal desempenha esse duplo papel. Muito embora se efetue tal distinção, a qual auxilia, em termos didáticos, na delimitação do âmbito de discussão a respeito da função da cláusula penal,[99] verifica-se, ao se esmiuçar o posicionamento de cada vertente, a existência de verdadeiras zonas cinzentas entre elas.

A segunda perspectiva consiste, em síntese, em meio às dificuldades de determinação da natureza da cláusula penal, em apartar sua disciplina da convenção sobre a indenização à luz da vontade das partes no caso concreto.

1.2.1 A cláusula penal como pré-fixação das perdas e danos

A teoria indenizatória da cláusula penal vislumbra no instituto natureza jurídica de indenização dos danos decorrentes do inadimplemento. De acordo com essa perspectiva, as partes, ao estabelecerem uma cláusula penal, objetivam liquidar de forma prévia o valor de eventual prejuízo advindo do descumprimento da obrigação, tanto que nada mais pode ser exigido em função do inadimplemento.[100]

---

[99] A cisão entre três distintas teorias – indenizatória, punitiva e mista – sobre a cláusula penal pode ser encontrada em diversas obras a respeito do instituto. Ressalte-se, a título exemplificativo: PINTO MONTEIRO. *Cláusula penal e indenização*, p. 299-348; FRANÇA, Rubens Limongi. *Teoria e prática da cláusula penal*. São Paulo: Saraiva, 1998. p. 141-166; ROSENVALD, Nelson. *Cláusula penal*: a pena privada nas relações negociais. Rio de Janeiro: Lumen Iuris, 2007. p. 65-78.

[100] Nas palavras de Pothier, a quem se atribui o papel de principal defensor da teoria: "Essa pena é estipulada com a intenção de indenizar o credor pela inexecução da obrigação principal; é uma compensação, portanto, por perdas e danos sofridos pela inexecução da obrigação principal" (POTHIER. *Tratado das obrigações*, p. 298). "Trois principes gouvernent le mécanisme des clauses pénales, et précisent en même temps leur sens et leur portée en droit positif. Ces principes sont les suivants: (…) 2º Elles consistent en une *évaluation forfaitaire et définitive du dommage*". (DE PAGE. *Traité élémentaire de droit civil belge*, vol. 3, p. 151, grifos no original.)

A obrigação consubstanciada na cláusula penal, nessa perspectiva, é entendida como substitutiva das perdas e danos decorrentes do dever de indenizar fixado por lei. Tratar-se-ia dos próprios danos, pré-avaliados e fixados rigidamente[101] pelas partes.[102] Baseiam-se seus defensores no argumento de que, ao contrário do que ocorria no direito romano, em que as obrigações não careceriam de eficácia própria, o escopo punitivo da cláusula penal no direito moderno restaria inexplicável: a cláusula penal não representaria qualquer efeito de ameaça ao devedor, na medida em que a própria lei estabelece os efeitos do descumprimento obrigacional, não podendo o devedor deles se furtar.[103]

Tal seria a única característica da cláusula penal, uma vez que, descumprida a obrigação e não prevista multa convencional,[104] não há cumulação com a reparação das perdas e danos do credor, de modo que a multa representaria apenas reparação dos prejuízos causados pelo devedor:

> A cláusula penal, que nos contratos aparece muitas vezes sob outras designações, como "penalidade" e "multa", não constitui uma verdadeira pena, apesar dos nomes por que é conhecida. A pena representa um castigo, ou seja, um mal infligido ao infractor, diverso da simples reparação do próprio mal que este causou. Ora a cláusula penal não possui essa natureza, pois o seu fim é reparar os prejuízos sofridos pelo credor. A pena (como uma multa propriamente dita) é cumulável com a indemnização de perdas e danos; a cláusula penal não o é, visto que se confunde com ela, cujo montante antecipadamente fixa.[105]

---

[101] A previsão original do Código Civil francês expressamente estabelecia que a indenização pré-fixada seria à *forfait*. O princípio da imutabilidade da cláusula penal, contudo, restou mitigado, a ponto de até mesmo na codificação francesa se inserir dispositivo que prevê a possibilidade de alteração de seu valor diante de certas circunstâncias, para mais (art. 1.152) e para menos (art. 1.231).

[102] Menezes Leitão (*Manual de direito das obrigações*, v. 1, p. 234-235) defende que seja pré-fixação das perdas e danos: "Chama-se cláusula penal a convenção através da qual as partes fixam o montante da indemnização a pagar em caso de eventual inexecução do contrato. Trata-se, como se vê, de uma liquidação convencional e antecipada dos prejuízos".

[103] Tito Fulgêncio afirma que Planiol destaca que a cláusula penal seria meio *indireto* de constrangimento, na medida em que a "garantia da execução vem da lei". (FULGÊNCIO. *Manual do código civil brasileiro*, p. 376.)

[104] Destaque-se que a própria expressão – multa ou pena convencional – é rejeitada por parte dos defensores dessa teoria, que justamente afastam qualquer viés punitivo/coercitivo da cláusula penal.

[105] MENEZES LEITÃO. *Manual de direito das obrigações*, p. 235.

No direito brasileiro, a posição é defendida por Orlando Gomes, para quem, na medida em que o valor dos danos, no caso em concreto, pode ser inferior aos prejuízos suportados pelo credor – e, portanto, representar uma "vantagem" para o devedor –, não há que se cogitar de função punitiva/coercitiva da cláusula penal:

> Sua *função* é pré-liquidar danos. Insiste-se em considerá-la meio de constranger o devedor a cumprir a obrigação por força intimidativa, mas esse efeito da cláusula penal é acidental. A melhor prova de que não atua essencialmente como arma coercitiva é que, por vezes, sua função é diminuir o montante da indenização que seria devida numa liquidação de perdas e danos conforme as regras comuns que a presidem.[106]

Diante das críticas de que a função indenizatória não lograria explicar por que a prestação ajustada a título de cláusula penal seria devida mesmo na ausência de dano, recorreu-se ao estabelecimento de ficção:[107] as partes presumiram que haveria dano de acordo com aquele montante por elas fixado.[108]

Para aqueles que afastam radicalmente qualquer escopo punitivo/coercitivo da cláusula penal, considera-se que, nada obstante não haver óbice para que as partes estabeleçam convenções cuja estrita finalidade consista na punição do inadimplemento, tais pactos se afastariam de verdadeiras cláusulas penais.[109]

---

[106] GOMES, Orlando. *Obrigações*. 17. ed. Rio de Janeiro: Forense, 2007. p. 190.

[107] "L'indemnité lui est due, à supposer même qu'il n'ait éprouvé aucun préjudice, et le juge n'a pas le droit de rechercher si un préjudice a réellement été subi. Le seul fait de l'inexécution fautive, par ailleurs établi, suffit". (DE PAGE, Henri. *Traité élémentaire de droit civil belge*, p. 153-154.)

[108] A posição é defendida também em doutrina recente: "La funzione della penale sarebbe, secondo taluni, quella di spingere il debitore ad adempiere e quindi essa avrebbe carattere sanzionatorio. Ma è più corretto parlare di precostituzione pattizia della liquidazione di un danno, peraltro presunto, che può anche favorire il debitore, salvo nel caso di previsione della risarcibilità del maggior danno, da provare". (GAZZONI, Francesco. *Obbligazioni e contratti*. 16. ed. Napoli: Esi, 2013.)

[109] Assim, enquanto para Pessoa Jorge (*Direito das obrigações*. Lisboa: Associação Acadêmica da Faculdade de Direito de Lisboa, 1975-1976. p. 702) se trataria de cláusula de agravamento de responsabilidade, para Josserand haveria, na hipótese das partes fixarem um valor a título de "cláusula penal" muito superior aos danos, o estabelecimento de astreinte convencional. Confira-se: "Gracias a ella [cláusula penal] a su modicidad, la responsabilidad del deudor podrá ser aligerada; desempeña por lo tanto un papel comparable al de una cláusula limitativa de responsabilidad. Permite, por el contrario, a las partes dar a su acuerdo una fuerza obligatoria mayor, estipulando para caso de inejecución una pena muy elevada, que tomará así la significación y la importancia de una vía de ejecución interesante: el deudor tendrá el mayor interés en hacer honor a sus compromisos, cuya inejecución sería ruinosa para él. La cláusula, entonces, por el objetivo a que responde, se identifica a la

Ao lado dessa posição, vislumbra-se, entre os que salientam a natureza indenizatória da cláusula penal, o reconhecimento de uma função coercitiva "acidental", que decorreria de forma indireta da disciplina do instituto. Aludido efeito consistiria em questão eventual, que poderia ser identificada no caso concreto, mas que não se afiguraria essencial ao instituto.

> Por tanto, cuando se habla de la doble función de la cláusula penal – amenaza de pena y correlativo reforzamiento del vínculo obligatorio por un lado, y preventiva liquidación del daño resarcible por otro –, debe tenerse presente que la primera función no es constante sino que sólo se realiza de una manera eventual.[110]

Em estudo recente, Domenico Russo defendeu a pertinência da teoria indenizatória da cláusula penal.[111] O autor propõe-se a, a partir da crítica da função punitiva da cláusula penal, majoritária no direito italiano hodierno, traçar novo perfil para o instituto, compatível com sua estrutura normativa. Demonstrando haver uma série de problemas nas discussões tradicionais a respeito da função da cláusula penal, salienta que o debate se acentuou em função da incapacidade da teoria (indenizatória) tradicional da cláusula penal em justificar – ao invés de rebater – a desnecessidade da existência de danos. Segundo ele, tal perspectiva, ao salientar que a cláusula penal não cria para o credor um novo direito, mas apenas o liberta da obrigação de comprovar perdas e danos, torna contraditório explicar a natureza de liquidação preventiva e *à forfait* da indenização e, ao mesmo tempo, desvincular do título em razão do qual é devida a cláusula penal da obrigação de ressarcimento dos danos. Embora tenha elaborado justificativas para

---

astreinte; se convierte en una especie de astreinte convencional, eficaz y perfectamente legítima". (JOSSERAND, Louis. *Derecho civil*. Buenos Aires: Bosch, 1950. t. 2, v. 1, p. 523.) Saliente-se que, muito embora não se alongue na análise, a posição do jurista alemão como defensor da tese indenizatória justifica-se, pois, além de entender que a cláusula penal funcionaria como limitação de responsabilidade, conforme texto supracitado, o autor afirma, ao estabelecer os efeitos da cláusula penal, que "la pena hace función de daños y perjuicios". (*Ibidem*, p. 521.)

[110] DE CUPIS, Adriano. *Il danno*: teoria generale della responsabilità civile. Milão: Giuffrè, 1966. p. 505. Confira-se, ainda, De Page: "Signalons ici dès à présent que le *caractère* fondamental de la clause pénale est bien celui que nous venons de préciser. Ce n'est pas, quoiqu'on disse et quoiqu'on l'eseigne, 'peine', ni même un 'moyen de contrainte'. C'est une convention sur dommages-intérêts. Telle est son *essence*. Le moyen de contrainte n'est qu'un *effet accidentel* de la clause pénale". (DE PAGE. *Traité élémentaire de droit civil belge*, v. 3, p. 143-144, grifos no original.)

[111] Trata-se da obra *Il patto penale tra funzione novativa e principio di equità*. Napoli: ESI, 2010.

explicar a questão, mediante as figuras do dano presumido e do dano previsto, acabou dando espaço à defesa de um perfil sancionatório.

Considerando incompatível com a disciplina da cláusula penal a função sancionatória, Domenico Russo defende seu viés ressarcitório, mas por outro ângulo: para ele, a cláusula penal, seja moratória ou compensatória, não traduz simplesmente pré-liquidação das perdas e danos,[112] mas representa um ajuste novativo (ainda que *sui generis*, na medida em que ocorre ao mesmo tempo que o ajuste principal e se vincula, no que tange ao controle de seu valor, à obrigação principal). Em outros termos, a cláusula penal consubstanciaria novação mediante a qual as partes extinguem a obrigação de ressarcir decorrente de lei, substituindo-a pela prestação traduzida na multa. Desse modo, a operatividade da cláusula penal irá depender do surgimento da obrigação de indenizar, não havendo que se cogitar de pagamento da cláusula penal sem a presença de danos ressarcíveis.[113]

A teoria da função indenizatória sofreu diversas críticas,[114] em especial a alegada dificuldade em justificar o pagamento integral do valor fixado a título de cláusula penal mesmo na inexistência absoluta de danos, sem que a ela fosse atribuída qualquer finalidade punitiva (a não ser mediante o estabelecimento de "ficções" jurídicas). Tal circunstância foi apropriada pela doutrina que defende a atribuição de oposta função ao instituto: a de punir o devedor.

1.2.2 A cláusula penal como pena civil: função punitiva do instituto

A partir de estudos a respeito da origem romana da cláusula penal – a denominada *stipulatio pœnæ*[115] – e na tentativa de rebater

---

[112] "La clausola penale infatti non appare identificabile con il patto di liquidazione o valutazione preventiva del danno derivante dall'inadempimento o dal ritardo. Il suo risultato non è quello della semplice misurazione del *quantum* del pregiudizio e dunque dell'obbligazione risarcitoria poiché il titolo in virtù del quale la prestazione penale è dovuta non è lo stesso da cui origina il risarcimento ma è un titolo autonomo che si 'sostituisce' a quello, così come al tempo stesso, la prestazione penale 'sostituisce' la prestazione risarcitoria". (RUSSO. *Il patto penale tra funzione novativa e principio di equità*, p. 120.)

[113] "L'inadempimento e il ritardo perciò non sono che una 'parte' del 'fatto condizionante', essendo l'efficacia ('sostitutiva') del patto penale subordinata all'esistenza di (un danno e dunque di) un obbligo di risarcimento da quelli derivante". (*Ibidem*, p. 123.)

[114] Contundentes críticas foram enumeradas por MARINI, Annibale. *La clausola penale*. Napoli: Jovene, 1984. p. 14-17.

[115] Afirma-se que a *stipulatio pœnæ* traduzia penalidade para o devedor que inadimplisse a obrigação, o que era considerado no direito romano verdadeiro delito. Sua origem

o caráter exclusivamente ressarcitório do instituto, defende-se que a cláusula penal consubstanciaria verdadeira pena privada,[116] destinada ora a (i) punir o devedor em função de seu comportamento reprovável;

---

justifica-se por não existir nesse ordenamento forma de repressão ao descumprimento obrigacional nas avenças distintas de pagamento em dinheiro, conforme expõe Guillermo Diaz: "La esfera de acción limitada del juez romano y el rigorismo del derecho que privaba de protección a ciertas relaciones jurídicas, provocaron el nacimiento de la cláusula penal, la 'stipulatio poenae', que fue el medio de hacer efectivas aquellas obligaciones que tenían un distinto objeto que una suma de dinero. (...) Primitivamente los romanos consideraban un delincuente al deudor que no ejecutaba su promesa; la 'stipulatio poenae' tenía entonces por finalidad obtener, más que la reparación del prejuicio provocado por el incumplimiento de la obligación, la represión del delito que cometía el deudor a no cumplirla" (DIAZ, Guillermo. *La inmutabilidad de la clausula penal*. Buenos Aires: El Ateneo, 1936. p. 20). Sintetiza Fabio Maria de Mattia: "Assim, no antigo Direito Romano, a cláusula tinha função singular: era a sanção única dos pactos, sem ela destituídos de verdadeira execução". (MATTIA, Fábio Maria de. Cláusula penal pura e cláusula penal não pura. In: FACHIN, Luiz Edson; TEPEDINO, Gustavo (Org.). *Doutrinas essenciais*: obrigações e contratos. São Paulo: Revista dos Tribunais, 2011. v. 2, p. 1118.)

Ressalta-se, assim, que a finalidade do instituto romano consistia exclusivamente na repressão ao inadimplemento: "No direito romano, portanto, a cláusula penal era a única sanção do cumprimento das *nuda pactiones*, tida como elemento indispensável na transação e no compromisso. Como o próprio nome indica, o primitivo direito romano considerava como um réu o devedor que não cumpria a sua promessa e a *stipulatio poenae* tinha então por escopo assegurar não a reparação do dano causado pelo inadimplemento, mas a repressão do delito cometido pelo devedor, não a cumprindo". (CONTINENTINO, Mucio. *Da cláusula penal no direito brasileiro*. São Paulo: Saraiva, 1926, p. 13.)

Tito Fulgêncio destaca que, no próprio direito romano, o instituto passou a apresentar cores menos repressivas, mais voltadas à reparação de danos: "No princípio, considerava-se injustiça a inexecução, o inadimplemento, um crime nosso; a *poena* reprimia o delito, não assegurava a reparação do dano. Na continuação, a estipulação foi conservada pela prática, mas com a feição estimatória do prejuízo causado, e condicional de não se efetuar a prestação, consistisse na promessa da pena, ou viesse depois da promessa da prestação". (*Manual do Código Civil Brasileiro*, v. 10, p. 375-376.)

A feição punitiva da *stipulatio poenae* influenciou de forma significativa as análises a respeito da cláusula penal no direito moderno, em especial no que se refere à defesa da função punitiva.

[116] A influência do direito romano é demonstrada pelos defensores da função punitiva. Enquanto Facio (FACIO, Jorge Peirano. *La cláusula penal*. Montevidéu: Biblioteca de Publicaciones Oficiales de la Facultad de Derecho y Ciencias Sociales de la Universidad de Montevideo, 1947) afirma expressamente o estudo que implementa parte da dogmática da cláusula penal, sem considerar circunstâncias atinentes a características históricas e sociais ou mesmo de ordenamentos concretos, Fábio de Mattia assevera, ao esmiuçar a posição de juristas germânicos sobre o tema: "Certos juristas alemães, sobretudo, por ocasião de estudos de direito romano defenderam a tese de lhe ser atribuída uma natureza penal exclusivamente, com independência conceitual dotada de definida autonomia". E remata, em conclusão ao seu trabalho: "A aplicação do espírito indagador à cláusula penal no direito romano nos revela com clareza uma cláusula penal no sentido de pura no início, para em seguida, sob efeito de necessidades de ordem prática, adquirir novas funções. Estas não cancelaram sua natureza penal". (MATTIA. Cláusula penal pura e cláusula penal não pura, v. 2, p. 1125, 1147.)

50 | VIVIANNE DA SILVEIRA ABILIO
CLÁUSULAS PENAIS MORATÓRIA E COMPENSATÓRIA – CRITÉRIOS DE DISTINÇÃO

ou a (ii) coagi-lo ao cumprimento da obrigação;[117] e, por consequência, operar reforço da obrigação principal.[118]

Afirma-se, em síntese, que, na medida em que o pagamento da prestação consubstanciada na cláusula penal não se vincula, sob nenhum aspecto, aos danos decorrentes do inadimplemento, obrigando-se o devedor a prestá-la ainda que não existam prejuízos,[119] o instituto configuraria verdadeira pena, com função exclusivamente punitiva.[120] É possível identificar ao menos três argumentos comumente utilizados pelos defensores de tal teoria.

Em primeiro lugar, sustentam que a obrigação de indenizar que deriva do descumprimento de uma relação obrigacional e a que decorre do estabelecimento de uma cláusula penal traduzem deveres diversos em substância – enquanto a existência de danos a serem reparados consubstancia elemento essencial da primeira, são logicamente desnecessários em relação à segunda.[121]

---

[117] Aludidos efeitos decorrem do próprio conceito de pena adotado pelos autores que defendem a concepção ora descrita. Cf., por todos, a definição de Facio: "La idea de pena obra, sin embargo, de dos modos diversos, según sea el momento de su proceso existencial en el cual se le considere. En una primera etapa (antes de haberse producido el evento que se procura sancionar), obra a modo de preventivo, ejerciendo una coacción psicológica sobre el agente, cuya coacción toma su ser, precisamente en el temor a las consecuencias dañosas que en virtud de la pena seguirán al evento prohibido o contrario a derecho. En un segundo momento (luego de haberse producido el evento que se procura sancionar), la pena obra cuando ya su eficacia para el caso concreto ha desaparecido, y no tiene otra finalidad que la de producir un daño o castigo a quien actuando de modo no consentido por la norma ha infringido su mandato, y la de servir de prevención o escarmiento a futuras conductas antijurídicas" (FACIO. *La cláusula penal*, p. 171.)

[118] "Vi è una tendenza che mette in luce l'influenza della clausola penale sulla obbligazione principale: questa viene rafforzata, dato che il pericolo di incorrere nelle penale costituisce uno stimolo sul debitore all'adempimento". (TRIMARCHI. Clausola penale, p. 352.)

[119] Veja-se a doutrina: "Em verdade, o ressarcimento do dano passa a ser uma pena? Sim, porque a pena convencional pode ser cobrada sem necessidade de existência de danos a ser provada pelo credor. Os danos poderão não existir, ou existir em medida superior ou inferior, mas o devedor, apenas, paga a soma estipulada a título de penal a não ser tenha sido convencionada a ressarcibilidade do dano ulterior" (MATTIA. Cláusula penal pura e cláusula penal não pura, v. 2, p. 1142.)

[120] Essas premissas fundamentam a posição de Michelle Trimarchi, considerado o mais relevante defensor da função punitiva da cláusula penal no direito moderno (TRIMARCHI. Clausola penale, v. 3, p. 351). Citando Trimarchi, Andrea Magazzù, embora divergindo no que diz respeito à cláusula penal "não pura", coaduna com a função punitiva da cláusula penal: "La funzione giuridica (causa) della clausola penale, quale resulta dalla considerazione del suo effetto essenziale (l'obbligo di eseguire una determinata prestazione per il caso di inadempimento o di ritardo), consiste nella 'creazione convenzionale di una sanzione per la mancata osservanza di un comportamento dovuto'". (MAGAZZÙ. Clausola penale, v. 7, p. 188.)

[121] "L'obbligazione penale va tenuta distinta dalla obbligazione di risarcire il danno. Le due fattispecie sono infatti sostanzialmente diverse, specie perché l'esistenza del

Em sentido semelhante, Jorge Peirano Facio salienta que o caráter punitivo da cláusula penal exsurge necessariamente de sua consideração como instituto autônomo, diverso da indenização por perdas e danos. Entender a natureza da cláusula penal como simples reparação (convencional) do inadimplemento implicaria, em sua tese, a total supressão da utilidade do instituto, na medida em que bastaria ao legislador disciplinar as regras gerais sobre perdas e danos.[122]

O raciocínio se completa com a constatação de que não haveria, em princípio, limitações relacionadas ao montante dos danos verificados em concreto impostas aos contratantes que estabelecem uma cláusula penal, e a reparação do dano, ao contrário, pressupõe equivalência, correspectividade com o prejuízo que se quer reparar.[123]

Outro elemento trazido pelos defensores de tal teoria para corroborar a função punitiva da cláusula penal consiste na defesa de que seria possível a cumulação da pena com a reparação dos danos advindos do descumprimento da obrigação. Em estudo inspirado nas lições de Michelle Trimarchi, Fabio Maria de Mattia[124] ressalta essa característica

---

danno costituisce un elemento essenziale della fattispecie del risarcimento e non anche dell'altra" (TRIMARCHI. Clausola penale, v. 3, p. 352). Em igual direção, Fabio Maria de Mattia (Cláusula penal pura e cláusula penal não pura, v. 2, p. 1126) opõe as fontes que originam a cláusula penal – vontade das partes – e o ressarcimento – lei –, salientando sua independência e autonomia.

[122] "En efecto, si se entiende, como se ha sostenido por largo tiempo y se afirma actualmente por la mayoría de la doctrina, que pasados los primitivos tiempos del derecho romano en los cuales la cláusula penal tendía a vigorizar los pactos que se encontraban desprovistos de toda fuerza obligacional, ella perdió su finalidad propia y devino una simple liquidación convencional de daños y prejuicios, su existencia no resulta justificada. No es preciso que el legislador cree para ella un nombre especial y una sección, al mismo título que renales con alguna particular especificación, al mismo título que reglamenta los daños y perjuicios que se deben liquidar judicialmente". (FACIO. La cláusula penal, p. 161.)

[123] "Por definición, los daños y perjuicios son el resarcimiento del daño que se produce a algún sujeto de derecho. Es decir, la satisfacción pecuniaria con la cual se trata de compensar el perjuicio que se ha causado al acreedor de la obligación a consecuencia del incumplimiento de la prestación que estaba a cargo del deudor. La prestación que ha quedado incumplida (ya a consecuencia de una acción o de una omisión del deudor) poseía un cierto valor pecuniario, o cuando menos, era susceptible de ser apreciada pecuniariamente: la satisfacción del perjuicio causado (indemnización) comprende, pues, el equivalente de aquel valor o de esta apreciación. Basta enunciar el principio que acabamos de esbozar, y que rige los daños y perjuicios, para percatarse que es esencial a su noción la idea de equivalencia entre el daño causado y la indemnización que se debe a la parte perjudicada". (*Ibidem*, p. 170.)

[124] "Ainda é de notável importância a circunstância de que no caso de penal não pura, seguida de pacto 'ad hoc', o credor tem direito de obter o ressarcimento do dano (para a quantia que ultrapasse do valor da penal), o que significa que praticamente se tem um acúmulo entre a penal e o ressarcimento do dano (enquanto superior à penal) entre as duas conexões obrigatórias que permanecem distintas quanto à fonte e na sua existência. E, finalmente,

utilizando como exemplo a possibilidade de cobrança simultânea da cláusula penal moratória e indenização pelo inadimplemento absoluto.

Além dos argumentos anteriormente mencionados, afirma-se, ainda, que a função punitiva da cláusula penal há que ser considerada essencial (se não a única) ao instituto porque não seria factível que as partes lograssem preestabelecer as perdas e danos decorrentes do inadimplemento no momento em que estabelecem a obrigação. Dito de outro modo, na medida em que os danos são, no mais das vezes, imprevisíveis e apenas hipotéticos no momento da celebração do ajuste, não se poderia cogitar de servir a cláusula penal para o fim de determinar antecipadamente o dever de indenizar.[125]

---

note-se, que enquanto em matéria de ressarcimento o dano causado pelo simples atraso é excedido e absorvido pelo dano devido pelo inadimplemento sucessivo, se é prevista uma penal para o atraso e este se verifica, mas é acompanhado pelo inadimplemento, o ressarcimento eventual do dano causado pelo inadimplemento pode permanecer, e permanece, ao lado da penal pelo atraso. Isto se explica facilmente se se tem presente que quando a penal seja pelo caso de atraso e se verifica tal evento, o efeito relativo se produz imediatamente" (MATTIA. Cláusula penal pura e cláusula penal não pura, v. 2, p, 1124-1125). E remata, ao explicitar a posição de juristas alemães: "Wendt chegou a afirmar a ausência de qualquer relação entre a cláusula penal e as perdas e danos, tese retomada por Sjögren, dando à cláusula penal o caráter de uma debilitada variante da pena pública, enquanto que Nettelbladt sustentava que a pena e a obrigação principal, longe de se encontrarem em sua relação de alternatividade, devem acumular-se, em princípio, e na ausência de uma disposição contratual em contrário" (ibidem, p. 1125-1126). A afirmação é em todo inspirada na posição de Michelle Trimarchi: "E non rileva che le obbligazioni che ne conseguono possono per volontà delle parti coesistere in via cumulativa e che, nel caso di penale non pura, a seguito di patto ad hoc, il creditore ha diritto di ottenere il risarcimento del danno (per l'importo che va oltre il valore della penale). (…) Nella clausola penale pura, il rapporto tra le due obbligazioni è esclusivamente regolato dalle norme di legge. E pertanto, se si verifica un danno risarcibile, il creditore può domandare e conseguire tanto la penale che il risarcimento, ma può anche limitarsi alla penale od al risarcimento". (TRIMARCHI. Clausola penale, v. 3, p. 352.)
Por fim, ressalte-se, ainda, que o autor admite a reparação das perdas e danos integralmente a despeito da previsão da cláusula penal: "é com igual certeza que se deve admitir o direito ao ressarcimento do dano total, porque o efeito limitativo da penal não obsta isso". (MATTIA. Cláusula penal pura e cláusula penal não pura, v. 2, p. 1129.)

[125] Ressaltem-se, ainda uma vez, as palavras de Michelle Trimarchi: "D'altra parte non è corretto parlare di liquidazione preventiva di danno, quando ancora la relativa obbligazione è astratta e potenziale, e dato che la liquidazione non è né impegnativa per le parti né definitiva. Indubbiamente operante è invece in ogni caso la funzione di coazione indiretta, perché l'obbligazione principale, riguardata objectivamente, subisce un rafforzamento per la più energica ed efficace pressione che viene esercitata sul soggetto tenuto all'adempimento dell'obbligo o all'osservanza del dovere" (TRIMARCHI. Clausola penale, v. 3, p. 352). Da mesma forma, como não poderia deixar de ser, Fábio Maria de Mattia: "As partes não dispõem, positivamente, a respeito do ressarcimento do dano eventual, porque comumente o dado eventual não é sequer hipotísavel, e além do mais declaram prescindir ou reservar o direito e o seu exercício". (MATTIA. Cláusula penal pura e cláusula penal não pura, v. 2, p. 1126.)

Muito embora defendam que a cláusula penal consista em meio de punição ao devedor inadimplente, admitem que pode também assumir – sob o mesmo instituto, sem que, portanto, consubstancie figura diversa[126] – finalidade reparatória.[127] Advoga-se, assim, pela existência de uma cláusula penal pura e uma cláusula penal não pura:[128] enquanto a primeira – considerada a hipótese típica[129] – possuiria como único objetivo a punição de determinada conduta e, por conseguinte, nenhuma relação guardaria com as perdas e danos advindas do descumprimento, a segunda funcionaria também – sem abrir mão do escopo punitivo que dá o tom do instituto – como forma de reparação das perdas e danos.[130] O efeito ressarcitório, contudo, mesmo na cláusula penal não pura se afiguraria algo excepcional, que necessitaria de expressa alusão dos contratantes.

A cláusula penal não pura, nada obstante possua o (eventual e subsidiário) efeito de reparação – e que, destaque-se não priva o credor de ser ressarcido de todas as perdas e danos incorridas[131] – tampouco se confunde com o próprio ressarcimento.[132]

---

[126] "a função sancionatória constituiria o conceito constante do instituto, que assim também se configuraria na hipótese em que assume relevo a determinação da medida do ressarcimento do dano (cláusula penal não pura) com função, também, de ressarcimento. Não existiria, portanto, uma pluralidade de cláusulas penais, mas se trataria, sim, de 'duas hipóteses, dois modos de se manifestar do mesmo fenômeno, caracterizado em todos os casos pela função punitiva essencial (…)". (*Ibidem*, v. 2, p. 1123-1124.)

[127] A tese é de Michelle Trimarchi, exposta na obra *Clausola penale*, (Milão: Giuffrè, 1954) e, de forma resumida, se encontra plasmada no verbete de mesmo nome do *Nuovissimo Digesto*, já citado na presente obra. Confira-se relevante trecho desse último trabalho: "E la prestazione può essere dovuta come pura sanzione penale; ovvero a titolo di penale e a titolo di risarcimento del danno dovuto per legge (con possibilità di concorso elettivo o di cumulo tra la penale ed il risarcimento ovvero con previsione del ricorso al risarcimento del danno per la misura in cui questo superi la penale)". (*Ibidem*, v. 3, p. 351.)

[128] TRABUCCHI, Alberto. *Instituzioni di diritto civile*. 34. ed. Padova: CEDAM, 1993. p. 604.

[129] "Se si considera l'ipotesi (limite) in cui manchi totalmente il sai (convenzionalmente o in fato) esclusa la considerazione del profilo del risarcimento del danno, è possibile individuare una clausola penale pura, in cui la penale è prevista (o comminata) solo come sanzione per l'inadempimento o per il ritardo. Questa è certamente l'ipotesi tipica". (TRIMARCHI. Clausola penale, v. 3, p. 352.)

[130] "La funzione penale, come causa tipica, ricorre anche nella clausola penale non pura. La prestazione convenuta, oltre a rappresentare una penale, costituisce la misura del risarcimento del danno solo entro i limiti in cui questo è coperto dalla penale. Ma il creditore, considerato che per l'art. 1385, 30 comma, C. Civ., quando non ci si voglia avvalere della (caparra ed implicitamente) della penale, il risarcimento del danno è regolato dalle norme generali, è sempre in grado di invocare il risarcimento dell'intero danno". (*Ibidem*, v. 3. p. 352.)

[131] Ao explicitar tal característica da cláusula penal pura, Fábio Maria de Mattia pressupõe que a obrigação principal apenas se extingue quando o credor tenha sido ressarcido, podendo o credor eleger o que pleitear até o momento em que satisfeita a cláusula penal.

A defesa do efeito subsidiário da cláusula penal – e, portanto, a divisão entre cláusula penal pura e não pura – é criticada no âmbito da própria teoria punitiva. Tal efeito indenizatório sob nenhum aspecto poderia caracterizar a cláusula penal, pois, se assim fosse, afirma Andrea Magazzú, teria o credor que demonstrar ao menos a existência do dano:

> Se l'effetto limite del risarcimento, che alla clausola penale si riconduce, riguardasse solo la liquidazione (ossia la specificazione del quantum dovuto a titolo di risarcimento), dovrebbe logicamente essere dimostrata dal creditore (almeno) la possibile esistenza (e potrebbe viceversa essere dimostrata dal debitore la insussistenza) di un danno risarcibile.[133]

Para esse autor, portanto, embora não seja vedada a estipulação de pacto sobre a indenização, isso consistiria em ajuste de natureza distinta da cláusula penal,[134] uma vez que essa consubstancia "sanção" ao inadimplemento, de natureza diversa do "ressarcimento do dano".[135]

O entendimento segundo o qual a cláusula penal consubstanciaria verdadeira pena civil (a impor um castigo ao devedor), em função dos debates a respeito da admissibilidade das penas privadas no direito civil (cf. item 1.1.2, *supra*), acabou se concentrando na defesa de seu viés preventivo.[136] Diversos são os autores que aduzem atuar a cláusula penal como forma de coagir o devedor ao cumprimento da obrigação. Desse modo, funcionaria como uma espada para ele apontada, a lembrá-lo das nefastas consequências do descumprimento e pressionando-o ao adimplemento.[137]

É ver-se: "a relação entre a penal e o ressarcimento de dano tem o escopo de consentir ao credor a melhor satisfação do próprio interesse. Como o direito à prestação originária extingue-se só quando o credor tenha efetivamente obtido ressarcimento, assim o direito à penal se extingue no momento em que o credor obtém o ressarcimento e vice-versa" (MATTIA. Cláusula penal pura e cláusula penal não pura, v. 2, p. 1133). Todavia, é assente em doutrina que a "opção" pela cláusula penal afasta necessariamente a exigibilidade da prestação principal. Veja-se o escólio de Orosimbo Nonato: "Elegerá o credor, no caso, com exclusão uma da outra, entre a obrigação e a pena. (...) Escolhida a pena, desaparece a obrigação originária, sem ensejo a pedido de perdas e danos, já compreendidos e avaliados na *multa compensatória*". (NONATO. *Curso de obrigações*, v. 2, p. 366, grifos no original.)

[132] "Con la clausola penale l'ordinamento offre alle parti il mezzo per predisporre una sanzione dell'inadempimento, diversa da quella (normale) di risarcimento del danno. Al riguardo anzi, senza peraltro scendere a più specifiche considerazioni, è possibile ritenere che la clausola dia vita ad una pena privata". (MAGAZZÙ. Clausola penale, v. 7, p. 189.)

[133] *Ibidem*, v. 7, p. 189.

[134] *Ibidem*, v. 7, p. 189.

[135] *Ibidem*, v. 7, p. 189.

[136] PINTO MONTEIRO. *Cláusula penal e indenização*, p. 333 *et seq.*

[137] Paolo Frenza (*Le garanzie delle obbligazioni*: corso di diritto romano. Padova: CEDAM, 1962. v. 1, p. 311) destaca o caráter de coercitividade da cláusula penal, a qual atribui

Salienta-se, ao mesmo tempo, o papel de reforço da obrigação supostamente desempenhado pela cláusula penal, que traduziria um *plus* na situação jurídica do credor, uma vez que não seria dado ao devedor efetuar o pagamento da cláusula penal ao invés da prestação convencionada ao seu talante.[138]

Todavia, conforme já se afirmou em doutrina, a tese da aflitividade da cláusula penal – exclusiva, prevalente ou eventual – mostrou-se mais preocupada em se insurgir contra as incongruências deixadas pela teoria da indenização,[139] do que identificar, no dado normativo, soluções para a função da cláusula penal.[140] Com o objetivo de

---

também função precípua de garantia (p. 310). Ver também: "la pena convencional contiene la promesa condicional de una prestación, pero esta promesa sirve exclusivamente a la obligación principal, debiendo assegurar el cumplimiento de la misma como médio de presión y hace supérflua, en muchos casos, la prueba del daño y de su cuantía si la obligación no es cumplida o es cumplida de un modo no pertinente". (ENNECERUS, Ludwig. *Derecho de obligaciones*. Buenos Aires: Bosch. v. 1, p. 185.)

Uma análise mais atenta da defesa de tal papel coercitivo da cláusula penal, todavia, demonstra que a aludida função encontra-se vinculada à fixação da multa em patamar elevado, superior aos danos incorridos. Veja-se em Fábio Maria de Mattia, a seguinte passagem: "Do ponto-de-vista do devedor, a cláusula poderia não constituir nenhum estímulo ao adimplemento em presença de uma representação de maiores danos, aos quais em parte procura fugir. Objetivamente, e 'a posteriori', o quantum superior dos danos forneceria a prova de um efetivo enfraquecimento da obrigação". (MATTIA. Cláusula penal pura e cláusula penal não pura, v. 2, p. 1133.)

138 A menção ao papel de reforço da cláusula penal é efetuada em duas constatações distintas. Por um lado, a ela se aduz para se referir a espécie de robustez conferida à obrigação, agindo aí como "garantia". Por outro, menciona-se a mesma ideia em referência ao fato de que o devedor não pode se eximir da obrigação pagando a pena. Ver, por todos: "a codificação pátria inspirou-se na corrente doutrinária que atribui à cláusula penal as duas virtudes acentuadas pela torrente dos escritores. A razão parece estar com a maioria; pois, acentuando a primeira função com o caráter de reforço da obrigação principal, indica, como o fez POTHIER, que pela estipulação da cláusula penal, o devedor não se exime do pactuado, pagando a pena ao seu alvedrio. Tacitamente o Código Civil pátrio reconhece que a cláusula penal reforça o cumprimento da obrigação, como deriva dos termos em que é redigido o artigo 919 – *verbis*… quando se estipular cláusula penal *em segurança especial de uma outra cláusula determinada*. Relembremos com ALVES MOREIRA, que o reforço dado pela cláusula penal à obrigação principal, consiste em ser ela um meio de constrangimento para o devedor que, não cumprindo a obrigação, tem de efetuar certa prestação como pena". (CONTINENTINO. *Da cláusula penal no direito brasileiro*, p. 30-31.)

139 RUSSO. *Il patto penale tra funzione novativa e principio di equità*, p. 26.

140 Na experiência italiana, rebate-se o argumento segundo o qual teria sido abraçada a teoria aflitiva, diante da mudança consagrada na disciplina da cláusula penal pelo legislador de 1942. À afirmação de acordo com a qual o Código Civil de 1942 teria excluído a menção à função indenizatória, sendo mais sucinto em relação ao instituto, assevera-se que, avaliando-se não apenas as normas que dispõem sobre a cláusula penal, mas todo o contexto normativo, torna-se pouco provável, à luz da mudança principiológica em relação ao diploma anterior, uma vez que "il legislatore del '42 abbia concepito un sistema del diritto contrattuale meno ispirato al principio dell'eguaglianza formale dei contraenti ed all'idea del contratto come 'affare privato'" (RUSSO. *Il patto penale tra funzione novativa e principio di equità*, p. 36), que se teria ampliado o poder sancionatório na seara contratual (*Ibidem*, p. 27-38.)

encontrar alternativa conciliadora, ganhou força a tese da dupla função, que procurou comprimir as funções em um único instituto.

1.2.3 A cláusula penal como instituto misto: a tese da dupla função

Diante das posições conflitantes entre as doutrinas da função punitiva e da função indenizatória e das dificuldades, de parte a parte, na sustentação de uma única função para a cláusula penal (que dependeria do recurso a diversas ficções), forjou-se teoria que objetivava conciliar as duas perspectivas, procurando atribuir ao instituto feição dúplice: de indenização e de sanção, a consubstanciar sua natureza mista.

A teoria da dupla função pressupõe que a cláusula penal traduza duas finalidades distintas: de um lado, consiste na liquidação antecipada dos danos decorrentes de eventual inadimplemento e, por outro, atua como verdadeira pena, a permitir atuação preventiva, coagindo o devedor ao cumprimento da obrigação.[141]

A partir da compreensão da cláusula penal como instituto unitário e capaz de desempenhar essa dupla função, seria possível justificar por que, de um lado, o credor nada mais além da prestação avençada como cláusula penal poderia exigir a título de indenização pelo inadimplemento e, por outro lado, a avaliação e o controle do valor dessa prestação prescinde de uma análise do valor das perdas e danos.[142]

---

[141] Cf. BAUDRY-LACANTINERIE, C.; BARDE, L. *Trattato teorico-pratico di diritto civile*: delle obbligazioni. Milão: Dottor Francesco Vallardi, 1905. v. 2. Os autores, embora evidenciem que cláusula penal é igual a dano convencional, é igual a uma convenção das partes a respeito dos efeitos do descumprimento – "In realtà, la clausola penale non è altro che la valutazione fatta dalle parti dei danni-interessi, ai quali potrà dare luogo l'inesecuzione (danni-interessi compensatori) od il ritardo nell'esecuzione dell'obbligazione (danni-interessi moratori). Cosi danni-interessi convenzionali e clausola penale sono una sola e stessa cosa sotto nomi diversi" (*ibidem*, v. 2, p. 472) –, ao estabelecerem as funções da cláusula penal, dizem que há duas, a primeira a de "coagir" ao adimplemento, de forçar o devedor, e a segunda a de tirar do arbítrio do juiz a fixação da indenização: "la stipulazione penale ha, in primo luogo, per scopo di assicurare l'esecuzione della convenzione; che, in una parola, essa è un mezzo di esecuzione" (*ibidem*, v. 2, p. 475), para além da função de servir como pré-fixação de danos: "Il secondo scopo della clausola penale è di sottrare all'arbitrio del giudice, ed anche alle lentezze ed alle spese che accompagnano sempre un processo, la fissazione dei danni interessi, ai quali potrà dar luogo l'inadempimento od il ritardo nell'esecuzione dell'obbligazione". (*Ibidem*, v. 2, p. 477.)

[142] Nessa toada, confira-se Luiz da Cunha Gonçalves: "Da segunda função da cláusula penal resulta que a importância da pena não está sujeita à discussão; o juiz não poderá modificá-la para mais ou para menos, a pretexto de que ela é inferior ou superior ao verdadeiro prejuízo sofrido pelo credor. Essa importância depende somente da convenção das

Desse modo, no âmbito do mesmo conceito estaria abrangida uma bifuncionalidade,[143] podendo assumir, alternativa ou simultaneamente,[144] duas funções distintas.[145] A função punitiva, ao lado da indenizatória, permitiria explicar por que a prestação ajustada na cláusula penal é devida ainda que não existam quaisquer danos.[146]

É possível identificar, dentro dessa linha, duas formas de tratar a dupla função da cláusula penal, de acordo com aquela considerada *preponderante*. Por um lado, defende-se que o objetivo principal é a pré-liquidação dos danos, podendo ou não haver a função punitiva, a partir da análise dos danos verificados. Embora tênue,[147] é possível asseverar a distinção em relação à teoria anteriormente tratada (da indenização), pois se admite que o instituto possui, em abstrato, dupla função, a qual, após a apuração dos valores, acaba subjugada.[148]

---

partes, que nesta parte é irrevogável, salvo havendo novo acordo (arts. 674 e 702). Mas, o credor não tem que provar, sequer, que sofreu qualquer prejuízo; a pena é devida ainda que nenhum prejuízo tenha havido e o devedor não pode algar que a pena é excessiva" (CUNHA GONÇALVES, Luiz da. *Tratado de direito civil*. 2. ed. São Paulo: Max Limonad, 1955. v. 4, t. 2, p. 565). Ressalte-se, por oportuno, que a assertiva comporta temperamento no que tange à inalterabilidade da cláusula, cujo controle judicial foi posteriormente consagrado.

[143] "Duas são as finalidades ou funções da cláusula penal: a) serve de reforço à obrigação principal; b) representa um sucedâneo, pré-avaliado, das perdas e danos devidos pelo inadimplemento do contrato. (...) a) De fato, a estipulação de uma pena, para o caso de inadimplemento parcial ou total da obrigação, representa um adminículo a compelir o devedor a cumprir a obrigação. (...) b) Todavia, a função mais importante da cláusula penal, e que se prende à sua origem histórica, é a de servir como cálculo predeterminado das perdas e danos". (RODRIGUES. *Direito civil*, v. 2, p. 264.)

[144] Confira-se: "a prévia fixação do valor dano, a sua avaliação *a priori*, em geral mais elevada do que a comum e sempre mais rápida e eficaz evitando as delongas do processo e dificuldades da prova, guarda também, nesse aspecto, natureza de pena e, pois, constitui, como reconhece LAFAILLE, um incentivo ao cumprimento da obrigação. Aliás, às vezes, tem a multa convencional caráter de simples reforço da obrigação, de pena, pura e simples, sem, ao mesmo passo, representar pré-avaliação de perdas e danos". (NONATO. *Curso de obrigações*, v. 2, p. 316.)

[145] "Os fins a que visa a cláusula penal são: a) garantir indirectamente o cumprimento da obrigação, submetendo e estimulando o promitente a satisfazê-la; b) desobrigar o credor da necessidade de provar o dano sofrido com a inexecução". (MENDONÇA, Manoel Ignácio Carvalho de. *Doutrina e Prática das Obrigações*, t. I, Cit., p. 349.)

[146] "Pertanto, la clausola penale presenta carattere sanzionatorio e nello stesso tempo risarcitorio: essa svolge soprattutto la funzione di liquidare preventivamente i danni ma, contemporaneamente, rappresenta anche una specie di pena per l'inadempimento. Invero, la penale è dovuta pur se in realtà chi la riceve non ha subito danni: ogni indagine relativa al danno è esclusa". (ALPA, Guido. *Corso di diritto contrattuale*. Padova: CEDAM, 2006. p. 566.)

[147] Tal semelhança levou António Pinto Monteiro a classificar a teoria mista como teoria indenizatória. (PINTO MONTEIRO. *Cláusula penal e indenização*, p. 342-343.)

[148] "Che la pena convenzionale sai nelle obbligazioni contrattuali un mezzo indiretto per nasce dalla libertà, di cui godono le parti nel determinar la quantità della pena. Per regola

Por outro lado, afirma-se que a função coercitiva (ou de reforço à obrigação principal)[149] seria a finalidade essencial da cláusula, apenas de forma indireta e imperfeita associando-se à indenização.[150] Caio Mário da Silva Pereira, por exemplo, admite haver uma dupla função, atribuindo, contudo, à de liquidar perdas e danos, caráter exclusivamente econômico.[151]

Há, ainda, autores que atribuem mais de duas funções à cláusula penal, como Rubens Limongi França, para quem a pena exerce três funções simultâneas: de punir, de coagir ao cumprimento (que separa da primeira) e de indenizar.[152] Consubstanciaria um reforço à obrigação

---

ordinaria, la pena è la compensazione dei danni patiti dal creditore per l'inadempimento; ma poiché nel liquidare questa compensazione le parti hanno libertà indefinita, la pena diventa un mezzo di coercizione tutte le volte, che supera il valore della prestazione". (GIORGIO, Giorgi. *Teoria delle obbligazioni*. Firenze: Casa Editrice Libraria 'Fratelli Cammelli', 1907. v. 2, p. 237.)

[149] É o termo usado por Aubry e Rau: "Le but de la clause pénale est d'assurer l'exécution de l'obligation principale. (…) L'effet de la cause pénale est de déterminer par avance, et à titre de forfait, la quotité des dommages-intérêts dus au créancier par le débiteur qui n'exécuterait pas son obligation, ou qui ne la remplirait que d'une manière imparfaite". (AUBRY; RAU. *Cours de droit civil français*, t. 4, p. 114.)

[150] "A cláusula penal é normalmente chamada a exercer uma dupla função, no sistema da relação obrigacional. Por um lado, a cláusula penal visa a constituir em regra um reforço (um agravamento) da indemnização devida pelo obrigado faltoso, uma sanção calculadamente superior à que resultaria da lei, para estimular de modo especial o devedor ao cumprimento. Por isso mesmo se lhe chama penal – clausula penal – ou pena – pena convencional. A cláusula penal é, nesses casos, um plus em relação à indemnização normal, para que o devedor, com receio da sua aplicação, seja menos tentado a faltar ao cumprimento. A cláusula penal extravassa, quando assim seja, do prosaico pensamento da reparação ou retribuição que anima o instituto da responsabilidade civil, para se aproximar da zona cominatória, repressiva ou punitiva, onde pontifica o direito criminal". (VARELLA, Antunes. *Das obrigações em geral*. Coimbra: Almedina, 1995. v. 2, p. 138.)

[151] "A finalidade essencial da pena convencional, a nosso ver, é o reforçamento do vínculo obrigacional, e é com este caráter que mais assiduamente se apõe à obrigação. A pré-liquidação do *id quod interest* aparece, então, como finalidade subsidiária, pois que nem sempre como tal se configura. Mesmo naqueles casos em que tem este objetivo, não se pode dizer que o seja com todo rigor, pois que pode faltar, e efetivamente falta, por via de regra, correspondência exata entre o prejuízo sofrido pelo credor e a cláusula penal" (PEREIRA. *Instituições de Direito Civil*, v. 2, p. 145-146). Ressalve-se, contudo, que o autor é comumente listado como defensor da teoria punitiva. Preferiu-se citá-lo nesse momento, pois, ao fim e ao cabo, reconhece dupla função, embora atribua ao caráter de reforço prevalência.

[152] "A nosso ver, baseados nos ensinamentos dos diversos autores das variadas orientações expostas e, sobretudo, na realidade da cláusula penal, enquanto entidade dinâmica da vida sócio-jurídica, ponderamos que a sua natureza apresenta uma tríplice feição, correspondente às três funções que ordinariamente, e de modo simultâneo, exerce em relação aos atos jurídicos a que é adjeta. Não constitui apenas reforço da obrigação, nem somente pré-avaliação dos danos, nem, ainda, que excepcionalmente, tão-só uma pena. Reveste-se conjuntamente dessas três feições". (FRANÇA. *Teoria e prática da cláusula penal*, p. 157, grifos no original.)

porque exerceria função de garantia dessa;[153] seria indenização porque o valor avaliado pelas partes é devido independentemente do prejuízo; e, por fim, consistiria pena porque representaria verdadeira punição ao devedor. Sugere, assim, um processo de eliminação para descobrir a função preponderante do instituto:

> Além disso, é preciso distinguir a natureza da essência da cláusula penal, isto é, o *elemento sem o qual ela deixaria de existir, enquanto categoria em si mesma*. (…) Daí resulta que *a essência da cláusula penal está em significar* UM REFORÇO, UMA GARANTIA, *da execução exata da obrigação a que está adstrita*.[154]

A despeito das pequenas nuances mencionadas, a teoria da natureza mista da cláusula penal atingiu amplo consenso em doutrina e foi adotada em diversos sistemas jurídicos. Entretanto, embora a tese tenha logrado êxito em responder às dificuldades das teorias anteriores, a constatação da dupla função da cláusula penal não implica qualquer distinção de regime a partir dessa dualidade e, portanto, desvincula-se dos objetivos perseguidos pelas partes com a previsão contratual, razões que levaram à defesa da superação da compreensão unitária da cláusula penal.

1.2.4 A cisão entre cláusula penal "propriamente dita" e cláusula de pré-fixação das perdas e danos

Embora, como demonstrado, a teoria da dupla função da cláusula penal possua ampla acolhida, enfrentou, por outro lado, severas críticas, cuja tônica comum consiste na incompatibilidade do exercício, pelo mesmo instituto, de forma simultânea, das funções punitivas e indenizatória, que se autoexcluiriam.

---

[153] Há que se questionar se, de fato, subsiste tal efeito. A discussão pressupõe análise do que caracteriza uma garantia em termos jurídicos, e será abordada no Capítulo 2.

[154] FRANÇA. *Teoria e prática da cláusula penal*, p. 158, grifos e maiúsculas no original. E remata, explicitando os critérios que reforçariam tal conclusão: "Embasam-na, ainda, sobretudo, três fatos fundamentais: Primeiro: ainda que não seja aplicável a pena, como na compensação alternativa, constitui um *reforço* pela *intimidação* que persiste, em virtude do simples fato de o credor *poder optar pela cobrança do seu montante*. Poderia deixar de existir enquanto pena, mas sempre atuará enquanto reforço. Segundo: mesmo quando não seja a pré-avaliação das perdas e danos, o que é frequente por disposição das partes e da própria lei, *apresenta-se como reforço na extensão da respectiva cominação, ainda que parcial*. Terceiro: é o principal argumento. *Sempre que não for um reforço, deixa de ser pena convencional*, passando a configurar-se como multa penitencial ou cláusula penal imprópria". (*Ibidem*, p. 158-159, grifos no original.)

Nessa direção, Jorge Peirano Facio, embora com o objetivo de sustentar a natureza exclusivamente punitiva da cláusula penal, ao indagar sobre se "es posible que una pena convencional pactada por las partes cumpla a la vez con su función punitiva y con su función de liquidación de daños y prejuicios",[155] responde que tal possibilidade seria remota, eis que contrária à lógica jurídica.[156] Segundo defende, tal conclusão emergiria da própria análise dos conceitos de indenização e de pena: enquanto o primeiro, por um lado, representa a compensação pelos prejuízos que a conduta do devedor causou ao credor – a tornar, assim, essencial a equivalência entre o dano e a indenização[157] – o último refere-se à sanção imposta para coibir e punir determinado comportamento, causando um "prejuízo" ao infrator (daí porque ela, a um só tempo, atua como meio de pressão psicológica a respeito das consequências do ato proibido e, uma vez praticado o ilícito, impõe consequência danosa ao autor do fato).[158]

Na medida em que a indenização possui como finalidade precípua a reparação de um dano causado, não haveria espaço para, por meio dela, impor também uma sanção. Dito de outro modo, o mesmo valor a que se imputa função indenizatória – isto é, reparar um dano causado pelo sujeito a quem se atribui o dever de indenizar – não pode, simultaneamente, cumprir função punitiva, que implicaria

---

[155] FACIO. *La cláusula penal*, p. 169.

[156] "En efecto, dentro de los puros conceptos de la lógica jurídica es imposible suponer que una misma prestación pueda pactarse, a la vez, como liquidación anticipada de daños y perjuicios y como pena; y que pueda revestir, también a la vez, esos dos caracteres". (*Ibidem*, p. 169.)

[157] "Por definición, los daños y perjuicios son el resarcimiento del daño que se produce a algún sujeto de derecho. Es decir, la satisfacción pecuniaria con la cual se trata de compensar el perjuicio que se há causado al acreedor de la obligación a consecuencia del incumplimiento de la prestación que estaba a cargo del deudor. (…) Basta enunciar el principio que acabamos de esbozar, y qye rige los daños y prejuicios para percatarse que es essencial a su noción la ieda de equivalência entre el daño causado y la indenización que se debe a la parte perjudicada". (FACIO. *La cláusula penal*, p. 169.)
Antecipando-se às críticas dos defensores da teoria indenizatória da cláusula penal (de que nada impede que o legislador estabeleça um sistema de indenização no qual o valor do montante a ser pago possa não corresponder aos prejuízos sofridos ou, ainda, autorizar às partes que efetuem a apuração antecipada desses valores e, por conseguinte, abrindo, em ambas as hipóteses, mão da equivalência danos-indenização), o autor estabelece que tais considerações não possuiriam o condão de refutar – em termos lógicos – o conceito por ele sugerido, para além de defender existir nesses casos uma verdadeira presunção legal de equivalência: "La equivalencia entre el perjuicio y el daño debe existir siempre: éste es el sistema de la lógica según acabamos de ver, y el que aceptan las legislaciones positivas". (*Ibidem*, p. 170.)

[158] Ver item 1.1.2, em que se dissertou sobre o conceito de penas privadas.

necessariamente a determinação de prestar algo que já não estivesse englobado nos deveres decorrentes da lei.[159] Igual constatação é efetuada por António Pinto Monteiro em célebre estudo a respeito da cláusula penal. Na tentativa de demonstrar a incapacidade da teoria mista de resolver diversas questões concernentes à cláusula penal, o jurista português identifica três problemas decorrentes da adoção da natureza bifuncional da cláusula penal: (i) tal perspectiva não conferiria relevo à intenção dos contratantes ao estabelecer ajuste dessa natureza; (ii) a identificação da natureza sancionatória e/ou indenizatória não implicaria qualquer distinção de regime; e (iii) afigurar-se-ia inviável atribuir, ao mesmo tempo, papel sancionatório a um meio de indenização.[160]

Na esteira das críticas de Facio, salienta que o conceito de indenização pressupõe necessariamente correlação com os danos causados ao indenizado e, de outra parte, o caráter punitivo de determinada obrigação decorreria do agravamento da situação do punido. Uma vez que a cláusula penal corresponde à indenização pelo inadimplemento e, assim, tem que guardar relação com os danos daí decorrentes,[161] tal instituto seria inconciliável com eventual função punitiva,[162] a qual, por sua vez, requer o pagamento de montante mais elevado do que aquele que seria atribuído por lei.[163] Da mesma forma, estaria desprovida de qualquer caráter punitivo a determinação de pagamento de montante que corresponda aos danos decorrentes do inadimplemento (indenização). Logo, a junção das duas funções, conforme pleiteado pela teoria da dupla função, necessariamente desvirtuaria uma delas:

---

[159] "Pretender, pues, que en caso de incumplimiento de un contrato se pague una cantidad única a título de indemnización y a título de pena, es una contradicción. Son tan opuestos ambos conceptos, que no existe modo de enlazar sus consecuencias patrimoniales hasta el punto de hacerlas asimilables la una a otra". (*Ibidem*, p. 172.)

[160] "Esta construção apresenta três vícios fundamentais: o primeiro, concernente à *qualificação* da figura, sem atender ao diferente escopo das partes; o segundo, consiste em submeter ao *mesmo regime* penas com finalidades diversas; o terceiro, é o de aceitar que a finalidade compulsória possa exercer-se *através da indenização*". (PINTO MONTEIRO. *Cláusula penal e indenização*, p. 497, grifos no original.)

[161] Segundo o autor (*ibidem*, p. 686), muito embora a cláusula de liquidação de danos obste a discussão a respeito do *quantum* devido, pressupõe a existência dos danos e, sem esses, deixa de possuir causa para seu pagamento.

[162] *Ibidem*, p. 602.

[163] "Ora, se o credor, ao estabelecer determinada quantia, pretende vir a obtê-la ainda que não sofra danos, ou se, na fixação do seu montante, se determina por um valor deliberadamente acima daqueles que prevê – justamente para que essa possa funcionar como um *incentivo* maior do que resulta da obrigação de indemnizar – não pode a mesma ser considerada como indemnização (…)". (*Ibidem*, p. 652.)

a questão da natureza jurídica (mista) da cláusula penal se mostra insolúvel nos termos da aludida tese, na medida em que conjuga "funções que se auto excluem, dada a contrariedade que revelam entre si".[164]

A partir da constatação dessas dificuldades e da tentativa de atribuir ao ajustado pelas partes relevância na qualificação da cláusula penal,[165] passou-se a distinguir, em especial no direito alemão, a cláusula penal (propriamente dita) da cláusula de simples fixação adiantada dos danos.[166] De acordo com tal orientação, haveria cláusula penal apenas quando a intenção do credor fosse compelir o devedor ao cumprimento, ainda que tal montante servisse, indiretamente, também para fazer frente a eventuais prejuízos, sendo, por conseguinte, devido ainda que o devedor comprove inexistirem danos. Por outro lado, quando o escopo se restringisse à previsão a respeito dos danos decorrentes do descumprimento, estar-se-ia perante outra espécie – a cláusula de fixação antecipada da indenização – que envolveria disciplina a respeito do ônus da prova (da existência do dano).[167] Ainda que o devedor possa se valer da cláusula penal como meio de indenização, tratar-se-ia de questão meramente econômica, não já jurídica.[168]

---

[164] *Ibidem*, p. 649.

[165] Como se verá no item 1.2.5, *infra*, as teorias que visavam esclarecer a função e a natureza da cláusula penal acabavam por se calcar em pressuposições da vontade das partes e, em alguns momentos, em consequências meramente eventuais, que não caracterizavam necessariamente a função do instituto.

[166] Ao explicitar a distinção entre *Vertragsstrafe* e a *Schadensersatzansprüchen*, António Pinto Monteiro destaca que esta se inaugurou em sede jurisprudencial na década de 1960 e teria sido consagrada na AGB-Gesetz, no §11, itens 5 e 6. Aludido diploma normativo visa a disciplinar os contratos de adesão, encontrando-se em doutrina posição segundo a qual a função punitiva da cláusula penal no direito alemão estaria restrita a essa seara (para além do âmbito do direito empresarial, em função dos §348-351 do HGB). Nessa direção, cf. RUSSO. *Il patto penale tra funzione novativa e principio di equità*, p. 61.

[167] "A natureza *forfaitaire* da avaliação feita pelas partes explica a sua (relativa) independência a respeito do montante ou extensão do prejuízo, não a respeito da própria existência do mesmo, *pressuposto indispensável* para que uma liquidação faça sentido" (PINTO MONTEIRO. *Cláusula penal e indemnização*, p. 513). Não é cabível, contudo, discussão sobre sua quantidade: "Assim como continua a não haver, no que concerne à distinção entre a cláusula penal e o simples acordo sobre a *inversão do ônus da prova dos prejuízos*: enquanto este último permitiria ao devedor, mediante a prova por si produzida, conseguir a redução da soma previamente acordada até ao *exacto* montante do dano efectivo, o mesmo não sucede com a cláusula penal. E isto porque, sendo ela estipulada a título de liquidação antecipada do dano, aquela solução contrariaria a sua índole de indemnização *forfaitaire, ne varietur*; sendo acordada a fim de pressionar o devedor a cumprir, a referida solução impediria que esta finalidade actuasse". (*Ibidem*, p. 620).

[168] Eis as palavras de Wolfgang Fikentscher: "se trata de um puro efeito econômico da cláusula penal, que em nada altera o seu carácter jurídico de meio de pressão" (FIKENTSCHER *apud* PINTO MONTEIRO. *Cláusula penal e indemnização*, p. 527.)

CAPÍTULO 1
O DEBATE EM TORNO DA CLÁUSULA PENAL

63

Para António Pinto Monteiro, o recurso à cisão entre a cláusula de mera pré-fixação de danos[169] (a qual, para ele, estaria desprovida de qualquer finalidade coercitiva) e cláusula penal *strictu sensu*[170] é capaz, a um só tempo, de superar as incongruências encontradas na teoria mista da cláusula penal e atender à disciplina escolhida pelas partes: uma vez compreendida a incompatibilidade entre indenização e pena, há que se avaliar se a intenção das partes consistiu apenas em estabelecer de antemão o valor dos danos decorrentes do inadimplemento – hipótese que acabava, no âmbito da teoria mista, em sua visão, desvirtuada, na medida em que se recorria à função punitiva para determinar o pagamento da quantia a despeito da inexistência absoluta de danos a serem ressarcidos[171] – ou apenas coagir o devedor ao cumprimento da obrigação.

Nesse cenário, a cláusula de liquidação antecipada das perdas e danos distingue-se da cláusula penal propriamente dita por ser instrumento mediante o qual as partes objetivam substituir a obrigação legal de indenizar e, como tal, não prescinde da existência de danos, causa justificadora de sua previsão.[172] Desse modo,

---

[169] Segundo o autor, o modelo previsto pelo Código Civil Português nos arts. 810º *et seq.* (465, 472, entre outros).

[170] Embora seu estudo se concentre nas duas figuras acima descritas, menciona, ainda, terceiro tipo de multa convencional, que denomina "cláusula puramente coercitiva ou compulsória", que acresce à obrigação ou à indenização: "Uma outra espécie de cláusula penal foi já por nós anteriormente analisada: aquela cujo escopo é *puramente coercitivo* e a sua índole, por isso, *exclusivamente compulsivo-sancionatória*. A especificidade desta cláusula traduz-se no facto de ela ser acordada como um *plus*, como algo que *acresce* à execução específica da prestação ou à indemnização pelo não cumprimento" (*Ibidem*, p. 604-605, grifos no original). E que vai aproximar da figura da sanção pecuniária compulsória prevista no art. 829º-A do CC português, semelhante às astreintes: "Já se for estipulada com escopo exclusivamente coercitivo, não substituindo a indemnização, antes lhe acrescendo, tratar-se-á de uma pura e simples sanção compulsória, semelhante a que a lei prevê, no art. 829º-A, nº 1, com a particularidade de ser acordada entre as partes, de reverter para o credor e de poder estipular-se em relação a todas as obrigações e não apenas no que concerne às de prestação de facto infungível". (*Ibidem*, p. 657.)

[171] PINTO MONTEIRO. *Cláusula penal e indemnização*, p. 580.

[172] "Este último ponto constitui, effectivamente, o traço essencial da distinção entre as duas figuras. Enquanto a pena convencional é devida ainda que não haja qualquer dano, o mesmo não sucede, porém, quando as partes pretenderem, somente, liquidar o dano, *predeterminando o seu montante*. Neste último caso, provando o devedor que o inadimplemento não causou qualquer prejuízo, a soma não é devida, pois carece de qualquer justificação: as partes haviam convencionado determinada quantia, a fim de se furtarem às contingências de uma avaliação judicial, no *pressuposto* de que haveria danos. A inexistência destes leva a que não possa ser exigida uma quantia que fora estipulada *a fim de reparar um prejuízo* que, todavia, se demonstra não ter sido causado" (*Ibidem*, p. 579-580.)

sendo o dano um pressuposto essencial da obrigação de indenizar, e uma vez que da lei não resulta ser devido o montante predeterminado pelas partes mesmo na ausência de qualquer prejuízo, o devedor, provando a falta deste, liberta-se da obrigação de pagar a soma preestabelecida.[173]

A aleatoriedade inerente à previsão antecipada de danos não seria capaz de afastar tal assertiva, já que se trataria da existência de *algum* dano, circunstância inerente ao objetivo das partes ao prever a cláusula de liquidação antecipada de danos: o risco ficaria limitado, pois, ao montante da indenização.[174]

A seu turno, a cláusula penal *strictu sensu* consistiria em meio de compelir o devedor ao cumprimento, não já recorrendo à imposição de pagamento de uma prestação a título de indenização (afastando-se a figura da "indenização sancionatória"), mas por meio da ameaça de outra prestação, distinta da originalmente pactuada.[175] A prestação decorrente da cláusula penal, portanto, não guardaria qualquer relação com a obrigação de indenizar, tampouco acresceria valor à obrigação a que se encontra vinculada. Trata-se de forma de coagir o devedor, satisfazendo-o, ao mesmo tempo,[176] não através da indenização – o que, segundo anteriormente se expôs, seria uma contradição em si própria – mas mediante outra obrigação que substitui a que era devida e que consiste em uma "forma de *satisfação alternativa do interesse do credor*".[177]

---

[173] *Ibidem*, p. 566.

[174] "Se a cláusula penal consiste, nos termos expressos da lei, na fixação, por acordo, do montante da indemnização exigível, compreende-se que o devedor não possa, mais tarde, vir a reclamar uma *equiparação* da pena ao *valor* do prejuízo efectivo: a soma representa, justamente, a indemnização, cujo *montante* foi *pretederminado*. Sujeitam-se as partes, desta forma, ao risco de a soma divergir do valor do prejuízo real. Mas, se não houver qualquer dano, a que título pode o credor arrecadar uma soma que se destina a pré-avaliar esse dano? Faltando este pressuposto, parece que não pode deixar de concluir-se não haver base para se exigir o pagamento da soma acordada. A álea a que as partes se sujeitam, inerente a uma liquidação prévia da indemnização, reporta-se ao valor da mesma, não a um pressuposto fundamental, que, a não existir, faz com que a liquidação careça de sentido: o dano". (*Ibidem*, p. 583-584, grifo nosso.)

[175] *Ibidem*, p. 452.

[176] *Ibidem*, p. 609.

[177] *Ibidem*, p. 613, grifos no original. E remata: "a sanção, que a pena traduz, não é exercida através da indemnização, antes por meio de uma outra prestação, que o credor tem a faculdade de exigir, em vez da prestação inicial ou da indemnização pelo seu não cumprimento. A compreensão da cláusula penal como fonte de uma *obrigação com faculdade alternativa do credor* explica, assim, que a pena goze de eficácia compulsória e, ao mesmo tempo, constitua um meio de satisfazer o credor, sem, todavia, ser ela própria, uma indemnização". (*Ibidem*, p. 648.)

Tais conclusões restariam evidentes ao se compreender a cláusula penal como obrigação "com faculdade alternativa em benefício do credor". Segundo defende, o descumprimento da obrigação convencionada pelas partes resultaria no surgimento de uma alternativa para o credor: optar pelo cumprimento do pactuado ou exigir a cláusula penal. Entretanto, embora se fale em "alternativa", a cláusula penal não consubstanciaria uma obrigação alternativa tecnicamente,[178] já que aludida "opção"[179]apenas surge após o inadimplemento e somente pode ser exercida pelo credor (não podendo, portanto, se liberar mediante o pagamento da cláusula penal o devedor enquanto ainda possível o adimplemento da prestação principal). Daí entender o autor tratar-se de obrigação facultativa à escolha do credor.[180] A cobrança da

---

[178] Entende-se por obrigação alternativa, consoante clássica lição, aquela em que há, desde a gênese, duas prestações passíveis de cobrança, a depender exclusivamente da escolha – seja do devedor, seja do credor. Concentrando-se a obrigação em um dos objetos, apenas esse é exigível; perecendo uma das prestações, a obrigação passa a ter objeto único. É ver-se: "São as obrigações que compreendem também duas ou mais prestações, masquem que o devedor se libera mediante a realização de uma só, daquela que vier a ser determinada por escolha". (VARELLA. *Das obrigações em geral*, v. 1, p. 596-597.)

[179] Como se procurará abordar no item 2.2.1.2, *infra*, no direito brasileiro, tal opção deve ser compreendida no âmbito do conceito de interesse (útil) na prestação.

[180] A obrigação facultativa, em contraposição à alternativa, consiste naquela em que o objeto obrigacional é único, abrindo-se a faculdade do devedor de efetuar o pagamento da obrigação prevista em lugar da primeira. De acordo com a teoria de António Pinto Monteiro, a faculdade, no caso da cláusula penal, seria atribuída ao credor. Há que se ponderar, contudo, se a atribuição de tal poder ao credor desnaturaria a obrigação facultativa. Isso porque o traço distintivo entre as obrigações alternativas e as facultativas consiste nas consequências decorrentes do perecimento da prestação: enquanto na obrigação alternativa há a concentração na prestação restante, na facultativa, o credor não pode exigi-la, convertendo-se em perdas e danos a relação. A atribuição ao credor da faculdade de escolha resultaria na extinção dessa diferença. É o que assevera Orlando Gomes: "A faculdade de substituição assiste ao devedor. Seu exercício é irrestrito. Nenhuma consequência advém de sua renúncia, visto que, em hipótese alguma, pode ser exigida. Admitem alguns a possibilidade de caber ao credor a faculdade alternativa. Teria assim, direito a exigir a prestação que está *in facultate solutione*. É, no entanto, absurda a hipótese, porquanto descaracterizaria a obrigação facultativa, convertendo-a em obrigação alternativa. Em verdade não existiria, na hipótese, apenas uma prestação, senão duas" (GOMES. *Obrigações*, p. 97-98). Em sentido semelhante: "Contudo, na verdade, a maior semelhança aparente desta classe de obrigação é com as obrigações alternativas. Na realidade, porém, as duas categorias não se confundem. Na obrigação facultativa há uma prestação principal e outra acessória. É a prestação principal que determina a natureza do contrato: 'a natureza de obrigação facultativa se determina unicamente pela prestação principal que forma seu objeto' (art. 644 do Código Civil argentino). Aí está uma diferença fundamental das obrigações alternativas. Se a obrigação principal é nula, fica sem efeito a obrigação acessória; mas a nulidade da prestação acessória não tem qualquer influência sobre a principal (art. 645 do Código Civil argentino). Trata-se de aplicação do princípio de que o acessório segue o principal. Já nas obrigações alternativas, as duas ou mais prestações aventadas estão no mesmo nível e já vimos que o desaparecimento de uma não faz por extinguir a obrigação. Destarte, como vemos, na obrigação alternativa há

cláusula penal consistiria, assim, no exercício de faculdade do credor de sancionar o devedor:

> É que o credor, repete-se, não está a exigir uma indemnização, cujo montante houvesse previamente liquidado; ele está, sim, a exercer uma faculdade, que a cláusula penal lhe concede, que é a de ficar legitimado a *sancionar* o comportamento faltoso do devedor, exigindo-lhe, para o direito, uma outra prestação, em substituição da que era devida.[181]

Como a cláusula penal em sentido estrito consubstanciaria obrigação com faculdade alternativa a benefício do credor, seria possível superar diversos problemas "de regime" para os quais a teoria mista não teria apresentado respostas satisfatórias. Assim, (i) na medida em que se trata de instituto de cariz compulsório e, ao mesmo tempo, atende – ainda que subsidiariamente – ao interesse do devedor (não já a indenização pelas perdas e danos),[182] explica-se porque prescinde da própria existência de danos a serem ressarcidos, a superar o problema de desvirtuamento da função da indenização verificada na teoria mista; (ii) como a cláusula penal representa uma substituição (não da indenização, mas) da obrigação a que se vincula, justifica-se a ausência de cumulação, seja com a própria prestação principal,[183] seja com a

---

pluralidade de objetos, enquanto na obrigação facultativa existe unidade de objeto ao ser contraída a obrigação. Na obrigação alternativa, todos os objetos se acham *in obligatione* e na obrigação facultativa apenas um objeto é devido, podendo ser substituído por outro *in facultate solutionis*. Anteriormente, foi visto que na obrigação alternativa pode competir ao devedor ou ao credor; enquanto na obrigação facultativa a faculdade de escolha é exclusiva do devedor, porque isso é inerente a esta classe de obrigação. Ao demandar a obrigação facultativa, o credor só pode exigir a obrigação principal. Na obrigação alternativa, o credor fará pedido alternativo, se a escolha couber ao devedor; se a escolha couber a ele, credor, poderá exigir uma ou outra das prestações". (VENOSA, Sílvio de Salvo. *Direito civil, teoria geral das obrigações e teoria geral dos contratos*. São Paulo: Atlas, 2008. p. 94.)
De mais a mais, ainda que admitida tal hipótese, a opção a que se refere o autor não existe no caso de cláusula penal moratória.

[181] PINTO MONTEIRO. *Cláusula penal e indemnização*, p. 630.

[182] "Tendo sido estipulada uma cláusula penal em sentido estrito, ou seja, uma pena com finalidade compulsória, mas em que ela representa, ao mesmo tempo, do ponto de vista do credor, uma forma de satisfazer o interesse que o levou a contratar (…)". (*Ibidem*, p. 442.)

[183] "Deste ponto de vista, não há diferenças entre a cláusula penal *stricto sensu* e a cláusula penal em que se procede à liquidação antecipada do dano. É que em ambos os casos a pena ocupa o lugar do dever de prestar: em relação à primeira, porque a pena é uma outra prestação que o credor exige, *em vez* daquela a que inicialmente o devedor estava obrigado; em relação à segunda, como já sabemos, porque a pena é a indenização pelo não cumprimento da obrigação" (*Ibidem*, p. 442). E, mais a frente, remata: "É fácil compreender, portanto, que o credor não está a reclamar qualquer indenização, assim

reparação de danos decorrentes do descumprimento, já que representaria a satisfação do credor;[184] e (iii) a prestação consubstanciada na cláusula penal mostra-se exigível a partir da constituição em mora, momento a partir do qual lhe é aberta a faculdade de optar pela prestação traduzida na cláusula.[185]

Dessa forma, a cláusula penal caracterizaria, em sua visão, instituto moralizador, cujo objetivo precípuo é levar o devedor a cumprir com correção a obrigação.[186] Fixam as partes tal ajuste para que o cumprimento seja atingido e não porque não foi atingido, razão pela qual não se poderia lhe atribuir natureza de pena privada propriamente dita, mas de uma medida de constrangimento do devedor, filiando-se António Pinto Monteiro também à teoria coercitiva da cláusula penal.[187] Dito de outro modo:

> O seu fim é de induzir o devedor ao cumprimento, através da ameaça, que sobre este impende, de ter de vir a satisfazer, caso não cumpra, uma prestação mais gravosa. Não se trata, portanto, de *reprimir* ou *castigar* o devedor, mas de o *compelir* ou *pressionar*, daí, justamente, que a pena seja acordada e definida antes da violação, procurando evitá-la, e não após o acto ilícito. Numa palavra, a cláusula penal é estipulada para que o

---

como se percebe, de igual modo, que, satisfeita a pena, ele não possa exigir indemnização pelo não cumprimento da prestação inicialmente devida, uma vez que esta foi já substituída por outra prestação". (*Ibidem*, p. 617.)

[184] A presença de cláusula penal não obsta, contudo, que o credor efetue a cobrança – e a comprovação – dos danos incorridos, já que tal possibilidade estaria contida na obrigação facultativa que lhe confere a escolha pela prestação principal: "A cláusula penal *dispensa*, é certo, o recurso à indemnização, mas *não obsta* a que o credor venha a decidir-se por esta via, prescindindo da pena e reclamando, em sua vez, o ressarcimento integral, mediante a prova do dano sofrido, uma vez que a pena não é *a liquidação antecipada do dano*". (*Ibidem*, p. 633.)

[185] *Ibidem*, p. 636. O autor se antecipa às criticas sobre qual seria a diferença entre moratória e compensatória se ambas podem ser exigidas da mora – afirmando, na nota de rodapé nº 1496, p. 637, que "a primeira [compensatória], dado que constitui uma prestação que substitui a que era devida, obsta que o credor faça valer a pena e o cumprimento da prestação, ou aquela juntamente com a indemnização pelo não cumprimento; a segunda, pelo contrário, já não impede de prosseguir, ao mesmo tempo, o cumprimento ou a indemnização pelo não cumprimento". Independentemente da relevante distinção feita nesse momento e que será retomada, a questão não parece se colocar tanto na questão da substituição, mas do pressuposto da exigibilidade da compensatória – a ausência de interesse do credor – que apenas surge quando afastada a mora. Se estiver em mora, há interesse, não há que se falar em pagamento da cláusula penal compensatória, ainda que se admita ser uma obrigação facultativa.

[186] *Ibidem*, p. 659.

[187] Assim também entende JUNIOR, Otavio Luiz Rodrigues. *Função, natureza e modificação da cláusula penal no direito brasileiro*. 2006. Tese (Doutorado em Direito) – Faculdade de Direito, Universidade do Estado de São Paulo, São Paulo, 2006. p. 242.

devedor cumpra, e não porque não cumpriu, destina-se a constrangê-lo a adoptar o comportamento devido, e não a infligir-lhe um castigo, estabelece-se em relação ao futuro, e não sobre um acto ilícito passado. O que significa, portanto, tratar-se de uma medida de tutela jurídica de natureza compulsória, não de índole punitiva (…).[188]

Tal cláusula não se confundiria, assim, com a de fixação prévia da indenização, cumprindo ao intérprete avaliar objetivamente a intenção das partes, o que pode ser investigado mediante a apuração do valor da cláusula penal e o montante dos danos que as partes poderiam prever no momento da conclusão do contrato.[189]

Em síntese, a tese de António Pinto Monteiro estabelece que, ao invés de se defender a dualidade de funções da cláusula penal sob o mesmo instituto, haveria diversas figuras com funções distintas e não cumuláveis entre si. Em sua essência, contudo, a cláusula penal consistiria em forma de sancionar o inadimplemento, afigurando-se excepcional a atribuição de função indenizatória, que dependeria da expressa manifestação nesse sentido pelos contratantes.

1.2.5 Síntese conclusiva: em busca das funções das cláusulas penais à luz de seu papel na disciplina obrigacional

Ao se analisar o extenso – e ainda em pleno vigor – debate sobre a função da cláusula penal, verifica-se que, sob tal expressão, muitas vezes, busca-se algo distinto da função jurídica propriamente dita do instituto. Fala-se em "efeito econômico", "efeito indireto", "efeito psicológico", "efeito eventual",[190] o que já levou a doutrina a asseverar haver, nessa discussão, "uma certa confusão de causa e efeitos".[191]

---

[188] PINTO MONTEIRO. *Cláusula penal e indemnização*, p. 670.

[189] "De entre os factores a considerar, para esse efeito, avulta, indubitavelmente, a *relação entre o valor da pena e o dos danos previsíveis*. Excedendo o montante daquela o valor *máximo* desses danos, a finalidade compulsória da pena vem ao de cima, visto que, desejando os contraentes liquidar o dano futuro, a soma estabelecida teria de mostrar-se, em princípio, adequada a esse objectivo. Não sendo este o caso, pois, tratar-se-á de cláusula penal em sentido estrito, não de uma fixação antecipada e convencional do *quantum* indemnizatório". (*Ibidem*, p. 640.)

[190] A título exemplificativo, veja-se as passagens citadas nas notas de rodapé nº. 127, 166 e 186.

[191] A arguta constatação é de TEPEDINO; SCHREIBER. As penas privadas no direito brasileiro, p. 512.

Assim, embora se afirme que determinadas funções caracterizariam a essência do instituto, tais acabam condicionadas a eventos futuros, como o dos danos verificados em concreto serem superiores ao valor da penal,[192] o que apenas é apurado ao final da relação.[193] Ou seja, a identificação da função acaba atrelada a algo exterior ao momento do ajuste, não necessariamente buscado ou imaginado pelas partes como algo essencial ao pacto. Muito ao revés, são diversas as manifestações doutrinárias que salientam a dificuldade em precisar, no momento do ajuste, o montante de danos que poderá decorrer do inadimplemento, a ponto de se salientar que uma das vantagens da cláusula penal consistiria justamente na atribuição de valor patrimonial ao pacto ou em sanar problemas relativos à dificuldade em precisar o valor da obrigação.[194] O recurso a determinados perfis funcionais aparece, então, como tentativa de "atar nós" decorrentes da disciplina da cláusula penal. Por um lado, recorre-se à função sancionatória nas teorias indenizatória (quando admitida) e mista como forma de justificar o pagamento da penal, ainda que na ausência de danos; por outro, defende-se uma função punitiva a partir de pressuposições de que os danos são "em regra" menores que o valor da cláusula, de que o pagamento da penal representaria agravamento para o devedor, ou, ainda, de recurso a procedimentos "lógicos" e reconhecidamente "abstratos".[195] Mais do que buscar identificar a função do instituto (para

---

[192] Judith Martins-Costa destaca tal característica no âmbito da doutrina da dupla função: "A tese da natureza mista e da dupla função tem como consequência afirmar que a cláusula penal constitui sempre um meio de pré-avaliação do dano que agrega uma função sancionatória, ainda que seja esta última meramente eventual, tudo dependendo, na circunstância concreta, de o seu montante superar o quantum indenizatório a que, sem ela, o credor teria direito. Se superior ao dano, a cláusula terá uma finalidade de indenização sancionatória; se inferior ao dano aquele montante pactuado, a cláusula atuará como uma limitação convencional da indenização". (MARTINS-COSTA. *Comentários ao Novo Código Civil*, v. 5, p. 612.)

[193] Justamente por isso, afirma-se em doutrina que a função punitiva acaba atrelada a uma simples questão contábil: será existente ou não à luz do montante dos danos, independentemente da vontade das partes (ZOPPINI. *La pena contrattuale*, p. 8). O objetivo das partes seria apenas a liquidação, e somente na hipótese em que superado o valor dos danos, surgiria o viés punitivo, no máximo reconhecido como consequência imposta por lei (*ibidem*, p. 8, 10).

[194] "Uma das funções mais prestantes da cláusula penal é assentar a indenizabilidade de danos no caso de não ser pecuniária, ou ser de difícil avaliação a prestação prometida". (PONTES DE MIRANDA. *Tratado de direito privado*, t. 26, p. 145.)

[195] "Desde ya corresponde aclarar que el planteo de este punto no se realiza ahora dentro del campo de ningún derecho positivo dado, ni tampoco dentro de las diversas concepciones propuestas por la doctrina, sino sólo en un plano estrictamente lógico, que prescinde de las realidades existentes y que busca encontrar y depurar los conceptos abstractos proprios de la investigación jurídica teorética". (FACIO. *La cláusula penal*, p. 168-169.)

então determinar sua estrutura), parte-se de problemas estruturais para se defender a atribuição de tais funções, sem avaliar os efeitos necessariamente decorrentes do ajuste. A apuração da função acaba, assim, vinculada a uma análise estática da relação, como ajuste descolado da lógica obrigacional.[196]

A dificuldade em precisar, nesse contexto, a função típica da cláusula penal, levou ao entendimento segundo o qual não haveria, em realidade, uma função exclusiva: o instituto seria capaz de assumir as mais diversas funções.[197] Embora valorize a interpretação consentânea com o pactuado entre as partes, a solução acaba por representar forma de se furtar ao enfrentamento da questão e, ao fim e ao cabo, incluir sob a mesma categoria figuras radicalmente diversas.[198]

Na tentativa de conjugar o respeito à vontade das partes e a pluralidade de funções atribuídas à cláusula penal, a doutrina seguida por António Pinto Monteiro procurou estremar diversas espécies de cláusula penal a partir do escopo atribuído na estrutura obrigacional. Como visto, ao invés de se reconhecer a dualidade de funções ao mesmo instituto, estabelece que haveria diferentes tipos de cláusula penal à luz da função (indenizatória ou punitiva) a ela atribuída. Contudo – além de ser necessário avaliar sua construção à luz do direito brasileiro[199] –, ao defender tal posição, recorre, ainda uma vez, à pressuposição de que na

---

[196] Constatação semelhante é efetuada por Andrea Zoppini: "una concezione, questa, che non appare accettabile non solo perché implicitamente assume che il patto non spieghi alcun effetto nel corso del rapporto, ma più ancora perché postula la possibilità di individuar la funzione del patto in relazione ad un evento, il danno, sucessivo all'atto stesso ed estraneo al realizzarsi della fattispecie". (ZOPPINI. *La pena contrattuale*, p. 12.)

[197] "La penale può corrispondere a interessi diversi, e così svolgere diverse funzioni". (ROPPO, Vincenzo. *Il Contratto*. Milão: Giuffrè, 2001. p. 993.)

[198] Guido Alpa, contudo, refutando tal posição, afirma que a identificação da função da cláusula penal resultará em significativas distinções em termos de regime: "Si è anche osservato, peraltro, che l'autonomia dei privati è in grado di piegare questo strumento a funzioni di volta in volta diverse, sì che 'pare lo sforzo di individuarne la funzione tipica'. Tuttavia, la disputa circa la funzione, risarcitoria o sanzionatoria, della clausola penale comporta conseguenze pratiche che possono assumere rilievo nel caso in questione. Infatti, se la clausola penale viene intensa come una sanzione per non aver adempiuto la prestazione dovuta si può considerare del tutto indifferente il fatto che, dall'inadempimento, non sai in concreto derivato alcun danno; se invece la penale viene ridotta ad uno strumento di liquidazione forfetaria e preventiva del danno subito dal creditore, allora si può ravvisare qualche buona ragione per sostenere che l'assenza di qualsiasi danno è incompatibile con la pretesa al pagamento della penale". (ALPA. *Corso di diritto contrattuale*, p. 563-564.)

[199] Como já ressaltou Otavio Luiz Rodrigues Junior: "As teses dualistas, com prevalência do caráter privado-penal – de Walter Lindacher e António Joaquim de Matos Pinto Monteiro (…) esbarram em um dado irrecusável: a peculiaridade dos ordenamentos positivos". (*Função, natureza e modificação da cláusula penal no direito brasileiro*, p. 242.)

cláusula penal *sctricto sensu* (de feição coercitiva) a prestação avençada na pena afigura-se mais gravosa para o devedor.[200] Ou seja, conquanto procure se desvencilhar da abstração em que acaba incidindo a doutrina dita tradicional, a utilização do critério de que a cláusula penal é "em regra" mais onerosa pouco auxilia na identificação do escopo atribuído pelas partes: ainda que se ultrapasse a questão atinente aos danos previsíveis,[201] volta-se à utilização de parâmetros estruturais e abstratos, o que acaba levando o próprio autor a reconhecer a existência de "zonas cinzentas" entre as funções que procura extremar em cláusulas distintas.[202] Ademais, a própria identificação da cláusula penal com o ajuste de pré-fixação de danos, a resultar na impossibilidade da cobrança do valor nela consubstanciado caso seja comprovada a total ausência de danos, é rejeitada pela doutrina, a qual salienta que essa hipótese consubstancia mero pacto de inversão do ônus da prova.[203] Por fim, a construção de que a cláusula penal consubstanciaria alternativa ao próprio interesse do credor e, portanto, sua satisfação, torna-se sensível a partir da constatação de que sua exigibilidade pressupõe justamente o perecimento do interesse na prestação. A razão justificadora da obrigação consiste

---

[200] A afirmação é feita nas páginas 613, 619 e na 629, na qual assevera, ainda, que se trata de regra geral. (PINTO MONTEIRO. *Cláusula penal e indemnização.*)

[201] Como visto (item 1.2.4), em sua teoria, a apuração da espécie de cláusula penal poderia ser efetuada por meio da comparação com os danos previsíveis no momento da celebração e o montante da pena: quando muito menores, restaria evidente o caráter sancionatório dado pelas partes. Os danos ditos previsíveis, contudo, no mais das vezes mostram-se de difícil identificação no caso concreto – uma vez que a avaliação dos danos resultantes do inadimplemento dependem, no mais das vezes, de circunstâncias alheias às partes. Justamente diante da dificuldade em se precisar de antemão os montantes dos prejuízos, a doutrina salienta a utilização da cláusula penal como forma de quantificar danos apenas hipotéticos: "Uma das funções mais prestantes da cláusula penal é assentar a indenizabilidade de danos no caso de não ser pecuniária, ou ser de difícil avaliação a prestação prometida". (PONTES DE MIRANDA. *Tratado de direito privado*, t. 26, p. 146.)

[202] António Pinto Monteiro, embora afirme que a cláusula penal "propriamente dita" e a cláusula de pré-fixação das perdas e danos se diferenciem quanto à função (preventiva/ sancionatória *versus* indenizatória), assevera que "isso não exclui, evidentemente, que também a liquidação antecipada do dano possa exercer alguma eficácia de ordem preventiva. Simplesmente, trata-se de um efeito indirecto, implicando na obrigação de indemnizar, ainda que acrescido, neste caso, pelo facto de o montante da indemnização estar predeterminado (…)". (PINTO MONTEIRO. *Cláusula penal e indemnização*, p. 671-672.)

[203] É o que assevera Andrea Zoppini (*La pena contrattuale,* p. 240-241): "Non può considerarsi clausola penale il patto con cui si determini anticipatamente il risarcimento, condizionato, tuttavia, alla prova dell'esistenza o dell'ammontare del danno: le parti possono cioè condizionare la richieta della prestazione preventivamente determinata non solo alla prova dell'esistenza di un danno giuridicamente risarcibile, e si tratterà allora di una vera e propria liquidazione anticipata del danno. È, infine un mero patto di inversione dell'onere della prova quello con cui si liquida anticipatamente il danno (…)".

na prestação consoante o programa obrigacional delineado, não já no subsidiário e eventual pagamento da cláusula penal.

A análise das posições referentes à função da cláusula penal revela, ainda, outra característica: o descolamento com o dado positivo. Dito de outro modo, a identificação da função do instituto é efetuada por meio de metodologia que "adapta"[204] o dado positivo à teoria encampada pelo intérprete.[205]

Postas as dificuldades enfrentadas pelas teorias que procuraram explicar a função da cláusula penal, evidencia-se a necessidade de revisitar o conceito à luz da renovada metodologia do direito obrigacional, sem pressupor determinadas funções aprioristicamente, isto é, sem partir de uma teoria pré-fixada, mas que interprete o dado normativo e valorize a vontade das partes, inseridos nos valores do ordenamento.[206]

Igualmente essencial para esse percurso consiste a identificação do que se entende por função dos institutos jurídicos, compreendida, na esteira da metodologia em que se baseia o presente trabalho, como "a síntese dos efeitos 'essenciais' do fato".[207] Em outros termos, cuida-se de apurar os efeitos necessariamente inerentes ao instituto, isto é, sua causa,[208] conceituada como a "mínima unidade de efeitos essenciais que

---

[204] Domenico Russo salienta que em diversos estudos referentes à cláusula penal, realizados com total abstração do dado positivo, caracterizou-se por metodologia que "spiegare il dato positivo sulla base di una teoria prefissata" (*Il patto penale tra funzione novativa e principio di equità*, p. 15, nota de rodapé nº 50.)

[205] A mesma conclusão é alcançada por Andrea Zoppini: "gli orientamenti cennati postulano la definizione di un tipo logico di un procedimento di astrazione che precede la norma e alla luce del quale si ricostruisce, oltre quando non contro lo stesso dettato legislativo, il tipo normativo" (ZOPPINI. *La pena contrattuale*, p. 10). Diante de tais questões, salienta-se que "Nessuna delle ricostruzioni citate risulta però in grado di cogliere l'autentico significato della penale, di dar conto in definitiva dei suoi effetti e della disciplina predisposta dal codice; profili che rimangono, in ogni configurazione, parzialmente inspiegati". (RUSSO. *Il patto penale tra funzione novativa e principio di equità*, p. 26.)

[206] *Ibidem*, p. 14.

[207] PERLINGIERI. *O direito civil na legalidade constitucional*, p. 643.

[208] O conceito de causa adotado no presente trabalho vai ao encontro do utilizado pela metodologia (do direito civil-constitucional) ora adotada, consoante explicação de Maria Celina Bodin de Moraes: "Entendendo-se a causa como a função econômico-social do negócio considera-se que esta é dada pela síntese de seus elementos essenciais. (...) Os efeitos jurídicos essenciais, em sua síntese, constituem a 'mínima unidade de efeitos' que o negócio está juridicamente apto a produzir" (MORAES, Maria Celina Bodin de. A causa dos contratos. *Revista Trimestral de Direito Civil*, Rio de Janeiro, n. 21, p. 107-108, jan./mar. 2005.). Ressalta a autora a importância do conceito: "embora a causa seja uma, ela cumpre três papéis diferentes mas interdependentes, daí a confusão em que se vê envolvido o termo: i) serve a dar juridicidade aos negócios, em especial a contratos atípicos, mistos

caracteriza determinado negócio, sua função jurídica, diferenciando-o dos demais".[209] Para que se possa identificar a função da cláusula penal assim compreendida, não se mostra suficiente apenas enumerar efeitos laterais ou subsidiários, mas busca-se identificar o que caracteriza a essência do instituto, à luz do dado normativo, bem como a partir de sua inserção na relação obrigacional. Consoante esclarecedora lição de Pietro Perlingieri, "identificar a função não é o mesmo que descrever os efeitos do fato, interligando-os desordenadamente entre si, mas sim apreender o seu significado normativo".[210]

O processo de identificação da(s) função(ões) desempenhadas pela cláusula penal pressupõe sua inserção na lógica obrigacional, capaz de compreendê-la não somente como ajuste descolado dos objetivos perseguidos pelas partes e que apenas adquire relevância (e à qual é atribuída determinada função) no momento do descumprimento e à luz de suas consequências (no mais das vezes, como já salientado, de avaliação pouco provável pelas partes), mas como elemento capaz de contribuir para o alcance da função da relação obrigacional. Cuida-se de perspectiva que diverge da análise estática da relação obrigacional, em que a preocupação central se encontra na identificação dos elementos estruturais da obrigação postos em sua gênese[211] e nas consequências do

---

e coligados; ii) serve a delimitá-los através do exame da função que o negócio irá desempenhar no universo jurídico; iii) serve, enfim, a qualificá-los, distinguindo seus efeitos e, em consequência, a disciplina a eles aplicável". (*Ibidem*, p. 107.) O tema é objeto de diversas controvérsias – ver, por todos, GIORGIANNI, Michele. Causa (dir. priv.). In: ENCICLOPEDIA del Diritto. Milão: Giuffrè, 1958. v. 6, p. 547-575 – que não serão enfrentadas no presente trabalho em função de seu escopo.

[209] TEPEDINO, Gustavo. A responsabilidade civil nos contratos de turismo. In: TEPEDINO, Gustavo. Temas de direito civil. 4. ed. Rio de Janeiro: Renovar, 2008. t. 1, p. 255. Nesse estudo, com o objetivo de identificar a causa do contrato de turismo, conclui o autor: "Tomada a acepção de causa contratual acima descrita, tem-se o contrato de turismo, como síntese de seus efeitos jurídicos essenciais, a prestação de serviços de viagem, tida como um resultado útil ao viajante, contra o pagamento de um valor, determinado ou determinável, correspondente a tais serviços." (*Ibidem*, p. 258.)

[210] PERLINGIERI. *O direito civil na legalidade constitucional*, p. 642.

[211] Com efeito, na perspectiva tradicional, estrema-se credor e devedor (sujeitos opostos da obrigação), ligados por um terceiro elemento – o vínculo jurídico (cuja característica central consiste na subordinação do devedor à vontade do credor). Nas palavras de Judith Martins-Costa, tal metodologia "percebe a relação obrigacional tão-somente como um vínculo jurídico estruturado sobre dois pólos (credor e devedor), ligados pelos co-respectivos direitos e deveres. Para uma tal análise, o mais relevante é descrever os 'elemento constitutivos' da relação, visualizados *in abstracto*: os sujeitos (credor e devedor), o objeto (a prestação, o dar, o fazer ou não-fazer), os requisitos legais e os elementos acidentais, quando ocorrentes". (MARTINS-COSTA. *Comentários ao Novo Código Civil*, v. 5 p. 5.)

descumprimento da obrigação principal, segmentados em momentos isolados.[212]

No moderno direito obrigacional,[213] os ajustes, interesses e comportamentos envolvidos funcionalizam-se ao atendimento da finalidade socioeconômica traduzida pela obrigação ajustada pelas partes.[214] Cuida-se de conjunto de atos "que se encadeia e se desdobra em direção ao adimplemento, à satisfação dos interesses do credor",[215] em que "mais que garantir a vinculação aos termos expressos de um dado negócio jurídico, mostra-se importante assegurar às partes a obtenção do fim econômico social, razão e justificativa da relação obrigacional".[216]

Tal perspectiva permite redimensionar a análise do direito das obrigações, assumindo o adimplemento papel central na compreensão

---

[212] Em outra obra, salienta a mesma autora: "tal qual definida no direito romano, no qual se centrava, no núcleo duro do conceito, o termo *obligatio*, palavra composta da preposição acusativa *ob* e do verbo transitivo *ligare* (ligar, atas, vincular), daí derivando a idéia de sujeição ou vínculo. Desta idéia, surge a concepção da obrigação como vínculo eminentemente bipolar, que liga uma parte, a credora, titular do direito subjetivo (crédito), a outra, parte devedora, titular do dever jurídico (dívida). Entre ambos os sujeitos nada mais do que o crédito e a dívida, como se os circundasse uma espécie de *buraco negro*, tal qual o misterioso vazio que ameaça a camada de ozônio, do planeta Terra. (...) A análise externa, explica Couto e Silva, restringe-se à descrição das diferenças que as regras jurídicas historicamente estabeleceram, como, exemplificativamente, as regras relativas à carga probatória ou à extensão da indenização". (MARTINS-COSTA, Judith. *A boa-fé no direito privado*. São Paulo: Revista dos Tribunais, 2000. p. 384.)

[213] A transformação do direito das obrigações deve ser compreendida no âmbito da constatação de que os instituto jurídicos traduzem realidades em essência mutáveis, a partir da realidade histórico-cultural em que se inserem. Nessa toada, veja-se: "Uma visão moderna, que queira analisar a realidade sem enclausurá-la em esquemas jurídico-formais, requer uma funcionalização dos institutos do direito civil que responda às escolhas de fundo operadas pelos Estados contemporâneos e, em particular, pelas suas Constituições. Dever do jurista, especialmente do civilista, é 'reler' todo o sistema do código e das leis especiais à luz dos princípios constitucionais e comunitários, de forma a individuar uma nova ordem científica que não freie a aplicação do direito e seja mais aderente às escolhas de fundo da sociedade contemporânea". (PERLINGIERI. *O direito civil na legalidade constitucional*, p. 137.)

[214] "Identificado, na abordagem tradicional, como cumprimento exato da prestação ajustada, o adimplemento resumia-se a um ato pontual do devedor: a entrega da coisa, a restituição do objeto, a realização do ato devido. Ao que se passava antes ou depois desse ato pontual era indiferente o direito obrigacional". (SCHREIBER, Anderson. A tríplice transformação do adimplemento: adimplemento substancial, inadimplemento antecipado e outras figuras. *Revista Trimestral de Direito Civil*, Rio de Janeiro, Padma, v. 32, p. 10-11, out./dez. 2007.)

[215] SILVA, Clóvis do Couto e. *A obrigação como processo*. Rio de Janeiro: FGV, 2009. p. 17.

[216] TEPEDINO; SCHREIBER. *Código Civil comentado*, v. 4, p. 17.

de seus institutos.[217] Credor e devedor, outrora compreendidos como figuras em oposição, vinculam-se de forma cooperativa ao atendimento do programa previamente definido no ajuste obrigacional,[218] vinculando-se todo o seu decorrer a tal finalidade.[219] Na feliz síntese de Carlos Nelson Konder e Pablo Rentería:

> Trata-se também de uma concepção que não restringe sua atenção ao aspecto patológico da obrigação. Diferente da concepção tradicional, cujo foco está centrado no inadimplemento – a ponto de se buscar definir as características da obrigação com base nas consequências do seu descumprimento, como se verá adiante – constrói-se hoje uma análise da relação obrigacional norteada pelo adimplemento, que "atrai e polariza a obrigação". A leitura das obrigações torna-se assim mais adequada à idéia de que o direito não se resume à sua função repressora, pautada pelo binômio lesão-sanção, mas possui igualmente – e prioritariamente – uma função promocional, verdadeira tarefa "civilizatória", responsável pela transformação do *status quo*.[220]

Nesse contexto de se reconhecer que a finalidade precípua da relação obrigacional consiste no atendimento do interesse do credor,[221] a avaliação da função exercida pela cláusula penal pressupõe a verificação de sua inserção no escopo contratual.[222] Daí se ressaltar em doutrina

---

[217] Segundo Judith Martins-Costa, aludida visão foi transplantada para o direito positivo brasileiro, cujo Código atribuiu ao adimplemento capítulo autônomo. (MARTINS-COSTA. *Comentários ao Novo Código Civil*, p. 4.)

[218] "ao invés da predominância da ideia de embate, de interesses particulares contrários, o contrato deve ser visualizado como um plano conjunto, um projeto comum entre credor e devedor com o propósito de satisfazer seus interesses, em que, para atingir tal desiderato, devem as partes cooperar". (NANNI, Giovanni Ettore. O dever de cooperação nas relações obrigacionais à luz do princípio constitucional da solidariedade. In: NANNI, Giovanni Ettore. *Temas relevantes do direito civil contemporâneo*. São Paulo: Atlas, 2008. p. 308.)

[219] "É justamente por intermédio da metodologia antes assinalada e do apelo à concreção (…). Não são estas fases, porém, estáticas, mas estão dialeticamente co-implicadas, tendo como núcleo a noção concreta de sujeitos da relação obrigacional, visualizados em suas vicissitudes". (MARTINS-COSTA. *Comentários ao Novo Código Civil*, v. 5, t. 1, p. 16.)

[220] KONDER; RENTERÍA. A funcionalização das relações obrigacionais, v. 2, p. 268.

[221] Como se procurará estudar no Capítulo 2, tal não significa que não se deve remontar a outros interesses exteriores ao credor.

[222] Aludida perspectiva é salientada pela doutrina especializada, que afirma ser formalista e estrutural a visão segundo a qual a cláusula penal apenas assume relevância na hipótese de descumprimento. Confira-se: "È, pertanto, formalística l'idea che la clausola penale si ponga in exclusivamente all'esterno del rapporto cui afferisce: essa, infatti, in quanto finalizzata ad incidere sul comportamento del debitore e a determinare l'oggetto della prestazione dovuta oer l'inadempimento, viene ad avere un effetto conformativo sul dispiegarsi dello stesso". (ZOPPINI. *La pena contrattuale*, p. 170.)

que a cláusula penal se coloca como medida de tutela justamente dos objetivos pretendidos pelas partes com o ajuste:

> In conclusione la clausola penale si configura come uno strumento funzionalmente collegato alla tutela dell'interesse creditorio, in relazione a due momenti diversi nello svolgimento del rapporto, quello inerente l'esatto adempimento prima e, quando si sia realizzato l'inadempimento, quello inerente alla soddisfazione in via alternativa rispetto alla prestazione originariamente pattuita. La clausola penale realizza, quindi, una forma di tutela convenzionale dell'interesse del creditore che si attua (in linea generale) attraverso la creazione di un rapporto obbligatorio (oggettivamente) nuovo in luogo, o a fianco, come nel caso della penale dovuta per il ritardo nell'adempimento, di quello originario, in cui il potere di esigere la sanzione invece della prestazione o del risarcimento trova la propria fonte in un atto di autonomia delle parti.[223]

A verificação da função desempenhada pela cláusula penal na tutela da relação obrigacional, sob outro viés, opera-se de maneira diversa consoante sua modalidade, haja vista o distinto fato a que se vinculam: enquanto a cláusula penal compensatória atrela-se ao descumprimento absoluto da obrigação (e implica sua consequente extinção),[224] a moratória liga-se ao inadimplemento relativo (e de sua imposição não decorre qualquer efeito extintivo). Cuida-se de momentos com lógicas diversas – inadimplemento absoluto e mora – à luz da manutenção de interesse na prestação, de modo que a atribuição de determinada função (punitiva, coercitiva, indenizatória, garantista) à cláusula penal não prescinda, em um cenário de inserção do instituto no escopo obrigacional delineado pelas partes, da identificação da modalidade assumida pela cláusula penal (moratória ou compensatória).[225]

---

[223] *Ibidem*, p. 167.

[224] "As perdas e damnos a que tem direito o credor, pedindo a rescisão, já estão preliquidados na pena, pelo que o credor só tem o direito à rescisão e à pena, e não à rescisão e a perdas e damnos liquidáveis pelo meio comum" (FULGÊNCIO. *Manual do Código Civil Brasileiro*, v. 10, p. 394). Ao mencionar a cláusula penal para inexecução total da obrigação, Cristiano Chaves de Farias assevera que: "Veda-se, pois, a cumulação do recebimento da multa com o gozo do adimplemento obrigacional, até porque pagando aquela o devedor, libera-se do vínculo, uma vez que se trata, exatamente, de indenização fixada antecipadamente". (FARIAS, Cristiano Chaves de. Miradas sobre a cláusula penal no direito contemporâneo: à luz do direito civil-constitucional, do Código Civil de 2002 e do CDC. In: FARIAS, Cristiano Chaves de (Org.). *Leituras complementares de direito civil*: o direito civil-constitucional em concreto. 2. ed. Salvador: JusPODIVM, 2009. p. 263-264.)

[225] Ressalte-se, contudo, que há doutrina segundo a qual a distinção entre cláusula penal moratória e compensatória não traduz distinção a respeito das funções desempenhadas

CAPÍTULO 1
O DEBATE EM TORNO DA CLÁUSULA PENAL

77

Na medida em que a cláusula penal moratória é deflagrada com o inadimplemento relativo e a compensatória se vincula ao descumprimento absoluto, a qualificação da cláusula penal no caso concreto requer a apuração das características e efeitos do inadimplemento (absoluto) e da mora no direito brasileiro.

---

por cada uma delas. Veja-se, nesse sentido: "não obstante a dificuldade prática de se diferenciarem as espécies em epígrafe na casuística, ou seja, se a estipulação referiu-se ao completo inadimplemento da obrigação, sendo compensatória, ou a alguma cláusula específica ou à mora, sendo moratória, parece-nos ser inexistente, senão no que concerne ao regime jurídico aplicável (possibilidade de cumulação ou não com o cumprimento da obrigação principal), a distinção da natureza jurídica entre as espécies, conforme a sua finalidade, em virtude de que ambas se entrelaçam, ou seja, não há uma diferença de natureza fundamental entre elas, tanto uma como a outra visam a evitar o inadimplemento culposo, sujeitando o devedor a uma pena". (BENACCHIO, Marcelo. Cláusula penal: revisão crítica à luz do Código Civil de 2002. In: NANNI, Giovanni Ettore (Coord). *Temas relevantes do direito civil contemporâneo*. São Paulo: Atlas, 2008. p. 382.)

CAPÍTULO 2

AS MODALIDADES DE CLÁUSULA PENAL NO DIREITO BRASILEIRO

2.1 Inadimplemento e mora no direito brasileiro

O não cumprimento[226] da obrigação pode representar o perecimento do interesse do credor na obrigação ou implicar apenas abalo no vínculo, incapaz de soterrar as expectativas decorrentes do ajuste.[227] No primeiro caso, considerando-se exclusivamente as hipóteses de descumprimento imputáveis ao devedor,[228] verifica-se

---

[226] Na definição de Antunes Varela: "O não cumprimento é, neste sentido, a situação objetiva de não realização da prestação debitória e de insatisfação do interesse do credor, independentemente da causa de onde a falta procede". (VARELLA. *Das obrigações em geral*, v. 2, p. 60.)

[227] Ressalte-se, por oportuno, que a afirmação considera exclusivamente os casos em que a prestação ainda é possível, haja vista que, consoante já se salientou em doutrina, existindo "impossibilidade definitiva e total da prestação, não se põe nenhuma dificuldade para o reconhecimento do incumprimento definitivo". (AGUIAR JÚNIOR. *Extinção dos contratos por incumprimento do devedor*, p. 130.)

[228] A restrição se justifica pelo recorte traçado na presente obra, voltada às hipóteses em que se verifica a responsabilidade do inadimplente. Nada obstante, consoante leciona Lacerda de Almeida, "O não cumprimento da obrigação ou o seu cumprimento de modo incompleto e irregular assim como pode provir de circunstância alheia à vontade do devedor, pode também ter por causa fato ou omissão que lhe seja imputável. No primeiro caso, desonera-o legítimo impedimento, o qual pode ser ocasionado pelo próprio credor ou por caso fortuito ou força maior; o credor acarreta naturalmente com o prejuízo". (LACERDA DE ALMEIDA, Francisco de Paula. *Obrigações*. 2. ed. Rio de Janeiro: Revista dos Tribunais, 1916. p. 158.)
Seja consentido remeter, a respeito das controvérsias sobre o conceito de imputabilidade, à nota de rodapé nº 36, *supra*. Ressalte-se, contudo, que a própria doutrina que defende o conceito assevera que, no âmbito da cláusula penal se requer culpa em sentido estrito. (MARTINS-COSTA. *Comentários ao Novo Código Civil*, v. 5, t. 2, p. 634-635.)

o inadimplemento absoluto; no segundo, o inadimplemento relativo ou mora. Muito embora se trate de distinção amplamente difundida em doutrina, a identificação desses momentos se mostra assaz controversa,[229] em função da caracterização do interesse do credor na prestação. A avaliação quanto à permanência do interesse no cumprimento da obrigação, na perspectiva clássica, em que o vínculo obrigacional traduzia integral subordinação do devedor, era relegada ao alvedrio do credor: no momento da prestação caberia a ele se manifestar a respeito de sua utilidade e, se assim entendesse, enjeitá-la. Tal concepção, contudo, vem sendo questionada.[230] Com efeito, na esteira das observações efetuadas no item 1.2.5, o próprio conceito de relação obrigacional alterou-se profundamente: sob a influência do princípio constitucional da solidariedade (art. 3º, I)[231] e da boa-fé objetiva,[232] a relação entre devedor e credor passou a se caracterizar pela mútua cooperação para o alcance da finalidade por eles delineada. O devedor, outrora visto como sujeito existente apenas para atender aos desejos

---

[229] "Requisito da resolução é o incumprimento definitivo, e um dos temas mais árduos é estabelecer quando a falta de uma prestação ainda possível assume essa condição, por perda de interesse do credor". (AGUIAR JÚNIOR. *Extinção dos contratos por incumprimento do devedor*, p. 95.)

[230] A mudança é traduzida com exatidão por Anderson Schreiber: "Urge, deste modo, revisitar o critério distintivo entre o inadimplemento absoluto e o inadimplemento relativo para compreender de forma mais equitativa a usual fórmula do *interesse do credor*. A doutrina tradicional afirma que, nesta matéria, 'o interesse do devedor acha-se subordinado ao do credor'. Todavia, cumpre reconhecer que o adimplemento dirige-se não à satisfação arbitrária do credor, mas ao atendimento da função sócio-econômica, identificada com a própria causa do ajuste estabelecido entre ambas as partes" (SCHREIBER. A tríplice transformação do adimplemento, p. 15). E remata: "Se o comportamento do devedor alcança aqueles efeitos essenciais que, pretendidos concretamente pelas partes com a celebração do negócio, mostram-se merecedores de tutela jurídica, tem-se o adimplemento da obrigação, independentemente da satisfação psicológica ou não do credor".

[231] Sobre o princípio constitucional da solidariedade, veja-se: MORAES, Maria Celina Bodin de. O princípio da solidariedade. In: MORAES, Maria Celina Bodin de. *Na medida da pessoa humana*: estudos de direito civil-constitucional. Rio de Janeiro: Renovar, 2010. p. 237-265.. Sobre as aplicações e consequências na teoria do direito obrigacional, cf. NANNI. O dever de cooperação nas relações obrigacionais à luz do princípio constitucional da solidariedade, p. 283-321.

[232] A boa-fé objetiva, consoante já salientado à exaustão por diversos e substanciosos trabalhos, representou verdadeiro divisor de águas no direito obrigacional. Nesse sentido, confira-se: MARTINS-COSTA. *A boa-fé no direito privado*; SCHREIBER, Anderson. *A proibição do comportamento contraditório*: tutela da confiança e *venire contra factum proprium*. 3. ed. Rio de Janeiro: Renovar, 2012; NEGREIROS, Teresa. *Teoria do contrato*: novos paradigmas. 2. ed. Rio de Janeiro: Renovar, 2006. p. 115-155.

do credor, passou a compor também com seus interesses o ajuste,[233] na compreensão da relação obrigacional como situação jurídica subjetiva.[234] Ademais, também como consequência da revisão do direito obrigacional na legalidade constitucional, a noção de inadimplemento atravessou mudanças significativas. Tradicionalmente, compreendia-se que o escorreito cumprimento da obrigação se concentrava no desempenho da prestação principal, abstratamente considerada, cabendo ao devedor ofertá-la nos exatos tempo, modo e lugar convencionados, à luz do princípio da pontualidade. A análise do cumprimento e do descumprimento da obrigação restava centralizada, portanto, em seu conteúdo, avaliado exclusivamente de acordo com a modalidade convencionada pelas partes (obrigação de dar, de fazer, de não fazer).

Na visão estática da obrigação que inspira aludida perspectiva, as circunstâncias atinentes ao adimplemento apenas devem ser avaliadas no momento da exigibilidade da prestação principal: o comportamento dos sujeitos ativo e passivo antes, durante e após essa ocasião não se afiguram relevantes para determinar o descumprimento da obrigação. Nesse cenário, no clássico exemplo aludido por Clóvis do Couto e Silva,[235] não se poderia cogitar de inadimplemento na hipótese de contratação de elaboração de cartaz luminoso de propaganda que tenha sido instalado em local de baixa movimentação, caso a exata localização do anúncio não houvesse sido previamente estipulada pelas partes.[236] Apresentada adequadamente a prestação principal (confecção de cartaz luminoso), adimplida restava a obrigação.

Como evidencia com maestria o exemplo citado, a análise do inadimplemento à luz exclusivamente do desempenho da prestação principal conduzia, em determinados casos, ao esvaziamento dos interesses perseguidos pelas partes. Trata-se de visão estrutural, incompatível com a percepção de que a obrigação constitui processo

---

[233] Anderson Schreiber aduz à transformação da concepção de obrigação (de vínculo de subordinação do devedor à vontade do credor) para conceito complexo, composto de feixos de situações jurídicas subjetivas, em liame cooperativo destinado à consecução de um objetivo comum: "A própria noção de obrigação, identificada com um vínculo de submissão do devedor ao credor, vem sendo, gradativamente, abandonada em favor do conceito mais equilibrado de relação obrigacional, composta por direitos e deveres recíprocos, dirigidos a um escopo comum". (SCHREIBER. A tríplice transformação do adimplemento, p. 8-9.)

[234] Sobre a complexidade das situações subjetivas (e a consequente superação do paradigma do direito subjetivo), cf. PERLINGIERI, Pietro. *O direito civil na legalidade constitucional*, p. 676 *et seq.*

[235] O insuperável didatismo do exemplo já foi salientado por AGUIAR JÚNIOR. *Extinção dos contratos por incumprimento do devedor*, p. 135.

[236] COUTO E SILVA. *A obrigação como processo*, p. 41.

complexo, direcionado à determinada finalidade,[237] no qual à prestação principal se agregam diversos deveres de conduta, igualmente necessários para o atingimento do fim obrigacional.[238]

O conceito de adimplemento (e, por consequência, de inadimplemento) transformou-se para contemplar a verificação da finalidade delineada pelas partes com a obrigação, o atendimento aos "efeitos essenciais do negocio jurídico concretamente celebrado pelas partes".[239] A análise do cumprimento supera, assim, o simples desempenho da prestação principal (estruturalmente considerada), devendo ser analisada no caso concreto a influência de deveres considerados acessórios em abstrato na função da relação obrigacional.[240] Nesse cenário, a configuração do inadimplemento relaciona-se com a frustração do programa obrigacional, com o não atingimento da finalidade estabelecida pelas partes, o que pressupõe a avaliação em concreto da relevância de deveres laterais (que podem ou não ter sido vislumbrados expressamente pelas partes)[241] à prestação principal.[242]

---

[237] "Além de considerar a relação obrigacional como sendo uma relação complexa, a doutrina moderna afirma que a relação obrigacional não pode ser vista de forma estática. Pelo contrário, a relação obrigacional se desenvolve como um processo, polarizado pelo seu adimplemento como a satisfação das partes, que é o seu fim. Como todo processo, a obrigação caminha para algo, este algo é o adimplemento que, por sua vez, é o próprio fundamento de existência da obrigação". (SAVI, Sergio. Inadimplemento das obrigações, mora e perdas e danos: (arts. 389 a 405). In: TEPEDINO, Gustavo (Coord.). *Obrigações*: estudos na perspectiva civil-constitucional. Rio de Janeiro: Renovar, 2005. p. 459.)

[238] "O foco de semelhante noção [adimplemento compreendido como desempenho da prestação principal] se volta para o aspecto estrutural do adimplemento, correspondente ao cumprimento da prestação principal. A estreiteza de tal leitura compromete a compreensão da relação obrigacional como realidade complexa, na qual incidem deveres de conduta impostos diretamente pela sistemática obrigacional, e cujo escopo reside na satisfação dos interesses objetivos das partes". (TERRA, Aline de Miranda Valverde. *Inadimplemento anterior ao termo*. Rio de Janeiro: Renovar, 2009. p. 82.)

[239] SCHREIBER. A tríplice transformação do adimplemento, p. 15. No já citado estudo, o autor aduz a três distintas transformações: temporal, conceitual e consequencial (*ibidem*, p. 10).

[240] Com efeito, apenas à luz da função do ajuste é possível caracterizar a natureza acessória ou principal de determinados deveres. Há que os inserir na dinâmica do ajuste e apenas então apurar sua essencialidade para a causa da avença, sob pena de se remeter a uma perspectiva estática.

[241] Tais deveres podem decorrer da lei, como assevera MARTINS-COSTA. *A boa-fé no direito privado*, p. 395.
O princípio da boa-fé objetiva, como já destacado, representou divisor de águas no direito obrigacional, atribuindo-lhe a doutrina três funções distintas: (i) criadora de deveres anexos; (ii) restrição de direitos; e (iii) interpretação dos ajustes. Cf. Teresa Negreiros: "A abrangência do princípio é contornada mediante uma tripartição das funções da boa-fé, quais sejam: (i) cânon interpretativo-integrativo; (ii) norma de criação de deveres jurídicos; (iii) norma de limitação ao exercício de direitos subjetivos". (NEGREIROS. *Teoria do contrato*, p. 118-119.)

[242] Em lição que demonstra a relevância desses deveres "acessórios", explicita Aguiar Júnior (*Extinção do Contrato por incumprimento do devedor*, p. 94): "O descumprimento da obrigação

Nas palavras de Aline de Miranda Valverde Terra, deve-se avaliar a *prestação devida* em todas as suas peculiaridades:

A partir da concepção funcionalizada da relação obrigacional, alarga-se a noção de seu objeto, que deixa de ser entendido como a prestação principal, para ser concebido como a *prestação devida*, constituída não apenas pelo dever primário de prestação, mas também pelo dever secundário de prestação, bem como pelos deveres de conduta impostos pela boa-fé objetiva. (…) A consequência de tal violação – mora ou inadimplemento absoluto – depende de sua repercussão na prestação devida, vale dizer, depende da possibilidade de o credor ainda receber a prestação (isto é, se ainda é possível para o devedor prestá-la e para o credor recebê-la com utilidade).[243]

A função da obrigação, que servirá de bússola para a apuração de seu adimplemento, não coincide com o simples interesse subjetivo do credor,[244] mas contempla, ainda, aqueles merecedores de tutela do devedor,[245] bem como exteriores aos próprios sujeitos da obrigação.[246] A utilidade da prestação, por conseguinte, deve ser identificada à luz do concreto regulamento de interesses contemplado pelas partes.[247]

---

acessória pode motivar a resolução quando tornar impossível ou gravemente imperfeita a prestação principal".

[243] TERRA. *Inadimplemento anterior ao termo*, p. 218.

[244] Não se quer com isso rebater a inafastável circunstância de que a obrigação é constituída para atender ao interesse do credor: esse, todavia, deve ser apurado de acordo com o objetivamente posto na disciplina obrigacional.

[245] A relevância de interesses de que o devedor é titular é salientada em especial na apuração do exercício de direito de resolução pelo credor, consoante evidencia o estudo de Roberta Mongillo, no qual destaca a "necessità di prendere in considerazione, al fine di assicurare l'adeguatezza del rimedio, gli interessi del debitore, i quali, sebbene debbano essere collocati su un piano subordinato rispetto a quelli del creditore, non possono essere ignorati, poiché il rimedio risolutorio trova comunque un limite nell'interesse del contraente inadempiente". (MONGILLO, Roberta. *Inadempimento e risoluzione di diritto*. Napoli: Esi, 2012. p. 216-217.)

[246] O entendimento vai ao encontro do exposto no Enunciado nº 162 das Jornadas de Direito Civil do Conselho da Justiça Federal: "A inutilidade da prestação que autoriza a recusa da prestação por parte do credor deverá ser aferida objetivamente, consoante o princípio da boa-fé e a manutenção do sinalagma, e não de acordo com o mero interesse subjetivo do credor".

[247] TERRA. *Inadimplemento anterior ao termo*, p. 100: "Busca-se identificar a utilidade objetivada, extraída a partir da operação econômica em causa, isto é, a partir do que as partes dispuseram no comum regulamento de interesses". Veja-se, também: "a aferição da utilidade da prestação há de ser feita com base em critérios objetivos, visualizando-se todo o programa contratual de fora, e não apenas a partir da individual subjetividade do credor – o que poderia ensejar arbitrariedades e chancelar simples caprichos –, sob pena de se sufragar e recair em vetusta orientação voluntarista". (FURTADO, Gabriel Rocha. *Mora e inadimplemento substancial*. São Paulo: Atlas, 2014. p. 31.)

A partir da compreensão de que a relação obrigacional consiste em processo direcionado ao atendimento de finalidade objetivamente apreensível, para além da já mencionada alteração do próprio conceito de adimplemento, superou-se também a avaliação temporalmente estática do descumprimento estabelecida pela doutrina tradicional. Dito de outro modo, o inadimplemento pode restar configurado antes mesmo do vencimento da obrigação, não se mostrando razoável impor ao credor que aguarde o transcurso do termo – ainda que em benefício do devedor – na hipótese de a utilidade da obrigação restar terminantemente comprometida.[248] Ou seja, constatado que a prestação devida não será desempenhada, atribuem-se ao prejudicado os remédios conferidos pelo ordenamento, consoante os efeitos do inadimplemento (configurado antecipadamente) no programa obrigacional.

O reconhecimento de que a utilidade da prestação deve ser compreendida objetivamente implicou, ainda, a limitação do âmbito do poder de resolução conferido ao credor, que se tornou *"ratio* extrema",[249] legitimamente invocada apenas quando evidenciada ruptura na causa da obrigação.[250] Em outras palavras, mesmo havendo descumprimento da obrigação e invocando o credor a faculdade de resolver o ajuste, alegando, portanto, perda de seu interesse na prestação, torna-se viável a manutenção do pacto, caso se apure, à luz das circunstâncias

---

[248] "mesmo antes do vencimento da obrigação, a recusa do devedor em cumprir a prestação no futuro já se equipararia ao inadimplemento, autorizando ao credor o ingresso em juízo para pleitear o cumprimento da prestação ou mesmo a resolução do vínculo obrigacional com a condenação do devedor às perdas e danos". (SCHREIBER. A tríplice transformação do adimplemento, p. 11.)

[249] A expressão é de Anderson Schreiber, *op. cit.*, p. 25.

[250] No direito italiano, tal conclusão é sustentada por Roberta Mongillo (*Inadempimento e risoluzione di diritto*), cujo trabalho expõe a necessidade de não apenas atender ao disposto no princípio da conservação dos contratos, mas também de observar (i) a relevância do inadimplemento para a tutela da parte inocente e, ao mesmo tempo, (ii) o equilíbrio entre o descumprimento e o remédio oferecido pelo ordenamento. Em suas palavras: "La risoluzione per inadempimento deve infatti consentire di salvaguardare in maniera adeguata l'interesse del contraente fedele senza imporre ala parte inadempiente un sacrificio non proporzionato: in altre parole deve permettere di raggiungere un giusto punto di equilibrio fra le aspettative del creditore e le ripercussioni subite dal debitore" (p. 172). E remata: "le istanze costituzionali di utilità e di solidarietà sociale di cui agli artt. 41, comma 2, e 2 Cost., che impongono di fondare la meritevolezza del potere di risoluzione sull'entità e sull'importanza dell'inadempimento, in quanto derogante al principio di conservazione del contratto, appaiono oggi sempre più rilevanti, anche ala luce del modello sociale europeo" (p. 287).
De acordo com a teoria defendida pela autora, com a superação do voluntarismo e o reconhecimento de que os atos de autonomia devem necessariamente passar por juízo de tutela, deve-se intervir também na determinação da configuração do perecimento do interesse do credor.

objetivamente dispostas pelas partes na gênese da obrigação e que configuram a utilidade da prestação, que o não cumprimento não a pulverizou.

Tais observações trazidas pela doutrina que procura revisitar os conceitos da dogmática do direito das obrigações demonstram que a avaliação da utilidade da prestação (i) apenas pode ser realizada no caso concreto, diante do complexo de interesses que compõem a lógica obrigacional e (ii) é objetivamente apreensível, permitindo avaliar o impacto dos comportamentos supervenientes à constituição da obrigação nos efeitos perseguidos pelas partes com o ajuste. Aludidas conclusões auxiliam a identificação dos limites entre mora e inadimplemento absoluto no caso concreto.

O descumprimento relativo da obrigação encontra-se costumeiramente associado à inobservância do prazo convencionado entre as partes, ou seja, a ausência de prestação ou sua incompletude no tempo ajustado.[251] A visão restritiva da mora, isto é, vinculada apenas ao aspecto temporal, contudo, não esgota o conceito no direito brasileiro, que, de acordo com a feição conferida pelo art. 394 do Código Civil, abrange circunstâncias que excedem o mero retardo na prestação.[252]

Com efeito, trata-se a mora de conceito amplo, pressupondo a avaliação também dos elementos relativos ao modo e lugar da prestação.[253] Havendo incorreções no cumprimento da obrigação, imputáveis seja ao devedor, seja ao credor, restará caracterizado o inadimplemento relativo, o qual abarca, pois, todas as hipóteses de cumprimento defeituoso em que subsista o interesse na prestação.[254]

O que singulariza a mora em relação ao inadimplemento absoluto consiste no fato de que, no primeiro caso, a irregularidade no

---

[251] GOMES. *Obrigações*, p. 201. No direito português, "Pode assim definir-se a mora como o atraso ou retardamento no cumprimento da obrigação". (VARELLA. *Das obrigações em geral*, v. 2, p. 63.)

[252] "Considera-se em mora o devedor que não efetuar o pagamento e o credor que não quiser recebê-lo no tempo, lugar e forma que a lei ou a convenção estabelecer".

[253] Nas palavras de Ruy Rosado de Aguiar Júnior: "A 'mora' se caracteriza quando o cumprimento é feito em desatenção ao tempo, ao lugar e forma previstos na lei ou na convenção (art. 394 do Código Civil), aí reunidos não apenas os casos de demora (fator temporal), mas também os demais cumprimentos com defeito quanto ao lugar e forma". (AGUIAR JÚNIOR. *Extinção dos contratos por incumprimento do devedor*, p. 117.)

[254] "(...) a mora, via de regra, manifesta-se por um retardamento, embora, em face do nosso Código, e rigorosamente falando, ela seja antes a imperfeição no cumprimento da obrigação. (...) De sorte que, para formular um conceito unitário da mora do devedor e do credor, em nosso direito, diremos que ela é o não pagamento culposo, bem como a recusa de receber no tempo, lugar e forma devidos". (ALVIM. *Da inexecução das obrigações e suas consequências*, p. 9-10.)

cumprimento pode "ainda ser corrigida de forma a atender ao interesse dos envolvidos".[255] O inadimplemento relativo, pois, pressupõe que, embora haja descumprimento, mantém-se o interesse na obrigação: a irregularidade no cumprimento convive com a finalidade que justifica a obrigação. Trata-se do paradigma que opõe inadimplemento (absoluto) e mora, na clássica lição de Agostinho Alvim:

> Dá-se o inadimplemento absoluto quando a obrigação não foi cumprida, nem poderá sê-lo, como no caso de perecimento do objeto, por culpa do devedor. Mais precisamente: quando não mais subsiste para o credor a possibilidade de receber. Haverá mora no caso em que a obrigação não tenha sido cumprida no lugar, no tempo ou na forma convencionados, subsistindo, em todo o caso, a possiblidade de cumprimento.[256]

O defeito que caracteriza o inadimplemento absoluto, portanto, deve ser aquele que implica a frustração do escopo obrigacional, que impeça que sejam atingidos, ao fim e ao cabo, os efeitos essenciais do ajuste. Dito de outro modo, ainda que se permitisse ao moroso emendar sua conduta e a prestação fosse, então, irretocavelmente ofertada, o interesse perseguido pelo ajuste não seria atingido. Ou seja, a incorreção da prestação fez perecer a substância da obrigação, sua razão justificadora.

Por conseguinte, mesmo diante do descumprimento, caso se mostre possível, o alcance dos objetivos traçados pelas partes trata-se de simples mora.[257] Tal perspectiva serve de justificação para a teoria do adimplemento substancial: verificado que o inadimplemento não elide o objetivo da relação obrigacional, a jurisprudência, com o apoio da doutrina,[258] conquanto reconheça existir inadimplemento pelo qual deve responder o devedor, qualifica-o como incapaz de abalar a utilidade da prestação.[259]

---

[255] TEPEDINO; SCHREIBER. *Código Civil comentado*, v. 4, p. 357.

[256] ALVIM. *Da inexecução das obrigações e suas consequências*, p. 7.

[257] "Não basta, porém, uma perda subjetiva de interesse na prestação. É necessário, diz o nº 2 do artigo 808º, que essa perda de interesse transpareça numa apreciação objectiva da situação". (VARELLA. *Das obrigações em geral*, v. 2, p. 122.)

[258] Sobre o tema, ver BECKER, Anelise. Inadimplemento antecipado do contrato. *Revista de Direito do Consumidor*, v. 12, out./dez. 1994.

[259] Tal procedimento não afasta a necessidade de valorar, no caso concreto, questões relacionadas aos titulares das obrigações que, merecedoras de tutela, também podem influenciar na identificação da modalidade de inadimplemento.

Assim, a distinção entre inadimplemento absoluto e mora, no caso concreto, parte da verificação dos efeitos do descumprimento no programa obrigacional, sendo possível afirmar haver não cumprimento definitivo apenas nas hipóteses em que frustrado em absoluto o escopo da obrigação.[260] Cuida-se, como salienta a doutrina, de investigação que deve considerar a função da relação obrigacional.[261]

Aludida valoração foi, por exemplo, empreendida pelo Tribunal de Justiça de São Paulo, ao analisar contrato de locação de espaço para fins publicitários entre determinada companhia telefônica e rede de academias, em que estava incluída a divulgação dos produtos da primeira em dez filiais pelo prazo de um ano. Ajustando-se contraprestação em dinheiro, compreendeu que o temporário fechamento de duas filiais não consistia em razão suficiente para a extinção do ajuste. Considerou-se que a alegação da operadora de telefonia de que as duas sedes consistiam as mais importantes e que justificavam a contraprestação não encontrava esteio no ajuste pactuado pelas partes, de modo que "não se pode dizer que o cerne do contrato chegou a ser atingido pelo inadimplemento da requerida".[262]

A verificação da utilidade da prestação à luz da função do ajuste conferida pelas partes também inspirou acórdão do Tribunal de Justiça do Rio Grande do Sul na apreciação de demanda relativa a contrato rural

---

[260] Nas palavras de Araken de Assis, cuida-se de apurar se a situação é irreversível do ponto de vista da lógica obrigacional: "Uma vez patenteada a irreversibilidade do descumprimento, comum aos exemplos, ocorre o *inadimplemento absoluto*". (ASSIS, Araken de. *Resolução do contrato por inadimplemento*. 4. ed. São Paulo: Revista dos Tribunais. 2004. p. 104.)

[261] "Inversamente, porém, pode ocorrer que o credor já não mais tenha interesse, pois a prestação já não lhe é mais útil, o que é avaliado *in concreto*, tendo em conta a ponderação entre fatores objetivos (como a função e o fim econômico-social da prestação, àquilo a que ela normalmente visa satisfazer conforme o *id quod plerumque accidit*), e fatores relativos aos sujeitos (como a conduta das partes no curso da relação e o impacto do não-cumprimento na relação, tendo em vista a legítima expectativa do credor, etc.)." (MARTINS-COSTA. *Comentários ao Novo Código Civil*, v. 5, t. 2, p. 219.)

[262] Confira-se a ementa do aludido acórdão: "Contrato de locação de espaço publicitário cessão de espaços distribuídos em 10 academias de ginásticas. Interrupção do funcionamento de duas unidades por curto período de tempo. Reinauguração em local diverso, mas de maior porte inadimplemento mínimo que não autoriza a rescisão do contrato. Possibilidade de integral cumprimento, ainda que extemporâneo, sem perda de utilidade para o credor. O direito de opção pela resolução do contrato diante do inadimplemento, previsto no art. 475 do CC, não pode ser exercido arbitrariamente, devendo o credor levar em consideração os princípios da manutenção dos contratos e da boa-fé objetiva. Nesse sentido, o inadimplemento relativo funciona como um limitativo desse direito, forçando o credor a exigir o cumprimento da avença, tal qual originalmente prevista, nas hipóteses em que a prestação extemporânea mantém a sua utilidade ou, caso contrário, o abatimento proporcional do preço. Recurso provido". (TJSP, Ap. Civ. 9204284-07.2006.8.26.0000, 30ª Câmara de Direito Privado, Rel. Des. Andrade Neto, julg. 21.9.2011.)

VIVIANNE DA SILVEIRA ABILIO
CLÁUSULAS PENAIS MORATÓRIA E COMPENSATÓRIA – CRITÉRIOS DE DISTINÇÃO

(que englobava parceria pecuária e agrícola), em que ambas as partes alegavam ter ocorrido o inadimplemento integral da avença. Por um lado, os arrendadores pleiteavam a extinção do vínculo em virtude de incorreção no pagamento de quatro parcelas, além de outras obrigações relativas à propriedade; o arrendatário, por outro, acusava os herdeiros do proprietário de terem-no privado da possibilidade de efetuar a colheita tempestiva da safra, a ensejar descumprimento absoluto da parceria agrícola. O Tribunal rejeitou a verificação de descumprimento absoluto pelo arrendatário, destacando que o atraso nas prestações não teria o condão de impactar a *essência* do ajuste:

> No caso dos autos houve uma sequência de pagamentos a menor por força de uma autotutela equivocadamente utilizada pelo demandado, mas que *nem de longe atingiu a substância ou a essência do que havia sido contratado.*[263]

---

[263] TJRS, Ap. Cív. 70050311786, 10ª CC, Rel. Des. Túlio de Oliveira Martins, julg. 23.5.2013, grifo nosso. O acórdão encontra-se assim ementado: "Contratos agrários. Rescisão contratual e reintegração de posse. Reparação de danos. Ação e reconvenção. Avença cumprida quase na totalidade; descumprimento insignificante. Estatuto da terra. Função social da sociedade. Preservação do principio da boa-fé contratual que informa o direito brasileiro. Sentença reformada para julgar improcedente a ação e procedente a reconvenção. Negócio jurídico nuclear substanciado em contrato de parceria pecuária e agrícola atinente basicamente ao plantio de 300 hectares de soja e à criação de gado, esta limitada a 572 cabeças. A vertente ação, de natureza principal, foi ajuizada por João e Henrique, herdeiros e sucessores de Vicente – o proprietário –, pedindo em linhas gerais indenização e o despejo de Getúlio – o arrendatário. Este, à sua vez em sede de reconvenção pugnou pela rescisão do contrato por falta grave dos autores que o teriam impedido de colher a safra e diversos prejuízos, em especial pela deterioração dos equipamentos. O Dr. Juiz de Direito ao julgar procedente o pedido apontou inadimplementos parciais nos meses de Dezembro/2004, Janeiro/2005 e integrais em Fevereiro e Março de 2005, totalizando R$ 12.500,00 (doze mil e quinhentos reais), dívida esta referente apenas às prestações do contrato de parceria pecuária. A partir do próprio raciocínio da sentença, mas também da análise da documentação trazida ao processo, pode-se concluir que não havia divergência quanto à parceria agrícola, cujas prestações e contraprestações em momento algum foram objeto de debate. Ficou assim o litígio restrito à parceria rural e à apontada quebra nas prestações carregadas a Getúlio dentro do sinalagma do contrato. A possibilidade do exercício do direito de resolução não é absoluta ou ilimitada, devendo se pautar, no caso de inadimplemento, por falta significativa que implique de forma material o descumprimento por uma das partes contratantes. No caso dos autos houve uma sequência de pagamentos a menor por força de uma autotutela equivocadamente utilizada pelo demandado, mas que nem de longe atingiu a substância ou a essência do que havia sido contratado. No caso em exame em verdade ocorreram tanto a prestação quanto a contraprestação. Aos autores caberia, no plano teórico, apenas um pedido indenizatório, mas jamais resolutório. (…) Caso pois de ser reconhecido o direito de Getúlio a ser indenizado pelo armazém, pelos animais e pelas máquinas na forma e nos valores da perícia técnica constante no processo. Existe igualmente um pedido feito pelo requerido Getúlio de reintegração possessória dos bens e máquinas transferidos para a fazenda Vitória, que foi negado na sentença e que vai aqui deferido, devendo ser o reconvinte reempossado nos bens constantes na perícia em resposta

CAPÍTULO 2
AS MODALIDADES DE CLÁUSULA PENAL NO DIREITO BRASILEIRO | 89

À diversa conclusão chegou o Tribunal no que tange ao descumprimento imputável aos arrendadores: na medida em que a colheita da safra pelo arrendatário consistia em ponto fundamental do ajuste, na esteira da legislação pertinente,[264] a privação desta, considerada injusta pelos julgadores, implicou o perecimento da utilidade da prestação para o arrendatário.[265]

---

explicita a tal quesito. A decisão apelada condenou o réu ao pagamento de indenização no valor de R$ 176.000,00 (cento e setenta e seis mil reais/data do laudo), dos quais R$ 160.000,00 (cento e sessenta mil reais) referentes a colocação de calcário na terra. No caso não apenas a sentença partiu de enfoque equivocado como também deixou de observar qualquer proporcionalidade, já que tal beneficiamento do solo deveria se dar ao longo de quatro anos, mas em verdade o réu dispôs fisicamente do mesmo por apenas um ano, o que apenas destaco por apreço à dialética, já que o ponto foi superado pela improcedência da ação. Provida a apelação de Getulio Puhl Martini para julgar improcedente a ação movida por João Silla Lopes de Almeida e Henrique Silla Lopes de Almeida e igualmente julgar procedente a reconvenção manejada em sede de resposta por Getulio Puhl Martini. Ação. Não parece ser viável imputar aos autores qualquer responsabilidade em relação à lavoura de soja da safra 2004/2005. Ante a ausência de elemento seguro de prova, o valor contratado pelo plantio de soja (2004/2005) deve ser pago aos autores, bem como a colocação do calcário e uréia. O adimplemento substancial do contrato, salvo melhor juízo, não pode ser reconhecido neste caso. Inexiste motivo justificado para revisão do valor acertado. Disso resulta que o inadimplemento do réu motivou a rescisão do contrato. O pedido de condenação das parcelas devidas deve ser acolhido. A retribuição pelo uso da área com animais até o dia 18-3-2005 (cumprimento da medida cautelar de arresto). O valor pela safra 2004/2005 deve ser adimplida pelo réu. Quanto ao calcário, restringe-se aos anos de 2004 e 2005. Deduzido o valor de R$ 15.000,00 pago pelo réu. Reconvenção: Parece ser devido o pagamento do valor correspondente às despesas de construção. Somente isso, o valor que custou o galpão deve ser ressarcido ao réu/reconvinte. Quanto à safra de 2004/2005, como já referido acima, não parece ser viável imputar aos autores. O pagamento pelo réu é devido conforme o contrato, o que afasta o direito à indenização nesta parcela. Vai aqui invertida a sucumbência, tanto em custas quanto em honorários. Por maioria apelação provida em menor extensão. Vencido em parte o relator".

[264] Veja-se o seguinte trecho do inteiro teor do acórdão: "o fato de que os autores inviabilizaram a tempestiva colheita lhes atrai as penas do art. 92, §1º, bem como do art. 95, I, da Lei 4.504/64 (Estatuto da Terra) em que fica determinado expressamente que o uso e o gozo do imóvel cedido devem ser garantidos pelo proprietário, além do que o arrendamento deverá terminar depois de concluída a colheita". O artigo 95 da Lei nº 4.504/1964 assim estabelece: Art. 95. Quanto ao arrendamento rural, observar-se-ão os seguintes princípios: I - os prazos de arrendamento terminarão sempre *depois de ultimada a colheita*, inclusive o de plantas forrageiras temporárias cultiváveis. *No caso de retardamento da colheita por motivo de força maior, considerar-se-ão esses prazos prorrogados nas mesmas condições, até sua ultimação.*

[265] Também nessa esteira, confiram-se as seguintes decisões: "Apelação. Cerceamento de defesa. Não ocorrência. Promessa de permuta. Outorga de escritura. Exceção do contrato não cumprido. Impossibilidade. Inadimplemento relativo. Utilidade da prestação. Reparação por perda e danos indevida. Ausência de prejuízo. 1. O julgamento antecipado da lide é faculdade do Magistrado, segundo o princípio do livre convencimento e da motivada apreciação da prova. A prova oral requerida era prescindível para a solução da lide. Ausência de cerceamento de defesa a justificar a anulação pretendida. 2. Em se tratando de contrato bilateral, as partes assumiram obrigações recíprocas, a permitir, em tese, a alegação da exceção do contrato não cumprido (art. 476, CC). Sucede que, no caso,

A seu turno, a doutrina vem tentando estabelecer parâmetros objetivos para determinar a espécie de inadimplemento – absoluto ou relativo – verificada no caso concreto à luz da utilidade da prestação.[266] Ruy Rosado de Aguiar Júnior, citando a Convenção de Viena de 1980 (Convenção das Nações Unidas para a Venda Internacional de Mercadorias),[267] relaciona a perda da utilidade à apuração da subsistência do interesse credor[268] – extraível das circunstâncias

---

a recusa dos proprietários do terreno em outorgar a respectiva escritura não podia ser amparada pela exceção prevista na Lei. O contrato celebrado entre as partes, na verdade, tem natureza de promessa de permuta, porque os apartamentos envolvidos na permuta ainda estavam em fase de construção, sendo impossível, portanto, o seu aperfeiçoamento naquele momento, com as outorgas recíprocas das escrituras. 3. Conquanto evidente a mora da construtora, que, 30 meses após a celebração da permuta, ainda não havia procedido à outorga das escrituras, não se mostra razoável autorizar a sua resolução, porque não está caracterizado o inadimplemento absoluto. Para se decretar a resolução do contrato, não basta que haja mora. É necessário que a prestação devida tenha se tornado inútil ao credor. 4. Cabe ao Magistrado, *à luz do princípio da manutenção dos contratos, verificar se, objetivamente, a prestação tornou-se inútil ao credor.* Ausente qualquer prova nesse sentido, é possível concluir que remanesce a utilidade da prestação às partes. Resolução afastada. 5. Ante a ausência de prejuízo às partes, indevida qualquer reparação por perdas e danos. 6. Afastado o pedido de resolução do contrato e estando todos os bens imóveis envolvidos no negócio aptos à imediata transferência, as escrituras devem ser mutuamente outorgadas. Recurso da autora da ação de obrigação fazer parcialmente provido, nos termos explicitados. Recurso dos autores da ação de resolução de contrato não provido". (TJSP, Ap. Cív. 9159647-97.2008.8.26.0000, 10ª Câmara de Direito Privado, Rel. Des. Carlos Alberto Garbi, julg. 4.12.2012, grifo nosso.)

[266] Em relação aos casos de impossibilidade (objetiva) superveniente da prestação, a doutrina destaca não haver dúvidas quanto ao inadimplemento absoluto: "L'ipotesi più chiara di inadempimento definitivo dovrebbe essere costituita dalla impossibilità sopravvenuta. Anche quando questo si verifica prima della scadenza del termine, siamo egualmente di fronte ad un inadempimento definitivo, e non ad un semplice ritardo, dato che non vi ha una situazione di incertezza – quale è essenzialmente quella del ritardo – sulla futura esecuzione della prestazione". (GIORGIANNI, Michele. Inadempimento. In: ENCICLOPEDIA del Diritto. Milão: Giuffrè, 1958. v. 20, p. 871.)

[267] Veja-se o art. 25: "Uma violação ao contrato cometida por uma das partes é essencial quando ela causa à outra parte um prejuízo tal que a prive substancialmente daquilo que ela teria direito de esperar do contrato, a menos que a parte faltosa não tenha previsto tal resultado e que uma pessoa razoável, com idêntica qualificação e na mesma situação, não o tivesse também previsto".

[268] "Como a utilidade deriva da capacidade da coisa ou do ato em satisfazer o interesse do credor, temo que a prestação inútil – que pode ser enjeitada e levar à resolução do contrato e mais perdas e danos – é a feita com atraso ou imperfeições tais que ofendam substancialmente a obrigação, provocando o desaparecimento do interesse do credor, por inutilidade. Ao reverso, quando, não obstante a mora, o cumprimento ainda é possível e capaz de satisfazer basicamente o interesse do credor ou quando, apesar da imperfeição do cumprimento, parcial ou com defeito, foram atendidos os elementos objetivos e subjetivos a serem atingidos pelo cumprimento, diz-se que o adimplemento foi substancial e atendeu às regras dos arts. 394, 935 e 389 do Código Civil, afastando-se a resolução". (AGUIAR JÚNIOR. *Extinção dos contratos por incumprimento do devedor*, p. 132.)

CAPÍTULO 2
AS MODALIDADES DE CLÁUSULA PENAL NO DIREITO BRASILEIRO | 91

concretas do negócio[269] –, salientando que o divisor de águas entre a mora e o inadimplemento passa pela análise da justificativa do negócio,[270] isto é, da própria "economia do contrato".[271;272]

Além de se diferenciarem quanto ao impacto que causam na lógica obrigacional, mora e inadimplemento absoluto distinguem-se, como não poderia deixar de ser, quanto às suas consequências.[273] Atribui-se à mora dois efeitos principais: a assunção, pelo inadimplente, dos riscos relativos ao perecimento do objeto da obrigação, ainda que decorrentes de caso fortuito ou força maior (*perpetuatio obligationis*)[274] e o

---

[269] "Os dados a se considerar, portanto, são de duas ordens: os elementos 'objetivos', fornecidos pela regulação contratual e extraídos da natureza da prestação, e o elemento 'subjetivo', que reside na necessidade de o credor receber uma prestação que atenda à carência por ele sentida, de acordo com a sua legítima expectativa e a tipicidade do contrato. Não se trata dos motivos ou desejos que, eventualmente, o animavam, mas da expectativa resultante dos dados objetivos fornecidos pelo contrato, por isso legítima". (*Ibidem*, p. 132-133.)

[270] "Para a avaliação, não será considerada apenas a quantidade ou a qualidade do cumprimento imperfeito ou moroso, com o que ele passará do grau do simples inadimplemento para o nível da resolução. A consideração deve ser compreensiva da globalidade do contrato, nas fases genética e funcional, atendendo a cláusulas, prestações, expectativas e comportamentos". (*Ibidem*, p. 134.)

[271] *Ibidem*, p. 135.

[272] Em estudo sobre o tema, Gabriel Rocha Furtado enumerou os seguintes critérios (que compõem, segundo defende, um processo unitário de avaliação): (i) "adequação temporal da prestação", a traduzir que haverá inadimplemento absoluto sempre em que o retardo na prestação impossibilitar o alcance da finalidade obrigacional; (ii) "adequação espacial da prestação", isto é, que a irregularidade quanto ao local a ser cumprido a obrigação caracteriza o inadimplemento absoluto apenas quando não mais contemplar reparo; (iii) "importância do inadimplemento", ou seja, a avaliação do impacto do descumprimento considerando o escopo da obrigação, à luz de todos os deveres envolvidos; (iv) também o "comportamento dos contratantes" deve ser considerado na avaliação da mora, a implicar a vedação da alegação da existência de inadimplemento absoluto caso a violação suscitada pelo credor colida com seu comportamento pretérito, ao ter, por exemplo, tolerado uma imperfeição que posteriormente queira utilizar para resolver o ajuste; e, por fim, (v) a "manutenção do sinalagma funcional", critério que guiaria os demais, cujo significado consiste na análise do impacto do descumprimento verificado na manutenção do equilíbrio (de modo que o inadimplemento pode ser considerado absoluto caso a prestação conforme convencionada resulte em desproporcionalidade). (FURTADO. *Mora e inadimplemento substancial*, p. 95-118 em especial.)

[273] Como salienta a doutrina, a importância da apuração (mora X inadimplemento) se reflete quanto ao regime jurídico: "Sob a designação genérica de *não cumprimento*, que encabeça, ao lado do *cumprimento*, um dos capítulos mais importantes do Livro das Obrigações, cabem, assim, situações muito diferentes, que importa distinguir e classificar, visto não ser o mesmo o regime jurídico que lhes compete". (VARELA. *Das obrigações em geral*, v. 2, p. 60.)

[274] Cuida-se de consequência aplicável tanto à mora do devedor como a do credor, encontrando-se prevista nos artigos 399 e 400, primeira parte, respectivamente. A doutrina assim conceitua o fenômeno da perpetuação da mora: "A primeira parte do art. 399 consagra a *perpetuação da obrigação* do devedor que está em mora. Em regra, o caso fortuito e a força maior resolvem a obrigação (v. comentário ao art. 393). Todavia, se o devedor

dever de indenizar os danos decorrentes do cumprimento impontual.[275] Contudo, a relação persiste, ou seja, as partes permanecem vinculadas ao ajuste, devendo ser prestado o objeto da obrigação conforme anteriormente previsto,[276] "já que a prestação, embora não cumprida *tal como devida*, ainda *poderá ser cumprida*".[277]

Apenas a hipótese de inadimplemento absoluto faculta à extinção do ajuste,[278] na medida em que tal situação se caracteriza justamente pela sua impossibilidade em atender ao seu interesse.[279] Nesse caso, a disciplina estabelecida pelo legislador[280] parece conceder diversas

---

incide em mora passará, a partir daí, a responder pelos riscos da coisa". (BARBOSA; MORAES; TEPEDINO (Org.). *Código Civil interpretado conforme a Constituição*, v. 1, p. 720.)

[275] O que inclui outros efeitos decorrentes da mora, tais como os referentes à variação do valor da coisa. Lacerda de Almeida assim explicita os efeitos da mora: "O efeito principal da mora é sujeitar à indenização de perdas e danos aquele a quem é imputável, credor ou devedor. A mora do credor isenta o devedor de responder pela conservação da coisa, salvo de manifesto dolo; sujeita-o a receber a coisa pela mais baixa estimação ao tempo do contracto ou no lugar onde devia ser paga, e a indenizar as despesas que porventura tenha ocasionado a conservação dela. A mora do devedor perpetua a obrigação, isto é, estende a responsabilidade dele até aos próprios casos fortuitos e torna-o conseguintemente obrigado pelos frutos percebidos e percipiendos, por todos os danos e interesses e a pagar a coisa pela mais alta estimação que pudesse ter ao tempo do contrato, por ocasião da contestação da lide, ou da condenação e ao maior valor que possa a coisa ter no lugar do contrato ou naquele onde ocorreu o feito; e finalmente acarreta a imposição da pena convencional, a rescisão do contracto e quaisquer outros efeitos jurídicos previstos e estipulados na convenção". (LACERDA DE ALMEIDA. *Obrigações*, p. 167-168.)

[276] "As consequências gerais [da inexecução] gravitam em torno de duas questões fundamentais, que podem formular-se nos seguintes termos: a) Qual o efeito da inexecução em relação ao próprio dever de prestar: o devedor fica ou não desligado deste? b) Quem suporta os prejuízos decorrentes da inexecução?" (PESSOA JORGE. *Direito das obrigações*, p. 456). E conclui que no caso de mora a resposta é sempre que não fica desligado: "Não obstante a inexecução, o devedor continua obrigado à prestação em três hipóteses: nos casos de inexecução temporária, de inexecução parcial e de execução defeituosa. (…) Em rigor, estes diversos casos podem reconduzir-se ao primeiro, À inexecução temporária". (*Ibidem*, p. 459.)

[277] MARTINS-COSTA. *Comentários ao Novo Código Civil*, v. 5, t. 2, p. 218, grifos no original.

[278] "A extinção da obrigação compreende-se, pois desaparecendo o interesse do credor cessa a razão de ser da obrigação que, sabemo-lo já, deve corresponder a um interesse do credor" (CALVÃO DA SILVA, João. *Cumprimento e sanção pecuniária compulsória*. Coimbra: Faculdade de Direito da Universidade de Coimbra, 1997. p. 64). Nas palavras de Washington de Barros Monteiro, no caso de inadimplemento absoluto "a sorte está lançada, sendo impossível refazer uma situação que já se cristalizou ou se consumou definitivamente". (MONTEIRO, Washington de Barros. *Curso de Direito Civil*. São Paulo: Saraiva, 2007. v. 4, p. 327.)

[279] "O espaço reservado ao instrumento resolutório se circunscreve, de com seguinte, a tal modalidade de descumprimento, não se justificando em condições diversas, inclusive em face da mora". (ASSIS, Araken de. *Resolução do contrato por inadimplemento*. 4. ed. São Paulo: Revista dos Tribunais. 2004. p. 104.)

[280] É o que parece indicar o art. 475, ainda forjado sob a égide da concepção subjetiva do adimplemento: "A parte lesada pelo inadimplemento pode pedir a resolução do contrato,

CAPÍTULO 2
AS MODALIDADES DE CLÁUSULA PENAL NO DIREITO BRASILEIRO | 93

opções ao credor, todas acompanhadas da devida indenização pelo descumprimento: (i) promover a execução específica da prestação; (ii) recorrer à chamada execução pelo equivalente; ou (iii) resolver o ajuste.[281]

A miríade de alternativas atribuídas ao credor no caso de inadimplemento absoluto, nada obstante, deve ser adequada à *ratio* desse instituto,[282] que pressupõe justamente o perecimento da finalidade pretendida pelas partes com o ajuste. Assim, o inadimplemento absoluto e a possibilidade de o credor buscar o cumprimento específico do ajuste judicialmente configuram alternativas inconciliáveis entre si: o descumprimento definitivo surge tão somente quando esgotada qualquer utilidade na obrigação para o credor, não se verificando razão justificadora de execução específica nessas hipóteses,[283] vez que se trata

---

se não preferir exigir-lhe o cumprimento, cabendo, em qualquer dos casos, indenização por perdas e danos".

[281] Em sentido semelhante, veja-se: "Apenas se desarmado o ponto de equilíbrio pela superveniente intangibilidade do resultado útil programado em decorrência da mora do devedor, o credor poderá enjeitar a prestação que lhe é devida e pleitear a resolução do contrato – se não preferir exigir o cumprimento da obrigação, e a indenização por perdas e danos" (FURTADO, Gabriel Rocha. *No limiar da mora*: por uma aferição objetiva da utilidade da prestação. 2013. Dissertação (Mestrado em Direito) – Programa de Pós-Graduação em Direito Civil da UERJ, Universidade do Estado do Rio de Janeiro, Rio e Janeiro, 2013. p. 27); e "é efeito geral do inadimplemento imputável o dever de reparar o prejuízo causado. É também efeito do inadimplemento imputável, quando definitivo (absoluto), possibilitar o exercício do direito formativo extintivo de resolução, matéria tratada no art. 475 ou, quando for o caso, dar ensejo à execução coativa, também acompanhada por perdas e danos (arts. 402-404) ou ainda possibilitar a oposição de exceção de contrato não cumprido (*exceptio non adimpleti contractus*), conforme o caso" (MARTINS-COSTA. *Comentários ao Novo Código Civil*, v. 5, t. 2, p. 245). Ressalte-se que a própria autora, em trecho anterior, salienta que a execução específica ficará prejudicada quando do inadimplemento resultar a inutilidade para o credor (*ibidem*, v. 5, t. 2, p. 244).

[282] Diante do limitado escopo do presente trabalho, não se avaliará outras alternativas que reconhecidamente são abertas ao credor, como a exceção de contrato não cumprido e o direito de retenção.

[283] "Se o interesse do credor no cumprimento permanece na actualidade, apesar da falta de cumprimento pontual do devedor, a sanção mais perfeita e ideal é fazer seguir o atraso no cumprimento ou o provisório incumprimento de cumprimento – cumprimento retardado, decerto, mas que evitou o incumprimento definitivo. Isto pressupõe a possibilidade e a utilidade para o credor do cumprimento, ainda que tardio, *não podendo o credor pedir o cumprimento coactivo retardado quando haja incumprimento definitivo, ou por impossibilidade superveniente da prestação, ou pelo desaparecimento do interesse do credor no cumprimento retardado*" (CALVÃO DA SILVA. *Cumprimento e sanção pecuniária compulsória*, p. 141-143, grifo nosso). Em sentido semelhante, veja-se Araken de Assis: "Sendo assim, carece de sentido ensejar ao devedor emenda do seu atraso – objetivo precípuo da interpelação –, se, por suposto, o retardamento tornou o cumprimento impossível" (ASSIS. *Resolução do contrato por inadimplemento*, p. 105). A conclusão não colide com a prevalência da execução específica no direito brasileiro: o princípio subordina-se, à evidencia, ao atingimento das finalidades que justificam a relação obrigacional.

de instrumento para "realização pela força (pela força organizada ao serviço de direito, evidentemente)" da "própria prestação devida".[284] A "opção" do credor pela execução específica pressupõe, desse modo, estar o devedor apenas em mora.[285]

A seu turno, a denominada "execução pelo equivalente" consiste na expressão pecuniária da coisa devida.[286] Em regra associada à impossibilidade de cumprimento da prestação,[287] não já à perda de interesse do credor, afirma-se que "proporciona o ressarcimento do dano causado pelo não-cumprimento, mas não o *resultado prático* do cumprimento".[288] Em tal concepção, entende-se que não representa a prestação conforme ajustada e, portanto, desatendido o interesse (primário) do credor, permite-lhe exigir judicialmente o valor da prestação.

Por outro lado, ressalta-se que a execução pelo equivalente consiste, ao fim e ao cabo, na manutenção do ajuste,[289] a lograr, ainda

---

[284] PESSOA JORGE. *Direito das obrigações*, p. 407.

[285] "Al riguardo, allorché il creditore esercita la cosiddetta azione per l'adempimento (v., ad esempio, art. 1453 c.c.), egli sicuramente manifesta l'intenzione di ottenere la prestazione dovuta (…). Di conseguenza – diversamente da quanto si trova talora affermato in dottrina – il debitore non può considerarsi inadempiente definitivamente ma solo in ritardo" (GIORGIANNI. Inadempimento, p. 872). Em direção semelhante, João Calvão da Silva: "Por eles – cumprimento e execução *in natura* – se satisfaz plena e integralmente o interesse do credor, razão existencial da relação obrigacional, assegurando-lhe o mesmo resultado prático, a mesma utilidade que teria conseguido – obviamente sem os incômodos e dispêndios do processo – através do cumprimento pontual, voluntário e espontâneo do devedor". (CALVÃO DA SILVA. Cumprimento e sanção pecuniária compulsória, p. 141.) Igual conclusão pode ser invocada para a chamada "reparação *in natura*", regra extraída do art. 947 do Código Civil (SILVA, Jorge Cesa Ferreira da. *Inadimplemento das obrigações*: comentários aos arts. 389 a 420 do Código Civil. São Paulo: Revista dos Tribunais, 2007. p. 167): no âmbito do direito das obrigações (não já da responsabilidade civil extracontratual) a chamada "indenização *in natura*" consiste no cumprimento da prestação obrigacional, ainda que tardiamente.

[286] "Assim, se se tornou impossível a prestação devida, por culpa do devedor, tem-se que ele responde pelo equivalente da prestação (= pelo valor igual, em dinheiro, ao da prestação) e pelas perdas e danos". (PONTES DE MIRANDA. *Tratado de direito privado*, t. 26, p. 98.)

[287] "Impossível a entrega da coisa certa, uma vez que se perdeu, em sua entidade real, a consequência da culpa é a entrega da coisa na sua entidade econômica, a subrogação no equivalente" (FULGÊNCIO. *Manual do Código Civil Brasileiro*, v. 10, p. 70). No mesmo sentido, CARVALHO SANTOS, J. M. de *Código Civil brasileiro interpretado*. 9. ed. Rio de Janeiro: Freitas Bastos, 1964. v. 11, p. 40.

[288] CALVÃO DA SILVA. *Cumprimento e sanção pecuniária compulsória*, p. 86, nota de rodapé nº 165.

[289] "Se preferir, pode manter o contrato e buscar receber a prestação em espécie, se possível, ou seu equivalente e as perdas e danos, cumulativa ou isoladamente". (AGUIAR JUNIOR. *Extinção dos Contratos por incumprimento do devedor*, p. 193.)

CAPÍTULO 2
AS MODALIDADES DE CLÁUSULA PENAL NO DIREITO BRASILEIRO | 95

que indiretamente, a satisfação do credor.[290] Como consequência, caso haja prestação a cargo do credor, não poderá esse reavê-la ou deixar de oferecê-la para requerer o equivalente, o que embasa a conclusão de que "quem pede a indemnização do interesse contratual positivo não desiste do negócio jurídico válido, pois reclama, pelo contrário, a sua execução".[291]

Daí se concluir, no caso da denominada execução pelo equivalente, que o credor se mantém vinculado à contraprestação, diversamente do que ocorre no caso de não sobreviver qualquer interesse de sua parte no prosseguimento do vínculo.[292] Nessa última hipótese, restará ao credor a restituição ao *status quo ante*, para além do direito de indenização pelos prejuízos decorrentes do descumprimento definitivo (que abrangem "a reposição do seu patrimônio no estado em que se encontraria, se o contrato não tivesse sido celebrado"),[293] os

---

[290] Essa é a conclusão de Darcy Bessone: "Não se pode falar em inexecução quando o contrato, ainda que coativamente, é cumprido. É certo que a execução coativa pressupõe o inadimplemento. Mas tal pressuposto é apenas uma condição para exercer-se o direito de ação. Esta, destinando-se exatamente a obter o cumprimento do contrato, obviamente não o exclui: ao contrário, tem-no por escopo. Também já ficou visto (nº 114) que, impossibilitando-se a execução específica da convenção, ela pode realizar-se por meio de sucedâneo, especialmente pelo equivalente em dinheiro do que foi prometido. Neste caso, ainda não se configura a inexecução, porque o contrato é executado, posto que por forma indireta". (BESSONE, Darcy. *Do contrato*: teoria geral. 4. ed. São Paulo: Saraiva, 1997. p. 195.)

[291] FISCHER, Hans Albrecht. *A reparação dos danos no direito civil*. São Paulo: Saraiva, 1938. p. 104.

[292] "Se o devedor, por culpa sua, tornar impossível a prestação ou, simplesmente, faltar-lhe ao cumprimento, terá o credor duas opções à sua livre escolha: (i) exigir o cumprimento específico da prestação e, se não for mais possível, pleitear do devedor uma indenização por perdas e danos pelo interesse positivo (o interesse do cumprimento), mantendo-se, assim, vinculado à sua contraprestação – quer dizer, nesta hipóteses, o credor não recebe de volta o preço pago pela coisa, objeto da prestação –, ou (ii) pleitear a resolução do contrato". (GUEDES, Gisela Sampaio da Cruz. *Lucros Cessantes*: do bom-senso ao postulado normativo da razoabilidade. São Paulo: Revista dos Tribunais, 2011. p. 132.)

[293] VARELLA. *Das obrigações em geral*, v. 2, p. 108. A distinção é exemplificada cristalinamente pelo jurista português: "O colecionador de arte A cede o seu piano de cauda (no valor de 5000 marcos) ao pianista B que, em troca, lhe cede um vaso antigo, no valor de 6000 marcos. Enquanto, porém, o piano chega sem novidade ao poder de B, o vaso antigo parte-se, ao ser transportado para a casa de A, por culpa de B. Nesse caso, não há dúvida de que A pode resolver o contrato, para reaver o piano, que ele não venderia por preço nenhum e de que só abriu mão para adquirir o vaso. Mas pode também, se quiser, optar pela manutenção do contrato, exigindo a indemnização correspondente ao valor do vaso inutilizado (6000 marcos) e abrindo mão definitivamente, nesse caso, do piano entregue a B. O que ele já não pode fazer, por força da lei, é exigir a restituição do piano (como se o negócio fosse resolvido) e reclamar ao mesmo tempo a diferença de 1000 marcos, existente entre os objectos permutados, como se o contrato tivesse produzido os seus efeitos". Sobre a discussão a respeito da inclusão de interesses positivos no âmbito da resolução e seu óbice no principio da vedação ao enriquecimento sem causa, ver GUEDES. *Lucros cessantes*, p. 133-142.

quais "conduzem a uma espécie de prestação substitutiva, qual seja, a obrigação de indenizar".[294]

2.2 As modalidades de cláusula penal no direito brasileiro: conceito e funções

A despeito das discussões relativas à função da cláusula penal, dúvidas não há de que sua previsão se encontra necessariamente vinculada ao descumprimento obrigacional, haja vista adquirir exigibilidade apenas na hipótese de ser verificado o inadimplemento a que se vincula. Essa ligação reflete-se, como não poderia deixar de ser, nas modalidades previstas pelo legislador. A partir da distinção entre inadimplemento absoluto e mora, estabelece o Código Civil, no artigo 409, que a cláusula penal pode ser compensatória ou moratória.[295]

A classificação fixada pelo legislador remete a conceitos consagrados em doutrina especializada,[296] e mostra-se amplamente agasalhada pela doutrina, na qual se verifica com significativa recorrência,[297]

Tais prejuízos são compostos tanto por danos emergentes quanto por lucros cessantes, como explica ALMEIDA COSTA, Mario Julio de. *Direito das Obrigacoes*, Almedina, 9ª edição, p. 978.

[294] MARTINS-COSTA. *Comentários ao Novo Código Civil*, v. 5, t. 2, p. 110.

[295] Consoante a expressão utilizada pelo legislador, a cláusula penal pode se referir "à inexecução completa da obrigação, à de alguma cláusula especial ou simplesmente à mora". Muito embora uma interpretação açodada do dispositivo possa levar à conclusão de que haveria um "terceiro gênero" de cláusula penal – a que se vincula à inexecução de 'cláusula especial', como se verá em seguida –, a qualificação de estipulação dessa estirpe depende da análise das circunstâncias do negócio jurídico em que está incluída (v. item 3.2.2).

[296] Baseiam-se nessa distinção, entre diversos outros: DE PAGE. *Traitè élémentaire de droit civil belge*, p. 152; e TORRENTE, Andrea; SCHLESINGER, Piero. *Manuale di diritto privato*. 12. ed. Milão: Giuffrè, 1985. p. 540, cuja manifestação, pela clareza, merece transcrição: "La penale può essere prevista sai per il caso di inadempimento assoluto, che per il caso di semplice ritardo: nel primo caso il creditore se pretende la penale non può più pretendere la prestazione principale; nel secondo caso può pretendere l'una e l'altra".

[297] "A cláusula penal pode representar uma indemnización *moratória* ou uma indemnización *compensatória*, consoante se destina a ser aplicada em caso de *mora* ou em caso de *inexecução definitiva*. A importância da distinção está em que a cláusula moratória é *cumulável* com a execução específica do contrato, ao passo que a cláusula compensatória não o é". (TELES, Inocêncio Galvão. *Manual de direito das obrigações*. Coimbra: Coimbra, 1965. t. 1, p. 237, grifos no original).
"Se estipulada para o caso de não cumprimento, chama-se cláusula penal compensatória; se estipulada para o caso de atraso no cumprimento, chama-se cláusula penal moratória" (CALVÃO DA SILVA. *Cumprimento e sanção pecuniária compulsória*, p. 248); "Será compensatória na hipótese de total inadimplemento da obrigação, ou seja, na hipótese de o cumprimento da obrigação não ser mais possível ou não ser mais útil ao credor". (FILHO. *Comentários ao Código Civil Brasileiro*, v. 4, p. 551.)

que o conceito tem em vista o impacto do descumprimento a que se relaciona a cláusula penal.[298]

A distinção entre essas modalidades mostra-se assaz relevante, na medida em que – justamente por sua inserção na sistemática obrigacional – o Código Civil atribui a cada uma delas regime diverso:[299] enquanto a cláusula penal moratória, por se referir a violação que não abala o interesse do credor, conjuga-se com o cumprimento da obrigação, a multa compensatória, deflagrada apenas com o perecimento do interesse na manutenção do vínculo, implica a impossibilidade de cumulação com o cumprimento coativo.

Nada obstante, verifica-se entendimento segundo o qual as expressões "compensatória" e "moratória" não estariam vinculadas às espécies de inadimplemento anteriormente descritas. De acordo com Rubens Limongi França, a qualificação das cláusulas penais deve atentar para diversos critérios,[300] inserindo-se a cláusula penal moratória no âmbito do critério da extensão, segundo o qual as cláusulas penais devem ser identificadas a partir do impacto do descumprimento. Assim, a cláusula penal específica (ou moratória) apresenta-se como contraponto à cláusula penal ampla (para o descumprimento total da

---

[298] "A sensível diferença entre as duas cláusulas se situa, primeiramente, no núcleo de direitos que cada uma delas protege. Enquanto a cláusula penal compensatória destina-se a assegurar o adimplemento integral da obrigação, a moratória dirige-se a uma proteção parcial (...)". (SERPA LOPES. *Curso de direito civil*, v. 2, p. 176.)

[299] "A importância na distinção entre ambas se dá na medida em que, dependendo da espécie de cláusula, os efeitos que irão gerar serão distintos". (FLORENCE, Tatiana Magalhães. Aspectos pontuais da cláusula penal. In: TEPEDINO, Gustavo (Org.). *Obrigações*: estudos na perspectiva civil-constituciona. Rio de Janeiro: Forense, 2005. p. 521.)

[300] Em seu trabalho, estabelece oito critérios de qualificação: (i) quanto à juridicidade (legal, ilegal ou imoral); (ii) quanto à esfera do direito a que pertence (de direito privado, de direito público ou de direito social); (iii) quanto ao diploma onde se consagra (do Código Civil ou dos outros diplomas); (iv) quanto à propriedade (propriamente considerada ou impropriamente considerada); (v) quanto à origem (legal, judicial ou voluntária); (vi) quanto ao instrumento (clausular ou autônoma); (vii) quanto à extensão (para o caso de mora, para segurar uma cláusula específica ou para certas consequências da inexecução); e (viii) quanto à função (punitiva, compensatória ou liberatória). (FRANÇA. *Teoria e prática da cláusula penal*, p. 123-140.)
O esforço qualificativo auxilia na demonstração da miríade de questões que se vinculam ao estudo da cláusula penal. Todavia, justamente diante da complexidade dos temas envolvidos, acaba-se por dificultar a identificação cristalina dos pontos exclusivamente a ela atinentes, a comprometer a utilidade da classificação. Assim, por exemplo, ocorre na distinção entre "cláusula penal clausular" e "cláusula penal autônoma", que nenhum impacto possui no seu regime jurídico, na medida em que o próprio autor reconhece que a referida autonomia "é apenas formal, não redundando necessariamente, por simples fato, em autonomia de substância". (*Ibidem*, p. 133.)

obrigação),[301] não já à cláusula penal compensatória.[302] Essa, por sua vez, caracteriza-se por sua função de compensação de danos, subdividindo-se em cláusula penal cumulativa (art. 411) ou alternativa (ou substitutiva – art. 410), integral ou parcial.

Em similar perspectiva, Jorge Cesa Ferreira da Silva destaca que, embora aparentemente se assemelhe à classificação concernente ao inadimplemento, a tipologia teria em vista, na verdade, as consequências atribuídas a cada uma das modalidades de cláusula penal,[303] em especial porque haveria hipóteses que não se amoldariam à dicotomia estabelecida pelo conceito clássico.[304]

A tipificação das cláusulas penais no direito brasileiro, contudo, parece evidenciar que a estrutura traçada pelo legislador se associa à obrigação globalmente considerada, o que justificaria as consequências estruturais. Tanto que ressalva, ao lado da cláusula penal "em segurança especial de outra cláusula determinada" (art. 411), a relativa ao "total inadimplemento da obrigação" (art. 410) e, por fim, para "mora"; aludindo novamente a essa segregação no art. 409 ao mencionar que a cláusula penal pode ser prevista para "inexecução completa da

---

[301] "A confusão de critério se depara em virtude do fato de a cláusula *compensatória* ser uma das espécies de cláusula *quanto à função*, contrapondo-se à punitiva, e não à moratória, enquanto esta, a moratória, é uma categoria das cláusulas quanto à extensão, variedade que é de cláusula específica (ou restrita), contrapondo-se à cláusula ampla ou genérica, e não compensatória". (*Ibidem*, p. 135.)

[302] Afirma, ainda, um terceiro tipo, referente a certas consequências da inexecução. (*Ibidem*, p. 133.)

[303] "Essa distinção lembra a classificação usual das hipóteses de inadimplemento (absoluto e mora), mas com elas não se confunde. As cláusulas penais compensatórias não dizem respeito exclusivamente ao inadimplemento absoluto e as moratórias não compreendem exclusivamente a mora. O elemento essencial da distinção encontra-se na consequência jurídica: as cláusulas penas compensatórias são satisfativas, ou seja, substituem a execução do dever originalmente prevista (art. 410); já as cláusulas penais moratórias são cumulativas, vale dizer, não substituem a prestação e, por isso, podem ser exigidas juntamente com ela (art. 411)" (SILVA. *Inadimplemento das Obrigações*, p. 254-255). Nessa mesma direção, Carlos Alberto Ferriani: "É compensatória porque no lugar da obrigação individuada que não foi cumprida, é devida a pena particularmente indicada. Esse tipo de inexecução não é mora, mas também não pode ser inadimplemento absoluto. Nada impede que se tenha pactuado uma cláusula penal específica para aquela obrigação. A pena infligida será então para compensar. Em suma: o que se quer dizer é que a cláusula penal compensatória não supõe necessariamente o inadimplemento absoluto; refere-se à inexecução total ou de alguma cláusula; já a cláusula penal moratória supõe inadimplemento mora". (FERRIANI, Carlos Alberto. Da cláusula penal. Revista de Direito Bancário e do Mercado de Capitais, São Paulo, v. 55, p. 148, jan./mar., 2012.)

[304] De acordo com Jorge Cesa Ferreira da Silva, "tal modo de classificar não atenta para as especificidades dos deveres referidos em cláusulas especiais e dos casos de inadimplemento parcial" (SILVA. *Inadimplemento das obrigações*, p. 255). Veja-se também a citação transcrita na nota anterior, da lavra de Carlos Alberto Ferriani.

obrigação, à de alguma cláusula especial ou simplesmente à mora".

Conforme destaca Orlando Gomes:

> Convenciona-se [a cláusula penal], tendo em vista: a) a inexecução do *contrato*; b) a infração de uma de suas cláusulas; c) a simples mora. Variam as soluções conforme o fim a que se propõe, na intenção comum das partes. (…) A distinção de tratamento legal explica-se pela função básica da cláusula penal. É compreensível a *cumulação* no caso de inadimplemento de obrigação constante de cláusula especial; por isso que, *subsistindo o contrato*, não há prejuízo total. Do mesmo modo na hipótese de mora, dado que o devedor continua responsável pela dívida.[305]

À luz da classificação e do regime estabelecidos pelo legislador, bem como dos conceitos de inadimplemento e mora no direito brasileiro, mostra-se possível investigar as funções que tais ajustes podem assumir. Conforme anteriormente descrito, atribuem-se, em síntese, duas funções (cumulativas ou não) à cláusula penal (punitiva ou coercitiva – a assegurar o cumprimento da obrigação – e indenizatória – a refletir a substituição das perdas e danos decorrentes do descumprimento).[306]

---

[305] GOMES. *Obrigações*, p. 191, grifo nosso. "As partes podem estipular duas espécies de cláusula penal (art. 409 do CC). A cláusula penal é dita compensatória quando regular as consequências do inadimplemento total do *contrato*". (FLORENCE. Aspectos pontuais da cláusula penal, p. 521, grifo nosso.)
Veja-se, ainda: "Na prática, a cláusula penal moratória evidentemente tem valor menor que o da cláusula penal compensatória, que serve de pré-fixação das perdas e danos que eventualmente derivam do total descumprimento do negócio" (TEPEDINO; SCHREIBER. *Código Civil comentado*, p. 391); e "Desse modo, a cláusula penal pode reforçar toda a obrigação assumida, ou, parcialmente, uma de suas cláusulas, ou, ainda, garantir a execução obrigacional sem retardamento. Daí ser a multa compensatória ante o completo descumprimento obrigacional, porque ela compensa ou procura compensar, em princípio, pelo valor que apresenta, a lesão patrimonial causada. (…) Sim, porque a multa moratória reclama o cumprimento da obrigação maior, não a compensação por seu inadimplemento. E essa execução obrigacional deve existir paralelamente à da multa pela mora" (AZEVEDO, Álvaro Villaça. Inexecução culposa e cláusula penal compensatória. *Revista dos Tribunais*, v. 791, p. 128, set. 2001). Também é a orientação seguida por Benacchio, ao abordar a questão relativa à cláusula fixada em segurança "especial de outra cláusula determinada": "diante da importância que adquire, na dogmática obrigacional contemporânea, o princípio da confiança, podem ser frequentes as hipóteses em que o descumprimento de uma obrigação secundária, anexa ou instrumental, efetivamente frustre as legítimas expectativas do credor e distorça ou desvie a objetiva finalidade *do contrato*, conduzindo à imprestabilidade da prestação eventualmente (mal) feita. Nesses casos, não nos parece haver dúvidas que a infração, ainda que não atingindo a totalidade da prestação, conduza ao caráter compensatório da cláusula penal". (BENACCHIO.Cláusula penal, p. 381, grifo nosso.)

[306] DIEZ-PICAZO, Luis. *Fundamentos del derecho civil patrimonial*: las relaciones obligatorias. Madrid: Civitas, 1996. v. 2, p. 398.

Cuida-se de analisar se é possível, e em que medida, atribuir, a cada uma dessas modalidades aludidas, funções, isto é, determinar os efeitos essenciais por elas produzidos e, então, destacar sua compatibilidade com as finalidades classicamente atribuídas.

2.2.1 Cláusula penal compensatória

2.2.1.1 A função da cláusula penal compensatória no direito brasileiro

A cláusula penal, estabelece o art. 409 do Código Civil, "pode referir-se à inexecução completa da obrigação": trata-se da cláusula penal compensatória, que se atrela ao inadimplemento absoluto da obrigação.[307] A exigibilidade da prestação ajustada a título de multa

---

[307] "Diz-se compensatória a cláusula penal fixada para a hipótese de inadimplemento absoluto da obrigação" (TEPEDINO; SCHREIBER. *Código Civil Comentado*, v. 4, p. 391). Em todos os exemplos que oferece para distinguir as modalidades de cláusula penal (ver Cap. 3), Caio Mario da Silva Pereira deixa inequívoca sua posição de que a cláusula penal compensatória se vincula ao perecimento da utilidade da prestação principal, enquanto a moratória não o afeta (*Instituições de direito civil*, v. 2, p. 154). Como visto, tal também é o que defende Silvio Rodrigues (*Direito civil*, p. 269). Na mesma direção, Washington de Barros Monteiro que, ao destrinchar o regime atribuído pelo Código às distintas modalidades de cláusula penal, estabelece que: "Aos espíritos menos avisados pode causar estranheza essa aparente incongruência do legislador, que, para a infração menos grave (inexecução de simples cláusula), concede duas prestações conjuntas (multa e adimplemento da *obrigação principal*), enquanto, para violação mais grave (inexecução completa ou inadimplemento total), outorga apenas a alternativa (uma ou outra prestação). Não há, entretanto, motivo para surpresa. Absurdo, realmente, que o devedor ficasse isento de satisfazer a prestação principal só porque se revelara impontual ou inadimplente em relação a determinada cláusula especial do negócio jurídico. Semelhante liberação constituiria, sem dúvida, prêmio à malícia e à má-fé. Por isso mesmo, prescreve a lei, sabiamente, que o devedor não só pague a multa pela infração que cometeu como satisfaça ainda, cumulativamente, a prestação principal, a que se obrigara". (MONTEIRO. *Curso de direito civil*. São Paulo: Saraiva, 2007. v. 4, p. 334). Veja-se, ainda: FILHO *et al. Comentários ao Código Civil Brasileiro*, v. 4, p. 549.
As expressões utilizadas pelo legislador ("inexecução completa" e "inexecução total" da obrigação) conduzem, por outro lado, à interpretação de que a cláusula penal compensatória estaria vinculada ao inadimplemento total, não já ao absoluto. Nessa direção posiciona-se Pontes de Miranda: "Para que haja incursão na pena negocial por inadimplemento completo ou total, é de mister que nenhum adimplemento, mesmo insatisfatório, tenha havido. Então a recepção da prestação insatisfatória ou parcial, sem restrição, pré-exclui a exigibilidade da pena". (*Tratado de direito privado*, t. 26, p. 164). Sentido semelhante é adotado por Judith Martins-Costa: "a expressão 'inadimplemento total' não significa necessariamente 'inadimplemento absoluto'. Se o objeto da prestação for possível de realização por partes, pode ocorrer que a inexecução diga respeito a uma parte e *não à totalidade do contrato*. Além do mais, as partes podem conectar a cláusula penal apenas ao inadimplemento de uma, ou de algumas, das obrigações pactuadas no contrato, mas *não da totalidade do contrato*. Em ambas as hipóteses o 'total inadimplemento' aludido no art. 410 não estará referido ao 'total inadimplemento do contrato', mas conecta-se ao total inadimplemento de certa obrigação, seja o não-cumprimento respeitante à determinada

CAPÍTULO 2
AS MODALIDADES DE CLÁUSULA PENAL NO DIREITO BRASILEIRO | 101

compensatória pressupõe, portanto, o esgotamento do interesse do credor na exigibilidade da prestação[308] (e, por consequência, da justificativa funcional da obrigação), apenas podendo ser cobrada, portanto, caso verificada tal circunstância.[309]

A fixação de cláusula penal libera o credor de efetuar a comprovação ou mesmo alegar a existência de danos em função do inadimplemento para cobrar a prestação nela consubstanciada: verificado o descumprimento definitivo e a inutilidade da prestação, permite-se a cobrança da cláusula penal.[310]

Na análise dessa relação entre o valor do dano (após a sua realização) e da cláusula penal encontra-se, como já salientado, o âmago da discussão a respeito das funções exercidas pela cláusula penal. Restando evidenciada a insubsistência de uma concepção dualista da cláusula penal, a qual vem sendo superada pelos estudos mais recentes (ver Capítulo 1, item 1.2.4),[311] é necessário avaliar se os efeitos essenciais que decorrem da cláusula penal compensatória no direito brasileiro mostram-se compatíveis com a função punitiva ou com a indenizatória.

A defesa da função (principal ou subsidiária)[312] punitiva ou coercitiva (no sentido de levar o devedor a adimplir a obrigação), como descrito nos itens 1.2.2 e 1.2.3, baseia-se, em síntese, em representar a cláusula penal um agravamento da situação do devedor,[313] que,

---

parte, seja de obrigação especialmente destacada no contrato". (MARTINS-COSTA. *Comentários ao Novo Código Civil*, v. 5, t. 2, p. 659, grifos no original.)
Na esteira da doutrina anteriormente citada, a conclusão que parece mais adequada é de que a referência é ao inadimplemento *absoluto*, que pode, em uma perspectiva dinâmica da relação obrigacional, verificar-se mesmo com o desempenho parcial da obrigação. Tanto essa parece ser a concepção adotada pelo legislador que considerou o adimplemento parcial da obrigação "principal" causa de redução das cláusulas penais compensatórias (art. 413, primeira parte).

[308] "Se a cláusula penal for compensatória, já se viu, não poderá o credor exigir, conjuntamente, a multa convencional e a prestação principal, ou seu equivalente em perdas e danos". (TEPEDINO; SCHREIBER. *Código Civil comentado*, v. 4, p. 395.)

[309] Daí estabelecer o art. 410, que será apreciado em seguida, que: "Quando se estipular a cláusula penal para o caso de total inadimplemento da obrigação, esta converter-se-á em alternativa a benefício do credor".

[310] Ver, por todos, FULGÊNCIO. *Manual do Código Civil Brasileiro*.

[311] "Trata-se de um instituto que acopla uma *dualidade de manifestações*, podendo ser estipulada ou como sanção – isto é, como *medida compulsória-sancionatória*, para incitar o devedor ao fiel cumprimento do pactuado – ou como *indenização* – vale dizer, por meio do estabelecimento *forfataire* das perdas e danos no caso de inadimplemento culposo". (MARTINS-COSTA. *Comentários ao Novo Código Civil*, v. 5, t. 2, p. 627, grifos no original.)

[312] Como salientado no capítulo anterior, mesmo fora da teoria punitiva da cláusula penal recorre-se à função punitiva para explicar determinados aspectos do instituto.

[313] "Encaradas essas duas funções da cláusula penal verifica-se, de pronto, que ela oferece uma dupla vantagem para o credor, pois não só aumenta as possibilidades de adimplemento

VIVIANNE DA SILVEIRA ABILIO
CLÁUSULAS PENAIS MORATÓRIA E COMPENSATÓRIA – CRITÉRIOS DE DISTINÇÃO

pagando a cláusula penal, estaria em pior situação do que se cumprisse a obrigação[314] ou se sujeitasse ao pagamento de perdas e danos nos termos gerais, já que o valor da multa superaria o dos prejuízos causados pelo inadimplemento. A "ameaça" – que só se concretizaria quando do advento do próprio descumprimento – estaria consubstanciada na impossibilidade de se furtar do pagamento da cláusula penal.

Tal perspectiva encontra diversos óbices no direito brasileiro no regulamento legal da cláusula penal compensatória. Em primeiro lugar, a cumulação entre a exigibilidade da obrigação e, ao mesmo tempo, da cláusula penal compensatória é claramente afastada:[315] o raciocínio baseia-se no fato de que a cobrança simultânea de ambas resultaria em injustificada duplicidade.[316] Obrigação principal e cláusula penal compensatória excluem-se mutuamente, na medida em que essa última apenas pode ser exigida quando não mais houver justificativa para a execução da primeira (ou, em outros termos, esgotada a utilidade da prestação convencionada). Daí ser comum a afirmação, em doutrina, de que a cláusula penal compensatória "substitui" a própria obrigação.[317]

---

do contrato, como facilita o recebimento da indenização em caso de descumprimento do negócio. Aumenta, como vimos, as probabilidades de execução, pois o devedor, decerto temeroso de ver agravada a prestação pelo acréscimo da multa convencionada, naturalmente se empenhará em ser pontual". (RODRIGUES. *Direito Civil*, v. 2, p. 267.)

[314] Daí se destacar em doutrina que o valor da penal, em regra, mostra-se superior ao da obrigação pactuada: "O carácter elevado da pena constrange indirectamente o devedor a cumprir as suas obrigações, visto desencorajá-lo ao não cumprimento, pois este implica para si uma prestação mais onerosa do que a realização, nos termos devidos, da originária prestação a que se encontra adstrito". (CALVÃO DA SILVA. *Cumprimento e sanção pecuniária compulsória*, p. 250.)

[315] "O impedimento do cúmulo da obrigação com a pena é outra manifesta refutação. Diferentemente de outros direitos, como o austríaco, que permite essa união do desempenho obrigacional com a penalidade, o Brasil veda-o taxativamente, à exceção da cláusula moratória" (JUNIOR. *Função, natureza e modificação da cláusula penal no direito brasileiro*, p. 247). Cuida-se de perspectiva compatível com as regras estabelecidas pelo direito brasileiro, nas quais se expressa em diversos dispositivos a tentativa de proteger também o devedor de ajustes que desequilibrem a obrigação, como a imperatividade da redução da cláusula penal manifestamente excessiva (sobre o caráter de *favor debitoris* da aludida norma, veja-se TEPEDINO, Gustavo. Efeitos da crise econômica na execução dos contratos. In: TEPEDINO, Gustavo. *Temas de direito civil*. t. 1, Rio de Janeiro: Forense, 2008. t. 1, p. 107 *et seq.*), a convenção de cumulação entre a penal compensatória a obrigação se aproximaria da disciplina prevista para a cláusula penal moratória, ainda que se entenda que o pacto reflete uma novação (FULGÊNCIO. *Manual do Código Civil Brasileiro*, v. 10, p. 393).

[316] "Equivaleria a aceitar exorbitante enriquecimento admitir-se a possibilidade de o credor receber montante correspondente à integralidade da dívida e também a prestação". (SILVA. *Inadimplemento das obrigações*, p. 258.)
Eventual derrogação da regra legal – a permitir cumulação da prestação com a penal – resultaria na natureza moratória da cláusula.

[317] "A cláusula penal compensatória se substitui à obrigação principal, sendo nesse sentido, satisfativa, isto é, substitui a execução do dever originalmente previsto (...). Em regra,

CAPÍTULO 2
AS MODALIDADES DE CLÁUSULA PENAL NO DIREITO BRASILEIRO | 103

Com isso, ao tempo da concretização da "ameaça" – no momento do descumprimento –, caso não prevista a cláusula penal, seria o devedor instado a arcar integralmente com os danos suportados pelo credor.

Não se poderia, desse modo, agasalhar o suposto agravamento da posição do devedor como efeito necessariamente decorrente do valor da cláusula penal compensatória (e, portanto, como componente de sua função). Em realidade, a fixação prévia das consequências do inadimplemento da obrigação, diante da própria dificuldade em precisar o que dele decorreria no momento da constituição do ajuste, pode até mesmo beneficiar o devedor. A doutrina ressalta tal circunstância:

> É, de facto, usual que ela [cláusula penal] se concretize num montante previsivelmente excedente do valor dos danos, havendo autores que reservam o conceito de cláusula penal, em sentido próprio, para esta convenção que, sendo agravadora da responsabilidade debitória pelo não cumprimento, actua como uma garantia deste. No entanto, não constituindo tal configuração uma imposição legal na maior parte dos ordenamentos jurídicos, resulta ela de uma previsão negocial que, *além de poder falhar, não é necessária, nos termos da lei, bem podendo, inversamente, traduzir-se num montante previsto como inferior ao dos danos ou como tendencialmente equivalente ao deles.*[318]

Não se nega que, no caso concreto, o valor da cláusula penal possa superar o montante dos danos suportados pelo credor (questão que, como se verá em seguida, pode ser justificada mesmo sem recurso à função punitiva "subsidiária" do instituto): entretanto, tal incerta conjuntura não é – reconhecidamente – efeito *essencial* da cláusula penal compensatória nos termos do Código Civil.

A atribuição de função punitiva à cláusula penal compensatória é desafiada pela opção do legislador ao estabelecer a restrição consagrada no art. 412 do Código Civil,[319] segundo o qual não se mostra possível

---

essa modalidade é a utilizada quando a finalidade buscada pelas partes é de estipular previamente as perdas e danos (finalidade ressarcitória ou 'cláusula penal de previsão de perdas e danos') ou quando há o inadimplemento definitivo da prestação". (MARTINS-COSTA. *Comentários ao Novo Código Civil*, v. 5, t. 2, p. 624.)

[318] PRATA, Ana. *Cláusulas de exclusão e limitação da responsabilidade contratual.* Almedina: Coimbra, 1985. p. 53-54, grifo nosso.

[319] Eis o citado artigo: "O valor da cominação imposta na cláusula penal não pode exceder o da obrigação principal".
A norma, segundo a doutrina "se inspira em preocupação justa", consubstanciada na preservação do equilíbrio contratual (RODRIGUES. *Direito civil*, v. 2, p. 273).

o estabelecimento de multa superior ao da obrigação principal.[320] Eis porque se torna difícil atribuir efeito intimidativo à cláusula penal compensatória cujo valor seja, no máximo, o da própria obrigação:[321] a eficácia ameaçadora geralmente atribuída à cláusula penal – a fazer com que o devedor tema o não cumprimento para não piorar sua situação – fica comprometida, na medida em que o valor da multa a que possa vir a ser instado a pagar – e que só pode ser exigida caso já não mais viável a obrigação principal – não pode ultrapassar o valor da própria prestação (ao que, afinal, já está vinculado com a constituição da obrigação).[322] Daí estabelecer a doutrina que, ao lado da imperatividade da redução da cláusula penal, a limitação de seu montante ao valor da obrigação sepulta eventual caráter punitivo:

> Ademais, o valor estipulado pelas partes para o eventual ressarcimento pode ser reduzido pelo juiz, em algumas situações, e não se permite que exceda o da obrigação principal. Com essas restrições e outras já introduzidas em lei, a *cláusula penal* amortece o efeito de intimidação que a maioria lhe atribui.[323]

O sistema estabelecido pelo Código Civil, ao impor duas normas imperativas que objetivam o controle do valor da cláusula penal,

---

O dispositivo recebeu pesadas críticas, notadamente entre aqueles que compreendem ser a cláusula penal a fixação convencional dos danos, na medida em que os prejuízos decorrentes do inadimplemento e o valor da obrigação principal não se relacionam necessariamente, em especial ao se considerar a figura dos lucros cessantes (BEVILÁQUA, Clovis. *Código Civil comentado*. Rio de Janeiro: Francisco Alves, 1958. v. 4, p. 55).

Como exposto, a norma, nas cláusulas penais compensatórias, traduz uma opção legislativa na delineação do instituto, qual seja, retirar-lhe qualquer cunho punitivo.

[320] "O suposto caráter punitivo é rejeitado por dispositivos legais expressos, como aquele em que se proíbe, como regra, a cumulação da cláusula penal compensatória com a exigência de cumprimento da prestação, ou com a reparação dos prejuízos daí resultantes. Também não é outro o motivo que leva o legislador a restringir, de variadas formas, o valor da cláusula penal (…)". (TEPEDINO; SCHREIBER. *Código Civil comentado*, v. 4, p. 404.)

[321] Sobre a apuração do valor da obrigação e sua inserção na totalidade do ajuste, ver MARTINS-COSTA. *Comentários ao Novo Código Civil*, v. 5, t. 2, p. 680.

[322] Tal circunstância que caracteriza a disciplina da cláusula penal compensatória parece impedir a recepção da categoria da "cláusula penal em sentido estrito" cunhada por Antonio Pinto Monteiro no direito brasileiro como instituto punitivo. Seu funcionamento, como visto no item 1.2.4, pressuporia a substituição da própria prestação (a afastar perdas e danos e o cumprimento da obrigação) por algo "em regra" mais elevado. Ora, sendo o máximo dessa pena o valor da prestação, não há função punitiva.

[323] GOMES. *Obrigações*, p. 190. Deve-se ressaltar, contudo, que a conclusão é alcançada pelos aludidos autores sem restrição à modalidade de cláusula penal. Como se verá, cabe discutir se o viés punitivo também pode ser excluído da cláusula penal moratória pelas mesmas razões.

conjugado com a exclusão de sua cumulação com a obrigação principal, torna incompatível a atribuição de finalidade punitiva ao instituto.[324] Justamente por isso, afirma-se que o direito brasileiro confere à cláusula penal compensatória função exclusivamente indenizatória.[325] Aludida função não é incompatível com o previsto no artigo 416, parágrafo único do Código Civil: ainda que as partes convencionem a cumulação da cláusula penal com perdas e danos, a cláusula penal valerá como *mínimo* de indenização, de modo que, ainda assim, não se poderá cogitar de agravamento na posição do devedor. Todavia, tal função não implica limitar o instituto a questão puramente procedimental, isto é, confundi-la com simples pacto de inversão do ônus probatório.[326] Segundo essa última perspectiva, a comprovação da inexistência absoluta de danos pelo devedor ensejaria a impossibilidade de cobrança da cláusula penal, do mesmo modo que demonstrado que o montante dos prejuízos é menor (pelo devedor) ou maior (pelo credor) do que o fixado, revisto deveria ser o valor da penal.[327]

Muito ao revés, o estabelecimento de cláusula penal compensatória determina justamente a vedação das discussões sobre as

---

[324] Confira-se, na doutrina estrangeira, ainda sob a égide do CC 1916: "Un tercer sistema legislativo es el que señala un limite legal al monto de la pena, al cual debe la misma reducirse en caso que hubiera sido excedido por las partes. Tal lo que establece la legislación brasileña, cuyo Art. 920 del Código Civil prescribe: 'El valor de la conminación impuesta en la cláusula penal no puede exceder el de la obligación principal'. (…) Este precepto es bien lógico en la ley brasileña que, al fijar un limite equivalente a la pena con el valor de la obligación principal, assigna una funcción claramente compensatória a la cláusula penal". (DIAZ. *La inmutabilidad de la clausula penal*, p. 62-63.)

[325] Em doutrina, veja-se: LÔBO, Paulo Luiz Netto. *Teoria geral das obrigações*. São Paulo: Saraiva, 2005. p. 305; TEPEDINO, Gustavo. Notas sobre a cláusula penal compensatória. *Revista Trimestral de Direito Civil*. Rio de Janeiro, v. 6, n. 23, p. 4, 7, jul./set. 2005.
Também em jurisprudência a afirmação é corrente. A título exemplificativo, veja-se recente precedente do STJ: "A finalidade da cláusula penal compensatória é recompor a parte pelos prejuízos que eventualmente decorram do inadimplemento total ou parcial da obrigação. Tanto assim que, eventualmente, sua execução poderá até mesmo substituir a execução do próprio contrato. Não é possível, pois, cumular cláusula penal compensatória com perdas e danos decorrentes de inadimplemento contratual. Com efeito, se as próprias partes já acordaram previamente o valor que entendem suficiente para recompor os prejuízos experimentados em caso de inadimplemento, não se pode admitir que, além desse valor, ainda seja acrescido outro, com fundamento na mesma justificativa – a recomposição de prejuízos. Ademais, nessas situações sobressaem direitos e interesses eminentemente disponíveis, de modo a não ter cabimento, em princípio, a majoração oblíqua da indenização prefixada pela condenação cumulativa em perdas e danos". (STJ, REsp 1.335.617-SP, Rel. Min. Sidnei Beneti, julg. 27.3.2014.)

[326] De acordo com Silva (*Inadimplemento das obrigações*) tal pacto seria, contudo, possível no direito brasileiro, com base na autonomia privada.

[327] Em crítica a tal perspectiva, cf. MAGAZZÙ. Clausola penale, p. 187; e ROPPO. *Il contratto*, p. 993-994.

consequências do inadimplemento definitivo.[328] Cuida-se do efeito substancial do instituto: a inexistência de danos ou a incompatibilidade do valor ajustado com o montante efetivo de prejuízos incorridos pelo credor não afetam a exigibilidade da penal, o que decorre (não de eventual e subsidiária natureza punitiva,[329] mas) do caráter aleatório da estipulação, cujo objetivo central é blindar as partes de enfrentar o tortuoso processo de apuração da existência e montante dos danos a serem ressarcidos.

É da essência do instituto justamente a incerteza quanto a qual dos polos da obrigação será atribuída eventual vantagem econômica decorrente do valor por eles preestabelecido, que pode beneficiar (em termos econômicos) credor ou devedor.[330] Conforme salientam Baudy-Lacantinerie e Barde:

> Nel momento in cui esse hanno concluso questa convenzione, vi avevano, entrambe, in un interesse aleatorio ed eventuale, perché non potevano sapere a quale delle due questo regolamento avrebbe giovato. Il debitore si è obbligato a rispettarlo, in cambio dell'obbligazione che il

---

[328] "a fixação convencional da uma pena teve justamente por escopo suprimir qualquer debate sobre a matéria. (…) A existência ou não de prejuízo é irrelevante" (RODRIGUES. *Direito civil*, v. 2, p. 267). Ver também António Pinto Monteiro, ao falar da intenção das partes nas cláusulas penais de função indenizatória: "Chamados *cláusula de fixação antecipada do montante da indemnização* àquela em que as partes, ao estipulá-la, visam, tão-só, liquidar antecipadamente, de modo *ne varietur*, o dano futuro. Pretendem as partes, desta forma, evitar os litígios, as despesas e demoras que uma avaliação judicial da indemnização sempre acarretará, à qual é inerente, por outro lado, uma certa álea. Ao mesmo tempo que o credor se furta ao encargo de ter de provar a extensão do prejuízo efectivo, o devedor previne-se quanto a uma indemnização avultada, superior às suas expectativas". (PINTO MONTEIRO. *Cláusula penal e indemnização*, p. 602-603.)

[329] Essa é, contudo, justificativa a que recorre a doutrina, como também visto no item 1.2.1, *supra*: "Del hecho de que la pena actúe en función de previa liquidación, se sigue, como es lógico, que la pena puede pedirse, aunque la valoración de los daños efectivamente causados sea distinta de la cuantía de la pena. La jurisprudencia ha señalado, respondendo a alegaciones realizadas por los recorrentes, que la pena se debe aún en el caso de que el incumplimiento o el cumplimiento defectuoso no hayan causado daños. Lo cual es perfectamente lógico y es consequência del carácter penal que la multa convencional tiene, con independência de que actúe en función de liquidación de lo daños" (DIEZ-PICAZO. *Fundamentos del derecho Civil patrimonial*, v. 2, p. 401). Ver também BARASSI. *La teoria generale delle obbligazioni*, p. 481.

[330] "Corrisponde all'interesse del creditore, vittima dell'inadempimento, cui attribuisce un doppio vantaggio: processuale, perché lo allevia dell'onere di provare il danno subito, che normalmente grava sull'attore; e sostanziale, perché gli attribuisce il diritto alla prestazione prevista anche se il danno effettivo risulta inferiore al valore di questa, e perfino se risulta che l'inadempimento non ha causato nessun danno. (…) Ma la penale può giocare anche nell'interesse del debitore, perché limita la sua esposizione risarcioria: come regola egli deve solo la penale, ache se il danno causato dal suo inadempimento superi l'ammontare di questa" (ROPPO. *Il contratto*,.Milano: Giuffrè, 2001, p. 993-994.)

creditore ha lui stesso accettato di rispettarla egualmente. Quest'ultima obbligazione è la causa dell'impegno assunto dal debitore. Si vede che è facile rispondere all'obiezione [de que falta causa à penal cobrada na ausência total de dano], se si parte da questa idea, la cui esattezza non ci pare dubbia, che la stipulazione di una clausola penale è una convenzione sinallagmatica ed aleatoria. Quindi, se si pretende che la clausola penale manca completamente di causa, quando il creditore non dimostra alcun danno, bisogna logicamente ammettere che essa ne è priva in certa misura, in tutti quei casi in cui la rilevanza del danno non sia uguale a quella della pena. Ora, in questa ultima ipotesi, qualunque sia la differenza (…) la clausola penale deve essere applicata integralmente. La vera causa dell'obbligazione di pagare la pena non è dunque l'esistenza di un danno corrispondente a questa.[331]

Afirma-se, por outro lado, que tal característica da cláusula penal não teria o condão de justificar sua exigibilidade mesmo diante da comprovação da inexistência de danos, mas apenas se referiria ao valor da prestação: ausente o dano, estaria afastada a causa justificadora da multa convencional.[332] O próprio raciocínio, contudo, admite que a aleatoriedade inerente à cláusula penal se afigura suficiente para justificar o pagamento de valor superior aos danos sofridos (sem recurso à função punitiva). Atrelada a causa da cláusula penal aos danos derivados do inadimplemento, haveria que se reconhecer o direito do devedor a comprovar também que os valores superam o prejuízo efetivo, a expurgar do instituto efeito substancial. Ademais, a rigor, tampouco efeito procedimental seria conferido à cláusula penal caso se admitisse poder o devedor comprovar a inexistência de danos, o que equivaleria, ao fim e ao cabo, impor ao credor que comprovasse sua existência, nos termos do art. 373 do CPC, judicializando a questão relativa às consequências do inadimplemento. Não se pode olvidar, também, que o ordenamento jurídico reconhece a possibilidade de assunção de risco integral em contratos aleatórios, sem que daí se extraia qualquer caráter penal.[333] Os efeitos essenciais decorrentes da

---

[331] BAUDRY-LACANTINERIE; BARDE. *Trattato teorico-pratico di diritto civile*, p. 494-495, nota de rodapé nº 1. Lição semelhante é a de Ana Prata: "O mais comum, porém, é que a cláusula penal surja concebida como uma cláusula aleatória, consubstanciada numa inalterável fixação convencional antecipada do quantitativo indemnizatório a pagar pelo devedor sempre que se verifique um incumprimento que lhe seja imputável (nos termos da lei ou nos, mais estreitos ou latos, da própria convenção, sendo esta válida nesse ponto)". (PRATA. *Cláusulas de exclusão e limitação da responsabilidade contratual*, p. 55.)

[332] Ver nota de rodapé nº 192.

[333] Muito embora a previsão de cláusula penal não torne, à evidência, o contrato aleatório. Art. 458: "Se o contrato for aleatório, por dizer respeito a coisas ou fatos futuros, cujo

cláusula penal relacionam-se, assim, com a exclusão prévia de discussão a respeito das consequências do inadimplemento, a justificar a cobrança a despeito da própria *alegação* de prejuízo e impedir o credor,[334] salvo disposição expressa em sentido contrário, de requerer danos que superem o valor da multa contratual.[335] Se, por um lado, o credor assume o risco de não ver seus prejuízos integralmente reparados (abdicando, pois, da reparação integral a que teria direito de acordo com a disciplina legal – ver item 1.1.2), o devedor, a seu turno, compromete-se a efetuar a prestação consubstanciada na cláusula penal a despeito da avaliação da existência e quantidade dos prejuízos causados ao credor, o que pode ou não beneficiá-lo: o resultado da fixação possui, assim, relevância reduzida.[336]

À luz dos efeitos essenciais decorrentes da cláusula penal compensatória (não cumulatividade com a prestação principal e expurgar discussão a respeito da existência e quantidade dos prejuízos decorrentes do inadimplemento, limitando-os ao seu valor),[337] torna-se possível sua compreensão como mecanismo de disciplina dos riscos[338] (não do contrato, mas) relativos às consequências do inadimplemento.[339]

---

risco de não virem a existir um dos contratantes assuma, terá o outro direito de receber integralmente o que lhe foi prometido, desde que de sua parte não tenha havido dolo ou culpa, ainda que nada do avençado venha a existir".

[334] Nesse caso, resguardam-se os efeitos acima enumerados quanto ao mínimo previamente fixado, nos termos da parte final do parágrafo único do art. 416 do Código Civil.

[335] "Em compensação, embora o prejuízo sofrido exceda ao montante da pena, nada mais poderá reclamar o credor, pois somente a si mesmo deve imputar ter mal calculado ou mal previsto os factos contra os quais, aliás, entendeu Se premunir, estipulando a cláusula penal". (BEVILÁQUA, Clovis. *Direito das obrigações*. 3. ed. Rio de Janeiro: Freitas Bastos, 1931. p. 79.)

[336] Tal sistemática também foi traduzida por FLORENCE (Aspectos pontuais da cláusula penal, p. 522): "Há aí um equilíbrio entre as partes, configurado no risco de a responsabilidade poder ser agravada ou atenuada conforme as consequências do eventual inadimplemento".

[337] Em sentido semelhante, à luz do direito italiano, cf. ROPPO. *Il contratto*, p. 993.

[338] "La penale pertanto può divenire il modo migliore per allocare i rischi derivanti dalla contrattazione, anche in um'ottica tipicamente giuridica: se è vero che l'oggetto della penale viene determinato convenzionalmente dalle parti sulla base di una scelta discrezionale, che terrà conto anche del valore dei danni prevedibili da inadempimento ma che passerà attraverso la composizione dei diversi interessi sulla base del livello informativo di ciascuna delle parti, e che, per meglio graduare le reciproche convenienze, i soggetti interessati possono convenire la risarcibilità del danno ulteriore rispetto alla prestazione penale, ai sensi dell'art. 1382, coma, 1, c.c. La prevesione appare, in tal caso, destinata ad operare sia nel senso di bilanciare una penale inizialmente meno gravosa per il debitore; ma è altrettanto vero che in entrambi i casi, a prescindere dalla possibile funzione sanzionatoria, risarcitoria e/o afflittiva, la clausola penale finisce per creare un equilibrio nel rapporto che spinge a rafforzare la possibilità di adempimento senza necessariamente pregiudicare l'una posizione a danno dell'altra". (TRATARANO, Marco. *L'adeguamento della penale tra clausola e rapporto*. Milão: Esi, 2002. p. 49.)

[339] Não se quer com o emprego do termo "aleatório" afirmar que a presença de cláusula penal traduza a natureza de contrato aleatório da avença em que se encontra. Remete-se à gestão

CAPÍTULO 2
AS MODALIDADES DE CLÁUSULA PENAL NO DIREITO BRASILEIRO | 109

Observe-se que, em jurisprudência, é possível constatar perspectiva semelhante: "É por meio dessa pena que se assegura o acordo firmado entre as partes, ao sabor do comércio jurídico, dos riscos da inobservância, ou melhor, do descumprimento daquilo que foi inicialmente pactuado, mostrando-se como meio alternativo de solução de conflitos privados".[340]

Inserida, portanto, na dinâmica contratual desde o momento de sua gênese – e não apenas destinada a surtir efeitos no momento patológico (ver item 1.2.5) – a cláusula penal compensatória funciona como "mecanismo estabelecido pelo direito para proteger o contratante contra os riscos do inadimplemento":[341] fixando de antemão os valores que lhe serão atribuídos ou imputados por ocasião do descumprimento definitivo (imputável), credor e devedor, além de se furtar de longas discussões judiciais e da incerteza a elas inerentes, garantem maior dinamismo à extinção contratual.[342] Trata-se de forma de antecipar as consequências de eventual inadimplemento danoso, para que cada uma das partes, a partir desse ajuste, possa gerenciar com segurança sua posição, utilizando-se até mesmo de expedientes de gestão desse risco exteriores ao próprio pacto.[343] Nesse cenário, permanece evidente o benefício extraído para o credor, pois

---

de riscos contratuais, compreendidos de forma genérica como o "risco que qualquer uma das partes implicitamente se submete ao celebrar um contrato" (consoante lição citada por ALPA, Guido. Rischio contrattuale. In: NOVISSIMO Digesto Italiano: appendice. 3. Ed. Torino: VTET, 1957. v. 6, p. 863). O termo *risco*, entre suas diversas acepções, é empregado como "probabilidade de dano" (sobre todas as discussões a respeito do termo, confira-se: BOSELLI, Aldo. Alea. In: NOVISSIMO Digesto Italiano. 3. ed. Torino: VTET, 1957. v. 1, p. 469). Sobre o tema, confira-se BANDEIRA, Paula Greco. *Contratos aleatórios no direito brasileiro*. Rio de Janeiro: Renovar, 2010. Nessa toada, enumeram-se diversos instrumentos de gestão de risco, no qual, por exemplo, se encontra a cláusula de não indenizar, semelhante em diversos aspectos à cláusula penal (ALPA, Guido. Rischio (dir. vig.). In: ENCICLOPEDIA del Diritto. Milão: Giuffrè, 1958. v. 40, p. 1144-1158).

[340] STJ, REsp 1.346.171, 4ª T., Rel. Min. Luis Felipe Salomão, julg. 11.10.2016.

[341] TEPEDINO. Efeitos da crise econômica na execução dos contratos, p. 105.

[342] "A cláusula penal é de grande utilidade, e daí a enorme frequência do seu emprego. Ela, com efeito, *dispensa a prova da existência de prejuízos e de seu montante;* todas as dificuldades e incertezas inerentes a essa prova ficam afastadas. Obtém-se assim uma importante vantagem de segurança e simplicidade". (TELES. *Manual de direito das obrigações*, t. 1, p. 236, grifos no original.)

[343] A conclusão, de certa forma, pode ser verificada em jurisprudência. A título exemplificativo: "Registre-se, por oportuno, que a finalidade da cláusula penal compensatória visa recompor a parte pelos prejuízos que eventualmente venham a decorrer do inadimplemento total ou parcial. Representa um valor previamente estipulado pelas próprias partes contratantes a título de indenização para o caso de descumprimento da obrigação". (STJ, AgRg no REsp 1.408.010, 3ª T., Re. Min. Ricardo Villas Bôas Cueva, julg. 2.12.2014.)

ainda que [o direito decorrente da cláusula penal] não seja suficiente para o ressarcir de todos os prejuízos, tem porém, a vantagem de constituir um instrumento mais expedito, mais fácil e até mais barato de obtenção da indemnização.[344]

A atribuição dessa finalidade à cláusula penal auxilia a compreender as ocasiões em que o ordenamento determina a intervenção judicial para diminuição do montante estabelecido pelas partes,[345] inspiradas pela manutenção do equilíbrio entre a convenção e as consequências do descumprimento,[346] mas sem reduzi-lo ao montante dos danos verificados em concreto. O artigo 413[347] prevê duas hipóteses para a redução equitativa da cláusula penal: (i) quando a obrigação é cumprida em parte e (ii) caso se mostre manifestamente excessiva.

A doutrina salienta que o primeiro critério para redução – cumprimento parcial do ajuste – pressupõe que o credor tenha "do contrato haurido resultados econômicos úteis"[348] e implica que a alteração no valor da multa deve considerar a medida do cumprimento parcial para a lógica do ajuste.[349] Em algumas hipóteses, o raciocínio conduz a uma redução puramente matemática: por exemplo, ao apreciar contrato de patrocínio firmado entre laureado esportista brasileiro e

---

[344] PRATA. *Cláusulas de exclusão e limitação da responsabilidade contratual*, p. 635.

[345] Não se pretende esgotar os aspectos concernentes ao debate sobre os critérios de redução da cláusula penal fixados pelo Código Civil, assunto que demandaria estudo próprio.

[346] Sobre a relação entre o princípio do equilíbrio contratual e a gestão de riscos pelas partes, v. BANDEIRA. *Contratos aleatórios no direito brasileiro*, p. 125 *et seq.*

[347] Sobre a inspiração do art. 413, estabelece a doutrina: "Com base nos valores e nos princípios contemporâneos relacionados à igualdade material, justiça contratual (negocial), equilíbrio econômico-financeiro e solidariedade social, o art. 413 do Código Civil permite que o juiz reduza o valor da penalidade na eventualidade da obrigação haver sido cumprida em parte, ou se ficar constatado que o montante da penalidade se revela manifestamente excessivo, diante da natureza e finalidade do negócio (hipótese de onerosidade excessiva)". (GAMA. *Direito civil*, p. 398.)

[348] TEPEDINO. Notas sobre a cláusula penal compensatória, p. 9.

[349] É o que destaca Judith Martins-Costa: "Para os fins do art. 413, 1ª parte, se pode afirmar que a idéia de proporcionalidade tem uma dupla valência: significa uma das acepções do *princípio da equidade* e também um *postulado normativo*, indicando a medida concreta da redução a ser feita pelo juiz tendo em vista realizar a finalidade a que foi predisposta a cláusula penal no caso de ter havido cumprimento parcial da obrigação, então se examinando: (i) a *adequação* entre a pena e o inadimplemento efetivamente ocorrido; e (ii) a *necessidade* de ser reduzida a penalidade, por ter havido, efetivamente, desproporção entre a parte da obrigação efetivamente cumprida e a pena a ser paga, considerando, naturalmente, a totalidade das obrigações contraídas, no seu complexo de circunstâncias e motivações; e (iii) a finalidade expressa no valor *justiça proporcional*. Só assim, reunidos esses três aspectos, se justifica a restrição ao direito subjetivo do credor". (*Comentários ao Novo Código Civil*, v. 5, t. 2, p. 688-689.)

empresa de material desportivo, o qual restou inadimplido por essa na metade de sua vigência (pagou apenas metade do valor do patrocínio ajustado na avença), o STJ estabeleceu que a cláusula penal deveria ser também reduzida pela metade.[350] Contudo, em outros casos, a mera proporção matemática pode não atender ao postulado da redução equitativa à luz do benefício extraído pelo credor.[351] Assim, também o STJ rejeitou pedido de redução exatamente proporcional ao cumprimento da obrigação em caso envolvendo emissora de televisão e famoso jornalista que, semanas antes do termo final de contrato de prestação de serviços com previsão de exclusividade, já possuía contrato com emissora concorrente, na qual já era anunciado como nova atração. Segundo o Tribunal, a redução da multa (que foi feita a 50% do ajustado) deveria considerar que "independentemente do tempo restante, houve funda ruptura no equilíbrio da relação contratual entre as partes, ferimento cuja sanatória demanda maior reflexo pecuniário da reprimenda e não simples equação matemática". De acordo com os argumentos utilizados nas instâncias ordinárias e sufragados pelo Tribunal Superior, o comportamento do prestador de serviços – que descumpriu também os prazos contratuais de notificação para extinção do vínculo e ao avisar a contratante já possuía compromissos profissionais com a nova emissora – inviabilizou a redução proporcional da cláusula penal, na medida em que não apenas ficou a contratante privada do período restante do contrato, mas também teve que suportar as consequências da surpreendente ruptura.[352]

---

[350] "A redução deve ser no percentual de 50%, pois o contrato celebrado entre as partes pelo prazo de um ano fora renovado automaticamente pelo mesmo período, sendo rescindido na metade do segundo ano. Assim, no segundo período de vigência do contrato, houve o cumprimento de apenas metade da avença, recomendando a redução da cláusula penal para 50% do montante previsto no contrato". (STJ, REsp 1212159, 3ª T., Rel. Min. Paulo de Tarso Sanseverino, julg. 19.6.2012, publ. 25.6.2012.)

[351] Essa é a justificativa do Enunciado nº 359 das Jornadas de Direito Civil: "A redação do art. 413 do Código Civil não impõe que a redução da penalidade seja proporcionalmente idêntica ao percentual adimplido".

[352] Há que se ressaltar, todavia, que, muito embora seja essa a inspiração do acórdão, recorre o Tribunal à suposta finalidade punitiva da cláusula penal para corroborar suas conclusões. Confira-se a ementa: "A redução equitativa da cláusula penal a ser feita pelo juiz quando a obrigação principal tiver sido cumprida em parte não é sinônimo de redução proporcional. A equidade é cláusula geral que visa a um modelo ideal de justiça, com aplicação excepcional nos casos legalmente previstos. Tal instituto tem diversas funções, dentre elas a equidade corretiva, que visa ao equilíbrio das prestações, exatamente o caso dos autos. 3. Correta a redução da cláusula penal em 50%, visto que o critério adotado pelo Código Civil de 2002 é o da equidade, não havendo falar em percentual de dias cumpridos

A seu turno, a segunda parte do artigo 413 refere-se a hipótese em que a cláusula penal se mostre manifestamente excessiva, estabelecendo o legislador os parâmetros da natureza e finalidade do negócio. Já acentuou a doutrina que o legislador aduziu à finalidade econômica do negócio, bem como à necessidade de atentar para a espécie negocial ajustada, vez que "diversa será a repercussão da rescisão contratual para a parte prejudicada com o seu desfazimento culposo".[353] Desse modo, não se cogita da diminuição do montante da cláusula penal apenas se considerando sua superioridade em relação aos danos incorridos, agindo a norma como forma de moderação, na tentativa de corrigir abusos. Daí a necessidade de verificar as peculiaridades do caso – genéticas e supervenientes[354] – para avaliar a necessidade de redução da cláusula penal convencionada.[355] Assim, a ausência de danos, muito embora possa ser considerada como fator de redução da cláusula penal, não possui o condão de expurgar a cobrança da multa.[356]

---

do contrato. No caso, as rés informaram à autora sobre a rescisão contratual quando os compromissos profissionais assumidos com outra emissora de televisão já estavam integralmente consolidados. 4. Entender de modo contrário, reduzindo a cláusula penal de forma proporcional ao número de dias cumpridos da relação obrigacional, acarretaria justamente extirpar uma das funções da cláusula penal, qual seja, a coercitiva, estimulando rupturas contratuais abruptas em busca da melhor oferta do concorrente e induzindo a prática da concorrência desleal". (STJ, REsp 1.186.789, 4ª T., Rel. Min. Luis Felipe Salomão, julg. 23.3.2014, publ. 13.5.2014.)
A redução meramente matemática da cláusula penal com base no cumprimento parcial da obrigação também levou o TJRJ a defender a redução de 25% de cláusula penal relativa a contrato firmado entre posto de gasolina e distribuidora de combustíveis para comercialização exclusiva de produtos dessa no estabelecimento da primeira, pelo prazo de 84 meses. Ao ajuste principal, como de costume, estava atrelado contrato de comodato de bens da distribuidora. Cumpridos 21 meses do ajuste o posto de gasolina deixou de adquirir os produtos da distribuidora, o que foi considerado pelo Tribunal como inadimplemento da avença, a impor pagamento de multa que reduziu proporcionalmente à parcela desempenhada do ajuste (25%) (TJRJ, Ap. Cív. 0010694-71.2006.8.19.0209, 21ª CC, Rel. Des. Andre Ribeiro, julg. 6.5.2014). Há que cogitar, por outro lado, se nesse caso a redução proporcional conforme estabelecida pelo Tribunal considera todas as circunstâncias envolvidas no caso, notadamente a disponibilidade de bens pela distribuidora. A despeito de se tratar de comodato, dúvidas não há de que a justificativa do fornecimento dos bens encontrava-se na aquisição de produtos da distribuidora pelo posto de gasolina.

[353] TEPEDINO. Notas sobre a cláusula penal compensatória, p. 11.

[354] Os aspectos que podem influir na excessividade do valor da cláusula penal podem se relacionar a questões referentes à própria constituição da obrigação (como eventual disparidade na influência de ambas as partes na fixação do valor da cláusula, na hipótese, por exemplo, de contrato de adesão – não caracterizado como contrato de consumo) ou posteriores, como, por exemplo, eventual variação do preço do objeto da prestação.

[355] MARTINS-COSTA. Comentários ao Novo Código Civil, v. 5, t. 2, p. 701.

[356] A ausência de danos foi considerada pelo STJ como fator de redução da cláusula penal com base na segunda parte do art. 413 em caso envolvendo promessa de compra e venda em que o promitente vendedor lograra vender a terceiro o imóvel dentro de 6 (seis) meses

A análise dos critérios de redução contribui para a identificação da função da cláusula penal. No caso da multa compensatória, as circunstâncias que determinam a alteração do valor demonstram a inserção do instituto na lógica econômica do ajuste, como critério de distribuição dos riscos do inadimplemento. Daí porque o artigo 413 determina a intervenção em hipóteses excepcionais em que o ajuste resta desequilibrado (genética ou supervenientemente) e não somente quando os danos em concreto divergem do valor da cláusula penal. Em recente precedente, o STJ afastou a pretensão da "Rede TV" de reduzir a multa contratual estabelecida em contrato com o cantor "Latino". Entre outros pontos, asseverou-se que o valor da cláusula penal não poderia variar à luz dos diversos patamares de dano que podem advir para cada parte.[357]

Nem se alegue que tal perspectiva confrontaria a essência da cláusula penal como forma de proteção do credor: dúvidas não há de que o instituto opera também em seu benefício (já que não é autorizado, como se verá, ao devedor, desenvencilhar-se do ajuste efetuando o pagamento da multa), garantindo-lhe, ao menos, a vantagem de evitar as incertezas relacionadas ao procedimento judicial de liquidação dos danos e dos custos dali decorrentes,[358] o que não afasta sua inserção

---

após o primeiro inadimplemento do promitente comprador, bem como não houvera qualquer ação de cobrança de sua parte até o ajuizamento da ação pelo comprador. O montante de 10% (reduzido em 10%) foi considerado adequado pela Corte: "Processo civil. Agravo regimental. Contrato. Compra e venda de imóvel. Rescisão. Devolução das parcelas pagas. Cláusula penal compensatória. Redução a patamar justo. Artigos 920 e 924, do Código Civil de 1916. Possibilidade. Desprovimento. 1. A jurisprudência das duas Turmas que compõem a Segunda Seção, desta Corte, é firme no sentido da possibilidade de redução da cláusula penal no contrato de compra e venda, quando verificado, no caso concreto, que o valor avençado acarreta excessiva onerosidade do promissário-comprador e o enriquecimento sem causa do promitente-vendedor. Precedentes (REsp nºs 134.636/DF, 330.017/SP, 292.942/MG e 158.193/AM). 2. Agravo Regimental desprovido". (STJ, AgRg no Ag 660801, 4ª T., Rel. Min. Jorge Scartezzini, julg. 17.5.2005, publ. 1.8.2005.)

[357] "Nesse passo, caso acolhida a tese aventada pela emissora, o princípio da equivalência entre as partes não seria observado, pois o valor da multa teria limites diversos a depender do transgressor do termo de vigência contratual. Para o artista, o valor máximo de R$ 480.000,00 (quatrocentos e oitenta mil reais), em razão da remuneração anual prevista, e, para a emissora, a quantia de R$ 1.000.000,00 (um milhão de reais) poderia ser considerada insuficiente diante dos prejuízos experimentados. (…) É que, malgrado a redução determinada pelo Código Civil (artigo 413) não seja sinônimo de redução proporcional (mas sim equitativa), sobressai a razoabilidade do valor estabelecido pelas instâncias ordinárias, o qual se coaduna com o propósito inserto na cláusula penal compensatória: prévia liquidação das perdas e danos experimentados pela parte prejudicada pela rescisão antecipada e imotivada do pacto firmado, observada as peculiaridades das obrigações aventadas". (STJ, REsp 1.466.177, 4ª T., Rel. Min. Luis Felipe Salomão, julg. 20.6.2017.)

[358] "A primeira [cláusula penal], instituída só por utilidade do credor, tem por fim dispensá-lo da prova do dano e exigir logo a indenização estipulada como pena. A multa, instituída

na disciplina comum dos riscos do inadimplemento.[359] Não se pode olvidar, ainda, que o Código Civil possibilita a escolha de alternativas para o credor mitigar os riscos a ele atribuídos, tal como a previsão de arras confirmatórias que, embora se assemelhem à cláusula penal, possuem dupla vantagem para o credor, pois (i) não impedem a exigibilidade de danos ulteriores, desde que comprovados e (ii) o valor relativo ao sinal é transmitido no momento de constituição do ajuste.[360]

Nesse panorama, há que se analisar criticamente, ainda, a função de reforço ou de garantia classicamente atribuída à cláusula penal,[361] a qual apenas poderia ser compreendida se tomada a expressão em seu significado coloquial, não já jurídico.[362] Em sua concepção jurídica, defende-se que o termo "garantia" expressa reforço patrimonial que agrega circunstâncias exteriores à obrigação, como

---

em favor do devedor, tem por fim salvaguardá-lo dos efeitos do arrependimento, uma espécie de obrigação facultativa para o caso de querer rescindir o contrato, ou uma espécie de novação que a parte efetua à vontade". (MENDONÇA. *Doutrina e prática das obrigações*, t. 1, p. 245.)
"a cláusula penal facilita o recebimento da indenização, porque poupa, ao credor, o trabalho de provar, judicialmente, o montante de seu prejuízo, a fim de alcançar indenização". (MARTINS-COSTA. *Comentários ao Novo Código Civil*, v. 5, t. 2, p. 616.)

[359] Em lição referente às imposições revisionais estabelecidas pelo Código Civil de 2002, mas no todo pertinente à presente: "Na contemporaneidade, informada pelos valores constitucionais, a cláusula penal não pode mais ser concebida como instrumento único e exclusivamente destinado à proteção da pessoa do credor. Ela prossegue como instrumento e mecanismo de proteção ao crédito, mas que não enseja práticas e estipulações abusivas (vedação ao abuso do direito), tampouco deve permitir o enriquecimento sem causa". (GAMA. *Direito civil*, p. 400.)

[360] Tais circunstâncias levaram a doutrina recente a atribuir às arras confirmatórias justamente a função de reforço da obrigação: "entendemos que o que existe não é a confirmação do contrato, pois, como já vimos, isto ocorre no momento do encontro das declarações de vontades, mas a confirmação de sua execução, da intenção do seu cumprimento. Por isso, falamos em reforço do vínculo da obrigação". (ROCHA, José Dionízio da. Das arras ou sinal. In: TEPEDINO, Gustavo (Coord.). *Obrigações*: estudo na perspectiva civil-constitucional. Rio de Janeiro: Renovar, 2005. p. 549.)

[361] Álvaro Villaça sustenta que a cláusula penal representa verdadeira garantia pois ao credor é assegurado o valor da multa no caso de inadimplemento, sem ter qualquer ônus (AZEVEDO, Álvaro Villaça. *Teoria geral dos contratos típicos e atípicos*. São Paulo: Atlas, 2002. p. 84). Em perspectiva semelhante, Carvalho Santos assevera que para a estipulação de uma cláusula penal basta ser possível extrair a intenção das partes de "garantir a execução da obrigação principal" (*Código Civil brasileiro interpretado*, v. 11, p. 310).

[362] Discute-se se a expressão "garantia" – diante de seu amplíssimo emprego para institutos absolutamente diversos (que passam pelos direitos reais de garantia e abrangem até mesmo a assunção de dívida e a solidariedade) – representa um conceito jurídico. A rejeição da garantia como conceito jurídico pouco benefício traz para o emprego da expressão, na medida em que não identifica o traço jurídico comum que as singularizaria (sobre o tema v. FRAGALLI, Michele. Garanzia e diritti di garanzia. In: ENCICLOPEDIA del Diritto. 3. ed. Milão: Giuffrè, 1957. v. 18, p. 448-466.)

a responsabilização de terceiros (em conjunto com o devedor) e o destacamento de determinado bem para o cumprimento da obrigação.[363] Assim, representando a cláusula penal um valor já liquidado, ainda que superior aos danos verificados em concreto pelo credor e sendo o montante a ela relativo pago apenas quando verificado o inadimplemento, em regra, torna-se esmorecida eventual função de reforço, em especial porque nada agrega quanto à responsabilidade do devedor em relação à previsão do art. 391 do Código Civil.[364] Não se pode olvidar, ainda, que a relação obrigacional já carrega em si mesma a capacidade de compelir o devedor ao cumprimento.[365] Nada obstante, tratando-se a cláusula penal de prestação a ser efetuada por terceiro (e mantendo-se a responsabilidade do devedor), poder-se-ia agregar à

---

[363] Após indicar que, embora o termo possa ser designado para todo e qualquer meio empregado para satisfação de um direito de crédito, tal ampla concepção não se mostra útil, na medida em que não é capaz de individuar regime específico das garantias. Michele Fragalli afirma que haverá garantia em sentido técnico quando: "rafforza l'idoneità dell'obbligazione alla sua attuazione o, se meglio piace, il potere di aggressione che dà al creditore l'art. 2740, perché dà un certo grado di intensità alla destinazione o alla soggezione che normalmente il patrimonio del debitrore riceve o subisce secondo lo stesso art. 2740. Non è perciò destinazione o soggezione potenziale all'esecuzione come la cosiddetta garanzia generica, ma è una colorazione di tale destinazione o di tale soggezione; non è a favore di tutti i creditore indistintamente, ma a favore di uno solo nominativamente; non concerne tutto il patrimonio del debitore, ma beni determinati; talvolta non si estingue con l'alienazione del bene, in tal caso, perseguibile presso il terzo. La garanzia sta allora nell'accrescere o rafforzare, per un dato creditore, la probabilità di essere soddisfatto, quindi il vigore normale di una singola obbligazzione o del potere di aggressione che questa obbligazione attribuisce". (*Ibidem*, p. 453-454.)

[364] Eis o dispositivo: "Pelo inadimplemento das obrigações respondem todos os bens do devedor". Raciocínio semelhante levou a doutrina a destacar que a responsabilidade do devedor decorre da própria obrigação: "O contrato extrai sua força, não é demais dizer, não da cláusula penal eventualmente existente, mas da própria natureza do vínculo. Por isso mesmo é que se diz que a obrigação jurídica é uma obrigação perfeita". (FERRIANI. Da cláusula penal, p. 142.)

[365] Cuida-se da responsabilidade, elemento integrante do conceito de obrigação: "Uma das mais importantes distinções do direito das obrigações é a que estrema a dívida da responsabilidade, de tal sorte que o devedor, pela obrigação, pode responder com seu patrimônio ou parte dele. É a teoria dualista da obrigação. Deve-se sua sistematização à doutrina alemã anterior ao respectivo Código Civil, tendo sido difundidos os termos originários de Schuld e Haftung, o primeiro consistindo no dever de prestar ou de observar determinado comportamento, e o segundo, na responsabilidade do patrimônio do devedor como garantia pelo inadimplemento, ou seja, de um estado de submissão de uma ou mais coisas. Diz Larenz que é necessário distinguir conceptualmente a responsabilidade da dívida, do dever prestar, 'mas aquela segue esta como a sombra ao corpo', de tal sorte que a 'responsabilidade' que acompanha a 'dívida' transmite a esta uma espécie de gravitação. Outros autores utilizam os termos latinos *debitum* e *obligatio*, com os mesmos significados da teoria dualista (em inglês: *duty* e *liability*; em francês: *devoir e engagement*)". (LÔBO. *Teoria geral das obrigações*, p. 26-27.)

função indenizatória o escopo de garantia, havendo, nesse caso, nítido reforço patrimonial.[366]

A atribuição de função punitiva à cláusula penal compensatória no direito brasileiro dependeria, portanto, de sua cumulação com a cobrança de perdas e danos.[367] Além dos óbices já descritos acima, que apontam para o expurgo de conotação punitiva para o instituto,[368] não se pode olvidar que, ao contrário da cláusula penal moratória, a compensatória torna-se exigível apenas quando já se verificou o perecimento do interesse na prestação – momento no qual cabe ao credor apenas reaver eventuais prejuízos decorrentes do inadimplemento. A atribuição de função puramente aflitiva à cláusula penal compensatória, a determinar sua cumulação com a exigibilidade de perdas e danos – a chamada cláusula penal puramente coercitiva –, para além de confrontar o sistema estabelecido no Código Civil, carece de justificativa funcional – essencial para o reconhecimento e tutela das denominadas penas privadas (ver item 1.1.2), haja vista que sua eficácia encontra-se umbilicalmente vinculada ao perecimento do interesse na obrigação.[369] Ou seja, ao contrário do que pode se verificar com a cláusula penal moratória (ver item 2.2.2, *infra*), a compensatória destina-se a ser cobrada quando não mais viável a execução da obrigação – é uma "alternativa" a esta[370] –, de modo que permitir sua exigibilidade em

---

[366] Tais considerações explicam porque a doutrina mais recente refere-se à função de reforço como facilitação da obtenção de ressarcimento: "O reforço-auxílio, segundo significado atribuível, salva-se no contexto de uma facilitação ao cálculo dos danos". (JUNIOR. *Função, natureza e modificação da cláusula penal no direito brasileiro*, p. 255.)

[367] "Deve però notarsi che quando la penale fu stipulata esclusivamente ficatosi l'inadempimento il creditore ha il diritto di chiedere la penale ed i danni o l'esecuzione dell'obbligazione e la penale. In questo caso, le parti vollero aggiungere un'ulteriore sanzione a quelle stabilite dalla legge, e perciò la clausola penale non pregiudica i diritti che al creditore competono" (CLAUSOLA PENALE. In: NUOVO Digesto Italiano, p. 209). Nessa direção: "A pena (como multa propriamente dita) é *cumulável* com a indemnização de perdas e danos; a cláusula penal não o é, visto que se confunde com ela, cujo montante antecipadamente fixa". (TELES. *Manual de direito das obrigações*, p. 235, grifos no original.) Ressalve-se que não se abordará no presente trabalho a questão dos danos de natureza extrapatrimonial e sua possibilidade de cumulação com a cláusula penal.

[368] "Se, nessa ocasião, ainda for exequível a obrigação, ao credor fica o direito de escolher entre a prestação principal ou a da cláusula; mas lhe é vedado pedir conjuntamente ambas, porque, nesta emergência, uma das prestações é, por natureza, substituta da outra, não podendo aparecer e funcionar simultaneamente". (BEVILÁQUA. *Direito das obrigações*, p. 78.)

[369] Trata-se de relevante distinção em relação à cláusula penal moratória, como se procurará demonstrar no item 2.2.2.

[370] Daí concluir Orosimbo Nonato pela inviabilidade de cumulação: "A solução fina com a lógica e justiça: se o credor reclama o cumprimento da cláusula compensatória, ficou indenizado suficientemente, recebeu o todo o devido. E se recebeu todo o devido, não

conjunto com a reparação dos danos, representando apenas atribuição de vantagem patrimonial ao credor, em contrariedade a todo o sistema estabelecido pelo ordenamento para a responsabilidade civil (ver item 1.1.1),[371] acabaria por convertê-la em verdadeiro estímulo (do credor) ao inadimplemento.

2.2.1.2 A alternativa do credor no contexto das transformações no conceito de inadimplemento

Conforme observado no item anterior, a cláusula penal compensatória encontra-se atrelada ao inadimplemento definitivo da obrigação. De acordo com o art. 410 do Código Civil, ao credor seria conferida a alternativa entre a execução da obrigação ajustada e o pagamento da pena. Ao se referir à aludida alternativa, a doutrina destaca recorrentemente que traduz o poder atribuído ao credor de escolher entre o desempenho da obrigação e o pagamento da pena.[372] A "opção" do credor relaciona-se, assim, com o exercício do direito formativo de resolução da obrigação: permanecendo a utilidade da prestação, exigirá seu cumprimento; esgotado o interesse, pleiteará o pagamento da pena.[373] A alternativa, portanto, dependerá de avaliação a respeito da utilidade da prestação e da legitimidade de seu exercício pelo credor no caso concreto.

---

há, evidentemente, perdas e danos para reclamados. A exigência simultânea da obrigação e das perdas e danos pelo descumprimento da obrigação vulneraria não só os cânones da lógica, como as imposições de justiça: representaria excesso intolerável". (NONATO. *Curso de obrigações*, p. 371.)

[371] Não haveria, na hipótese, razão justificadora capaz de mitigar aludido princípio, imputando-se verdadeira pena ao devedor, vez que não haveria cumprimento a ser fomentado.

[372] "o credor pode, ao seu arbítrio, pedir o cumprimento da obrigação, ou da cláusula penal" (CARVALHO SANTOS. *Código Civil brasileiro interpretado*, v. 11, p. 318.)

[373] Veja-se eloquente manifestação de Antunes Varella (*Das obrigações em geral*, v. 1, p. 613): "Alguns autores admitem ainda a existência de obrigações com faculdade alternativa por parte do credor. E nada impede, de facto, que, numa obrigação simples, as partes atribuam ao credor a faculdade de escolher uma outra prestação, em lugar da prestação devida. Na prática, porém, deve tratar-se de espécie rara. Os interesses do credor, que poderiam justificar uma composição jurídica desse tipo, serão quase sempre satisfeitos, em maior grau, mediante a instituição de uma obrigação alternativa, com escolha do credor. O exemplo citado por Guilherme Moreira não parece feliz. No caso de A vender um cavalo a B e se ter estipulado a pena de certa soma pecuniária para a eventualidade do não-cumprimento do contrato, há apenas a estipulação de uma cláusula penal. O credor não tem a faculdade de optar livremente, na altura do cumprimento, entre a entrega do cavalo e a prestação pecuniária; só poderá exigir está, no caso de o devedor não cumprir".

Tal apuração, consoante descrito no item 2.1, na renovada concepção do conceito de inadimplemento, é realizada de forma objetiva, ainda que funcionalmente voltada ao interesse do credor. Em outros termos, na medida em que a utilidade da prestação deve ser extraída do programa obrigacional delineado pelas partes, a "escolha" do credor pelo desempenho da prestação consubstanciada na cláusula penal pressupõe a verificação do esgotamento da função da obrigação e apenas nesse caso pode ser legitimamente exercida.[374]

Aludida lógica não se confunde com a equiparação da cláusula penal compensatória às arras penitenciais[375] ou à denominada "multa penitencial".[376] Tais institutos vinculam-se ao direito do devedor de se libertar do vínculo obrigacional por meio de prestação previamente convencionada (distinguindo-se estruturalmente apenas quanto ao momento em que tal prestação é feita: o primeiro, no momento da constituição do ajuste; o segundo ao ser exercido o direito de arrependimento). À toda evidência a previsão de cláusula penal não confere ao devedor o direito de pagá-la e liberar-se da obrigação principal: havendo interesse do credor, cabe-lhe tão somente oferecer a prestação ajustada.[377]

---

[374] "En princípio, lo único que puede pedir el acreedor es el cumplimiento: la solución de los daños e interesses es, como acabo de advertir, meramente subsidiaria, y sólo procede cuando el cumplimiento es objetivamente imposible. De ahí que si el deudor ofrece cumplir, o prueba que el acreedor tiene como obtener esse cumplimiento (a menos, claro está, que se trate de un cumplimiento tardio o inoportuno, que no reporte al acreedor las ventajas que éste podía esperar en caso de cumplimiento en tiempo debido), el acreedor carezca de cualquier derecho para exigir una indenización que no tiene fundamento ni justificación". (COLMO. *De las obligaciones en general*, p. 132.)
Justamente por isso salienta a doutrina que o devedor pode responder eventual demanda pela cláusula penal com a prestação (ROPPO. *Il contrato*, p. 995).

[375] Afirma-se que nas arras penitenciais se "pressupõe que as partes tenham reservado a faculdade de rescindir o contrato e representa, por isso, a pena da rescisão" (RUGGIERO, Roberto de. *Instituições de direito civil*. 3. ed. São Paulo: Saraiva, 1973. v. 3.p. 118). O instituto difere da cláusula penal pelas razões anteriormente aludidas, em especial por se tratar de quantia transferida ao credor no momento da celebração do ajuste, de caráter real, portanto.

[376] A denominada multa penitencial consiste no ajuste por meio do qual preveem as partes o pagamento de certo valor como consequência da desistência do vínculo obrigacional, comportamento que, nessa hipótese, não caracteriza inadimplemento. "A primeira [cláusula penal], instituída só por utilidade do credor, tem por fim dispensá-lo da prova do dano e exigir logo a indenização estipulada como pena. A multa, instituída em favor do devedor, tem por fim salvaguardá-lo dos efeitos do arrependimento, uma espécie de obrigação facultativa para o caso de querer rescindir o contrato, ou uma espécie de novação que a parte efetua à vontade". (MENDONÇA. *Doutrina e prática das obrigações*, t. 1, p. 345.)

[377] Superam-se, assim, as críticas tecidas por Calvão Silva: "Problema diferente é o de o credor poder, no caso de o devedor não cumprir, optar entre o cumprimento e a cláusula penal.

As circunstâncias de, reconhecido o caráter da cláusula penal como elemento de gestão de riscos, poder resultar em prestação menos onerosa para o devedor (por representar valor inferior ao dos danos concretos e necessariamente menor que o valor da obrigação principal), bem como a apreciação objetiva do inadimplemento, poderiam levar à objeção de que a previsão da cláusula penal compensatória acabaria por representar verdadeiro estímulo a que o devedor deixe de oferecer a prestação devida. Avaliando que o cumprimento da obrigação pode lhe ser mais gravoso do que o pagamento da multa, deixaria intencionalmente de cumprir a obrigação.

Além de tal conduta não sobreviver ao juízo de merecimento de tutela[378] – necessário à determinação da legalidade de todos os atos de autonomia no direito brasileiro – não se pode olvidar que, vislumbrando-se a hipótese fática delineada pelas partes, atribui-se ao credor direito potestativo de resolução. De todo modo, eventual conduta do devedor conforme acima exposta desvirtuaria por completo as finalidades do ajuste, mas também verdadeiro dolo,[379] a atrair, como resposta do ordenamento, a superação do ajuste.

A inviabilidade de liberação da responsabilidade por dolo é amplamente admitida nos estudos relativos às denominadas "cláusulas

---

O legislador apenas proíbe ao credor o cúmulo do cumprimento e da cláusula compensatória, não já a dita opção, como é comumente sublinhado, em coerência com a função de reforço e de garantia do cumprimento desempenhado pela cláusula penal. É que na falta de possibilidade de opção por parte do credor, derivaria da cláusula penal uma obrigação alternativa com escolha do devedor, podendo este, na prática, optar pelo cumprimento da obrigação principal ou pelo pagamento da pena convencional". (CALVÃO DA SILVA. *Cumprimento e sanção pecuniária compulsória*, p. 257, nota de rodapé nº 470.)

Nesse cenário, há que se questionar se a cláusula penal de fato adequa-se à concepção de obrigação alternativa: não há duas obrigações em relação às quais o credor (ou o devedor) deve escolher livremente, mas a exigência da penal pressupõe o perecimento do interesse, a se aproximar de obrigação condicional. Veja-se a lição de: "A lei salienta claramente que a determinação do objeto a prestar há de se realizar-se através de uma operação de *escolha*. Ocorrendo de maneira diversa, ou seja, mediante o resultado de um sorteio ou de qualquer outro facto futuro e incerto, já não estaremos em face de uma obrigação do referido tipo [alternativa]. Entra-se no domínio dos negócios condicionais". (COSTA, Mário Júlio de Almeida. *Direito das obrigações*. 9. ed. Coimbra: Almedina, 2004. p. 673.)

[378] "os atos de autonomia têm um denominador comum na necessidade de serem direcionados a realizar interesses e funções merecedores de tutela e socialmente úteis; e na utilidade social há sempre a exigência de que atos e atividades não estejam em contraste com a segurança, a liberdade, a dignidade humana". (PERLINGIERI. *O direito civil na legalidade constitucional*, p. 348.)

[379] "Dolo é a violação intencional e deliberada daquilo a que se está obrigado". (LACERDA DE ALMEIDA. *Obrigações*, p. 160.)

de não indenizar".[380] Afirma-se, nessa seara, que sob nenhum aspecto se poderia autorizar a exoneração do devedor da responsabilidade por dolo, por se tratar de norma de ordem pública, intrinsecamente vinculada à moral.[381] Raciocínio semelhante pode ser empregado à cláusula penal, cuja afinidade com as cláusulas de exoneração de responsabilidade – por se tratarem de ajustes que visam justamente a disciplinar antecipadamente as consequências do descumprimento – é reconhecida em doutrina.[382]

---

[380] Assim conceitua a doutrina tal instituto: "convenções pelas quais as partes, em certos termos, previamente à ocorrência de um dano, excluem o dever de indenizar ou estabelecem limites, fixos ou variáveis, ao valor da indenização" (FERNANDES, Wanderley. *Cláusulas de exoneração e de limitação de responsabilidade*. São Paulo: Saraiva, 2013. p. 112-113). Ver, ainda, PEREIRA, Vinícius. *Cláusula de não indenizar*: entre riscos e equilíbrio. Rio de Janeiro: Lumen Iuris, 2015.

[381] Ver, por todos, Aguiar Dias: "Como já sucedia no direito romano, todos os autores estão de acordo em excluir o dolo do campo de influência da cláusula de irresponsabilidade (…). A verdadeira razão da inadmissibilidade da cláusula (…) está na própria essência do dolo, pois *fraus omnia corrumpit*. Ainda que a convenção expressamente o admita e preveja, o dolo compromete a cláusula, porque é contrário à moral e à ordem pública estabelecer a impunidade da má-fé prevista de antemão. É repugnante, com efeito, ao senso jurídico e à regra moral admitir a impunidade do dolo, até porque ao dolo previsto e por ocorrer já antecede o dolo com que se convenciona". (AGUIAR DIAS, José de. *Cláusula de não indenizar*: chamada cláusula de irresponsabilidade. 3. ed. São Paulo: Saraiva, 1998. p. 110, 116.)

[382] A doutrina reconhece a aplicabilidade das normas e *ratio* da limitação de responsabilidade ("Questa funzione di 'calmiere' del risarcimento dovuto avvicina la clausola penale alle clausole di limitazione della responsabilità, che hanno una specifica disciplina; questa dovrà applicarsi alle clausole che, pur presentandosi nominalmente come 'penali' a carico del debitore, in concreto abbiano la funzione prevalente di limitarne la responsabilità". Cf. ROPPO. *Il contratto*, p. 994), por vezes tratando tais institutos conjuntamente. Veja-se, ainda, no direito brasileiro: "A cláusula penal compensatória poderá ser usada para atingir a finalidade comumente buscada por meio das cláusulas de limitação de responsabilidade civil, toda vez que aquela for estipulada sem que seja ressalvada, expressamente, a possibilidade de percepção de indenização suplementar (…)" (TAVARES, Fernanda Girardi. Os instrumentos de equilíbrio contratual no Código Civil e no Código de Defesa do Consumidor: estudo da cláusula penal e da cláusula de não indenizar. In: MARQUES, Cláudia Lima (Coord.). *A nova crise do contrato*. São Paulo: Revista dos Tribunais, 2007. p. 369). Ver, ainda: "Aí estão, cada qual a desenvolver-se conforme às suas possibilidades na vida econômica e social, quatro fórmulas de equilíbrio entre as exigências da reparação e as da conservação da atividade responsabilizada [cláusula penal, cláusula de limitação da responsabilidade, cláusula de irresponsabilidade, seguro de responsabilidade]. (…) A cláusula penal serve ao mesmo propósito de equilíbrio em que se inspira a cláusula de irresponsabilidade, porque suprime a incerteza da liquidação, evitando o risco de, na apuração do prejuízo, se computarem consequências que estejam além ou aquém das naturalmente derivadas do acontecimento prejudicial, a saber, o inadimplemento. (…) Assim, o que guardam de comum a cláusula penal e a cláusula de irresponsabilidade é o fim a que serve, no interesse do equilíbrio jurídico, de concertar previamente as consequências da responsabilidade, e limitando o arbítrio e a imprecisão, sempre de temer, em matéria de liquidação de danos". (AGUIAR DIAS. *Cláusula de não-indenizar*, p. 20-23.)

Assim, demonstrado o comportamento doloso do devedor para se furtar do cumprimento da obrigação, ainda que indiretamente, se beneficiar de eventual estipulação de cláusula penal a ele mais favorável que o cumprimento da obrigação, autoriza-se a desconsideração do ajuste, a abrir ao credor a alternativa ordinária (art. 389 do Código Civil). Não se trata de penalizar o devedor valorando seu comportamento – a incidir o óbice previsto no art. 403 do Código Civil –, mas de reconhecer não haver merecimento de tutela em ato que lhe permitiria beneficiar-se de sua própria torpeza.

A expressão "alternativa a benefício do credor" é, ainda, interpretada como capaz de conferir-lhe terceira opção, qual seja, no lugar de executar a cláusula penal, requerer, mediante ação ordinária em que lhe incumbiria o ônus global da prova, exigir todas as perdas e danos em que teria incorrido. Silvio Rodrigues, um dos percussores desse entendimento na doutrina brasileira, assevera que:

> (…) ocorrendo inadimplemento, sobra ao credor uma alternativa; com efeito, pode ele recorrer ao procedimento ordinário e pleitear as perdas e danos, nos termos do art. 389 do Código Civil, os quais serão calculados em juízo; ou pode evitar as canseiras e delongas de uma execução judicial, demandar somente a importância da multa, que corresponde, como disse, às perdas e danos estipulados anteriormente pelas partes, e *à forfait*.[383]

Além de encontrar significativo eco em jurisprudência,[384] a posição é adotada também por outros doutrinadores, os quais

---

[383] RODRIGUES. *Direito civil*, v. 2, p. 263-264. Em seguida, em nota de rodapé, justifica seu posicionamento: "Sustento a tese de que, sendo a cláusula penal compensatória, pode o credor, em caso de inadimplemento, em vez de reclamá-la, exigir as perdas e danos, uma vez que se submeta ao encargo de prová-las. (…) Com efeito, se o art. 410 do Código Civil determina que a cláusula compensatória constitui uma alternativa para o credor, em caso de inadimplemento absoluto, é evidente que lhe defere a prerrogativa de preferir a indenização do prejuízo, quando este, sendo maior que a pena, for suscetível de prova; caso contrário, nenhuma alternativa ficaria aberta ao credor quando a prestação se houvesse tornado impossível, por culpa do devedor". (*Ibidem*, v. 2, p. 264-265.)

[384] No panorama jurisprudencial, verificam-se duas posições distintas. Por um lado, em menor número, há precedentes que afirmam que a escolha que se confere ao credor limita-se a definir se pleiteia perdas e danos – e, por conseguinte, a execução da cláusula penal – ou se lhe interessa perseguir na execução da obrigação pactuada. Para tais julgados, a cláusula penal compensatória representa pré-fixação das perdas e danos pelas partes, não cabendo, no caso de inadimplemento absoluto, qualquer discussão sobre a indenização a ser paga – ressalvadas as hipóteses do parágrafo único do art. 416 e da redução prevista no art. 413.
Cuida-se da posição da jurisprudência clássica do STF ("Cláusula penal. Avaliação de perdas e danos. O pagamento de multa compensatória exclui a exigência de perdas e

asseveram que "mesmo que o prejudicado disponha da cláusula penal, poderá, se quiser, provar os prejuízos efetivos e cobrá-los em espécie, ignorando a cláusula penal".[385] A construção pressupõe que a vedação dessa opção para o credor assemelharia a cláusula penal à multa penitencial.[386]

Nada obstante a robustez dos argumentos apresentados, razão parece estar com aqueles que afirmam a impossibilidade de se optar entre a cláusula penal compensatória e a cobrança integral, mediante prova, das perdas e danos. Na lição de Carvalho Santos, a alternativa em benefício do credor deve ser interpretada de forma diversa:

---

danos. Rejeição de embargos") (STF, RE 6083, 2ª T., Rel. Min. Orozimbo Nonato, julg. 8.6.1954), encontrada também em alguns julgados de Tribunais estaduais: "O credor pode optar entre as perdas e danos e a cláusula penal, e, uma vez feita a opção, prevendo, no contrato a cláusula penal, não poderá pedir perdas e danos. Por isso, se o prejuízo causado ao credor for maior do que a pena convencional, impossível será pleitear indenização suplementar (perdas e danos), se assim não estiver convencionado no contrato". (TJSP, Ap. Cív. 0185378-45.2008.8.26.0100, 3ª Câmara de Direito Privado, Rel. Jesus Lofrano, julg. 5.6.2012).
Por outro lado, a jurisprudência majoritária compreende que a opção do credor abrange também a renúncia à cláusula penal – que apenas a ele beneficiaria – e a comprovação de todas as perdas e danos sofridas, sem qualquer limitação. Dito de outro modo, seria-lhe facultado optar, no caso de inadimplemento, entre a execução da cláusula penal e a comprovação das perdas e danos. Tal entendimento é encontrado tanto no STJ (a título exemplificativo, ver o REsp STJ, REsp 734.520, 4ª T., Rel. Min. Hélio Quaglia Barbosa, julg. 21.6.2007, publ. 15.10.2007), como nos tribunais estaduais ("A opção pela condenação da ré ao pagamento de indenização por perdas e danos implica em renúncia à multa contratual, estipulada pelos contratantes exatamente com a finalidade de prefixar o valor das perdas e danos para a hipótese de descumprimento do contrato" (TJSP, Ap. Cív. 0016935-54.2010.8.26.0006, 3ª Câmara de Direito Privado, Rel. Des. Carlos Alberto Garbi, julg. 29.5.2012.). Os julgados mencionam, ainda, a redação do art. 416 do Código Civil que, em seu *caput*, estabelece que a cobrança de cláusula penal independe de comprovação do prejuízo. Em interpretação *a contrario sensu*, fixa-se que, caso o credor não queira se valer do benefício da previsão da multa, dependerá de comprovação dos danos para se ressarcir (TJSP, Ap. Cív. 3003439-82.2009.8.26.0347, 35ª Câmara de Direito Privado, Rel. Des. Mendes Gomes, julg. 27.6.2011). Em outros tribunais, confiram-se os seguintes acórdãos: TJRJ, Ap. Cív. 0046996-73.2008.8.19.0001, 12ª CC, Rel. Des. Lucia Miguel S. Lima, julg. 25.1.2011; TJRJ, AP. Cív. 0050743-80.1998.8.19.0001 (2009.001.29663), 6ª CC, Rel Des. Wagner Cinelli, julg. 11.11.2009; TJMG, Ap. Cív. 3695827-04.2000.8.13.0000, Rel. Des. Pereira da Silva, julg. 18.3.2003.

[385] FILHO *et al*. *Comentários ao Código Civil Brasileiro*, v. 4, p. 545, grifo nosso.

[386] "Quando se diz que cláusula penal constitui um sucedâneo das perdas e danos, pode-se colher a impressão de ser lícito ao devedor ou cumprir a obrigação ou pagar a importância da pena. De maneira que, se isso fosse verdade, estar-se-ia na presença de simples obrigação alternativa. (…) Portanto – insistindo – não pode o devedor eximir-se da obrigação entregando a importância da cláusula penal". (RODRIGUES. *Direito civil* v. 2, p. 268). Como visto, muito embora de fato, não se possa alegar estar diante de obrigação alternativa, não se pode afirmar que se trata de escolha deixada ao talante do credor: a exigibilidade da cláusula penal depende do descumprimento definitivo da obrigação. Por isso também não é dado ao devedor "desistir" pagando a cláusula penal ainda havendo interesse útil.

Mas não é bem assim. A alternativa é outra: entre o cumprimento da obrigação e a cláusula penal. (...) Não há, por conseguinte, em rigor, a alternativa entre a cláusula penal e as perdas e danos, (...) mesmo porque, como as perdas e danos já estão preavaliadas com a estipulação da cláusula penal, não é lícito ao credor exigir as perdas e danos, mas, sim, apenas a própria cláusula penal.[387]

A expressão consagra (não uma autorização para que seja desconsiderado o pactuado entre as partes, mas) a constatação de que a cláusula penal pressupõe a ausência de interesse do credor na obrigação ajustada. Considerar que, conquanto prevista cláusula penal para a hipótese de inadimplemento absoluto, subsiste ao prejudicado a possibilidade de, comprovando os danos, superar a disposição contratual, resulta em atribuir à cláusula penal papel exclusivo de inversão do ônus probatório, a esvaziar de forma significativa a utilidade e potencialidade do instituto. Cuida-se a intenção das partes de se despirem das incertezas decorrentes de uma batalha após a verificação do inadimplemento de *ratio* central do instituto:

> A resposta já está escrita, e melhor escreveu-a Giorgi: o fundamento da penal está na vontade das partes, que quiseram por este modo liberar-se dos riscos, das delongas e das despesas de provas e de liquidações nem sempre fáceis, e reforçar o vínculo obrigatório.[388]

Mais que reparar os danos decorrentes do descumprimento da obrigação principal, a cláusula penal compensatória assume feição de pacto acessório sobre os riscos do descumprimento – a justificar sua exigência na hipótese de inexistirem danos ou desses não guardarem proporção com o valor previamente fixado –, por meio do qual as partes – ambas – gerenciam os riscos daquela contratação, sabendo de antemão os valores que receberão na hipótese de inadimplemento culposo, liberando-se dos percalços da discussão a respeito das consequências do descumprimento.

Assim, sob a ótica do moderno direito obrigacional, em que o vínculo é visto não mais como sujeição do devedor ao arbítrio do credor, mas como relação de cooperação em que as partes buscam efetivar o escopo por ambas delineado, não se justifica a compreensão

---

[387] CARVALHO SANTOS. *Código Civil brasileiro interpretado*, v. 11, p. 320.
[388] FULGÊNCIO. *Manual do Código Civil Brasileiro*, v. 10, p. 439.

de que a cláusula penal pode ser simplesmente deixada de lado, havendo outros instrumentos capazes de tutelar o credor contra eventual comportamento abusivo do devedor.[389] A perspectiva, sob outro aspecto, representaria a admissão de previsão contratual no todo desprovida de efeitos.

De mais a mais, com a previsão constante no parágrafo único do art. 416 do Código Civil, que estabelece ser facultado às partes prever indenização suplementar à cláusula penal,[390] a ressalva feita pela doutrina não mais se justifica. Com efeito, considerar que as partes podem, ao seu talante, a qualquer tempo e independentemente de qualquer previsão ou justificativa, afastar a cláusula penal e requerer

---

[389] Já se mencionou anteriormente a possibilidade de superação da cláusula por dolo ou culpa grave do devedor.

[390] Aludida previsão também deve ser inserida no panorama ora delineado para o instituto, de inserção da cláusula penal compensatória na racionalidade do ajuste empreendido pelas partes. Ou seja, na medida em que se compreende que a cláusula penal não consiste em elemento externo e importante só no momento do inadimplemento, mas que compõe os interesses de ambos os centros de interesse envolvidos, disciplinando previamente os riscos a que estariam sujeitos em função da contratação, a evitar as inseguranças da apuração *a posteriori*, muito embora o valor seja sempre atribuído ao contratante inocente e que, portanto, seja "em seu benefício", a cláusula penal de certa forma, como todo o ajuste, deve considerar também interesses do devedor: enquanto beneficia o credor estabelecendo montante fixo e prévio, também traduz benesse ao devedor, que já sabe de antemão os valores que arcará no caso de descumprimento culposo (credor e devedor – insista-se – abrem mão de discutir as consequências do inadimplemento, renunciando seja à reparação integral, seja à demonstração de inocorrência dos danos). Nessa lógica, o artigo 416, parágrafo único, deveria ser tomado não como uma indenização mínima (nesse sentido, contudo, ver MARTINS-COSTA. *Comentários ao Novo Código Civil*, v. 5, t. 2, p. 718), mas como norma capaz de permitir que o credor busque o procedimento regular de comprovação das perdas e danos. Dito de outro modo, para pedir a indenização suplementar, o credor terá que demonstrar todos os danos, para comprovar que superaram a penal, e será aberta ao devedor a possibilidade de questionar e debater esses danos, não se justificando que, mesmo que abdicada a maior vantagem dessa cláusula penal – a ausência de discussão, em que parece se centralizar a justificativa para que uma das partes possa se "beneficiar" da situação (ou seja, o credor poderia receber mais do que o ordinariamente devido ou o devedor pagar menos do que o teria, caso não houvesse a penal) – se imponha o pagamento ao devedor desse montante. O entendimento é defendido por Ana Prata e por António Pinto Monteiro, respectivamente: "o significado da convenção das partes não é o de cumular com o direito à indemnização por uma parte dos danos aquele outro ao recebimento da pena convencional – direito cuja constituição apenas supõe a verificação do não cumprimento imputável – mas o de salvaguardar a possibilidade de, não obstante a convenção indemnizatória, o credor optar pela aplicação do regime geral ressarcitório consequente do não cumprimento, se este lhe for mais favorável" (PRATA. *Cláusulas de exclusão e limitação da responsabilidade contratual*, p. 630); "Do que se trata, a nosso ver, ao acordar-se a reparação pelo dano excedente, é de uma cláusula penal em que o credor reserva para si a faculdade de poder vir a optar pela indemnização nos termos gerais, caso o dano efectivo supere o montante predeterminado". (PINTO MONTEIRO. *Cláusula penal e indemnização*, p. 451.)

todas as perdas e danos incorridas importaria em fazer letra morta da previsão do aludido artigo.[391]

O entendimento, contudo, mostra-se aplicável em contratos em que se verifica uma desigualdade entre as partes, pois, em tais hipóteses – como ocorre em contratos consumeristas, por exemplo – a cláusula penal não é equacionada pelas partes à luz dos riscos corridos com a contratação.[392]

2.2.1.3 O valor da cláusula penal compensatória e a restituição de parcelas recebidas da parte inocente

A inviabilidade de cobrança da prestação traduzida na cláusula penal compensatória avençada pelas partes com a exigência de indenização suplementar (salvo quando convencionado) não afasta a conclusão de que o devedor deve restituir ao credor eventuais valores por esse incorridos no desempenho de sua prestação.

A extinção do vínculo obrigacional, conforme descrito no item 2.1, implica o retorno das partes ao estado anterior ao da celebração do vínculo. Cuida-se de consequência que independe da razão de perecimento do vínculo, sendo necessária ainda que por evento inimputável ao devedor.[393] Em outros termos, com o fim do vínculo

---

[391] Em lição no todo compatível com a disciplina conferida pelo Código Civil brasileiro à cláusula penal, Calvão Silva assevera que: "É que a cláusula penal não pode ser considerada como um simples pacto relativo ao *onus probandi*, um pacto de simplificação probatória favorável ao credor. Se a função substancial da cláusula penal fosse essa, ter-se-ia de admitir a sua redução se (e só se) o devedor provasse que o dano efectivo era menos do que o convencionado antecipadamente, bem como o seu aumento se o credor provasse que o dano efectivo era maior. O que contrasta com a nossa lei que, para além do caso de cláusula penal usurária (art. 1146), só admite a intervenção do equitativo poder judicial de redução quando a cláusula penal for *manifestamente excessiva* (art. 812, nº 1) e que exige a convenção das partes para o ressarcimento do dano excedente". (CALVÃO DA SILVA. *Cumprimento e sanção pecuniária compulsória*, p. 249.)

[392] Sobre o ponto, seja consentido remeter a OLIVA, Milena Donato; ABILIO, Vivianne da Silveira. A cláusula penal compensatória estipulada em benefício do consumidor e o direito básico à reparação integral. *Revista de Direito do Consumidor*, v. 25, n. 105, p. 273-294, maio/jun. 2016. "No que se refere à facilitação da aferição das perdas e danos, na maioria dos casos isso será vantajoso ao consumidor, pois tornará mais rápida a reparação. Pode ocorrer, contudo, que esse valor pré-fixado seja prejudicial ao consumidor que, se adotadas as regras normais de averiguação das perdas, teria direito a uma indenização maior." (NEVES, José Roberto de Castro. *O Código do Consumidor e as cláusulas penais*. 2. ed. Rio de Janeiro: Forense, 2006. p. 196.)

[393] Tal raciocínio foi utilizado pelo STJ para determinar o dever do arrendatário em contrato de *leasing* de ressarcir o arrendante do valor empregado para a aquisição do bem, ainda que tenha perecido sem sua culpa: "Recurso especial. Ação de resolução de contrato de leasing deflagrada pela consumidora. Tese de extinção da avença ante a caracterização

contratual, a razão justificadora de eventual prestação realizada por quaisquer das partes se esvanece, sendo a restituição decorrência da vedação do enriquecimento sem causa.[394] Ao retorno ao *status quo ante* se agrega, nos casos em que o inadimplemento é imputável ao devedor, a indenização das perdas e danos.[395] Ou seja, imagine-se que, após o pagamento de 50% das prestações ajustadas em uma compra e venda na qual se tenha avençado o surgimento do dever de entregar o bem apenas após o pagamento integral, o objeto do contrato pereça sem culpa de qualquer das partes: dúvidas não há de que as parcelas pagas devem ser restituídas ao comprador.

O pagamento de cláusula penal pelo descumprimento definitivo da obrigação em nada afeta o dever de efetuar a restituição desses valores, que possuem causa distinta. Não há que se cogitar, portanto, de óbice na devolução em decorrência da vedação à cumulação de indenização com o pagamento da penal, que em nada se relacionam com os efeitos do descumprimento culposo da obrigação e danos porventura dela decorrentes.

---

de caso fortuito (roubo do veículo). Improcedência do pedido nas instâncias ordinárias em face da ausência de contratação de seguro pela possuidora direta, bem como diante da subsistência do dever de restabelecimento do *status quo ante*. Insurgência da arrendatária. 1. Inocorrência de violação aos arts. 233, 234, 238 e 240 do Código Civil. Hipótese em que a arrendatária deixou de contratar seguro sobre o veículo arrendado, o qual, posteriormente, veio a ser roubado. Subsistência da obrigação de restabelecer o *status quo ante*. 1.1 A resolução por inexecução contratual involuntária em função de caso fortuito ou força maior enseja ao arrendatário o dever de pagar ao arrendante o valor correspondente ao bem recebido (descontado, por óbvio, o valor das parcelas vencidas e quitadas), de modo a restabelecer a situação pretérita ao contrato, especialmente na hipótese em que o possuidor direto deixa de proceder à contratação de seguro do bem arrendado. 2. Vulneração aos arts. 46 e 51 do Código de Defesa do Consumidor. Não caracterização. A previsão de contratação de seguro, inerente aos ajustes de arrendamento mercantil, é absolutamente idônea", não encerrando, em si, qualquer abusividade, ainda que veiculada em contrato de adesão". (STJ, REsp 1.089.579, 4ª T., Rel. Min. Marco Buzzi, julg. 20.6.2013, publ. 4.9.2013.)

[394] "A impossibilidade da prestação nos contratos bilaterais determina a restituição da contraprestação com base no enriquecimento sem causa" (MENEZES LEITÃO. *Manual de direito das obrigações*, v. 1, p. 51); "Assim, embora tenha o pedido o nome de indenização ou de prejuízos, a prestação limita-se ao valor abstracto da coisa, quando não há culpa ou mora do devedor". (LACERDA DE ALMEIDA. *Obrigações*, p. 173.)

[395] "Agravo regimental. Recurso especial. Promessa de compra e venda. Imóvel. Resolução do contrato. Devolução das prestações adimplidas de forma imediata e em parcela única. 1 - Abusiva a disposição contratual estabelecendo, em caso de resolução do contrato de promessa de compra e venda de imóvel, a restituição das prestações pagas de forma parcelada. 2 - Com a resolução, retornam as partes contratantes à situação jurídica anterior ("status quo ante"), impondo-se ao comprador o dever de devolver o imóvel e ao vendedor o de ressarcir as prestações até então adimplidas, descontada a multa pelo inadimplemento contratual. 3 - Precedentes específicos desta Corte. 4 - Agravo Regimental Provido Para Conhecer Do Recurso Especial E Lhe Dar Provimento". (STJ, AgRg no REsp 677.177, 3ª T., Rel. Min. Paulo de Tarso Sanseverino, julg. 1.3.2011, publ. 16.3.2011.)

Cuida-se de ressalva fundamental, diante do limite estabelecido pelo Código Civil ao valor da multa, uma vez que essa, nos termos do art. 412, não pode ultrapassar o valor da prestação, para que não se permitam distorções que levem ao enriquecimento sem causa do devedor. Assim, na hipótese de recebimento antecipado da prestação pela parte que venha a ficar inadimplente, a exclusão da restituição em decorrência do pagamento da cláusula penal implicaria a total ineficácia desta, ainda que se considere o valor máximo que possa expressar.

2.2.2 Cláusula penal moratória

2.2.2.1 Conceito e função

Ao se referir à cláusula penal moratória (ou em segurança de uma cláusula específica), o artigo 411 do Código Civil atribui ao credor "o arbítrio de exigir a satisfação da pena cominada, juntamente com o desempenho da obrigação principal". A norma decorre do papel da cláusula penal no ajuste obrigacional: trata-se de convenção atrelada a violações que convivem com a possibilidade de cumprimento. Acionada, pois, apenas no caso de simples mora, a penal moratória torna-se exigível enquanto ainda persiste o interesse do credor na prestação principal.[396]

Desse modo, ao contrário do que ocorre com a cláusula penal compensatória, a cobrança da prestação consubstanciada na cláusula penal moratória afigura-se, em essência, cumulável com a cobrança da própria obrigação avençada, a autorizar, em tese, o agravamento da situação do devedor. Em outros termos, enquanto na cláusula penal para o caso de inadimplemento absoluto o devedor será instado a prestar a obrigação ou pagar a penalidade (que, como visto, não pode superar o valor da própria prestação), a moratória, a seu turno, representa prestação adicional.[397]

---

[396] Afirma-se que a cláusula penal moratória "não exclui o cumprimento – espontâneo ou forçado – da obrigação principal". (TEPEDINO; SCHREIBER. *Código Civil comentado*, v. 4, p. 396.

[397] "Temos, assim, a *multa moratória*, também chamada compulsória, e a que de início tivemos oportunidade de aludir. Como na hipótese da letra b, a mora não autoriza o devedor a denunciar a obrigação principal; por esta continua a responder, bem como pela multa convencionada para o atraso. (...) Dada a circunstância apontada, que possibilita a cumulação das prestações, não costuma ser elevada a multa moratória" (MONTEIRO. *Curso de direito civil*, v. 4, p. 345); "se a disposição contratual tiver o propósito de desencorajar a mora, ou de assegurar o cumprimento de uma cláusula da avença, portanto,

O caráter de cumulatividade da cláusula penal moratória é acentuado pela doutrina que lhe opõe, em termos funcionais, à multa compensatória. Assevera-se que, em contrariedade a essa, a pena por mora representa a intenção das partes de agregar uma sanção à estabelecida por lei, não prejudicando, pois, o cumprimento ou a reparação dos danos advindos do descumprimento absoluto. Daí ser corrente a afirmação de que a cláusula penal moratória consiste em verdadeira forma de punir o retardamento do escorreito cumprimento da obrigação.[398]

Sob esse viés, salienta Paulo Luiz Netto Lôbo que a cláusula penal moratória exerce função de reforço da obrigação ajustada:

---

cláusula moratória, permite a lei se ajunte o pedido de multa ao da prestação principal" (RODRIGUES. *Direito civil*, v. 2, p. 271). Há que se ressaltar, contudo, que são diversos os limites estabelecidos pela legislação específica ao valor da cláusula penal moratória, como é o caso do CDC (art. 52, §2º).

[398] Significativa é a afirmação de Orlando Gomes, reconhecidamente defensor da natureza de indenização pré-fixada da cláusula penal: "Há que se distinguir a cláusula *compensatória* da cláusula *moratória*, entendendo-se que é da segunda espécie quando visa a punir o retardamento na execução ou o inadimplemento de determinada obrigação. Neste caso, o pedido do credor pode ser cumulativo". (GOMES. *Obrigações*, p. 191, grifos no original.) É comum, do mesmo modo, entre os defensores da natureza bifuncional da cláusula penal, aduzir a multas moratórias a título de exemplo. Veja-se Silvio Rodrigues que, embora defenda a dupla finalidade da cláusula penal, ao exemplificar a função coercitiva, utiliza-se justamente de cláusula nitidamente moratória: "Figure-se, por exemplo, a hipótese de um empréstimo com garantia hipotecária, no qual ajustam as partes que o atraso no resgate da prestação sujeita o devedor a pagá-la com acréscimo de 10%. É natural que o devedor, para fugir ao pagamento da pena, se empenhe em saldar pontualmente a prestação. Portanto, a cláusula penal constitui um reforço da obrigação, criando elemento compulsório que atua no sentido de sua execução". (RODRIGUES. *Curso*, p. 263-264.) Em jurisprudência a afirmação de que a cláusula penal moratória se destina a punir a mora, opondo-a radicalmente à função da cláusula penal compensatória, também se mostra comum: "A obrigação de indenizar é corolário natural daquele que pratica ato lesivo ao interesse ou direito de outrem. Se a cláusula penal compensatória funciona como pré-fixação das perdas e danos, o mesmo não ocorre com a cláusula penal moratória, que não compensa nem substitui o inadimplemento, apenas pune a mora. (...) Conquanto se afirme que toda cláusula penal tem, em alguma medida, o fito de reforçar o vínculo obrigacional (Schuld), essa característica se manifesta com maior evidência nas cláusulas penais moratórias, visto que, nas compensatórias, a indenização fixada contratualmente serve não apenas de punição pelo inadimplemento como ainda é pré-fixação das perdas e danos correspondentes (artigo 410). 16.- Tratando-se de cláusula penal moratória, o credor estará autorizado a exigir não apenas o cumprimento (tardio) do avençado, com ainda cláusula penal estipulada. (...) 17.- A cláusula penal não visa compensar inadimplemento nem substituir a execução do contrato, apenas punir o retardamento no cumprimento da obrigação. Por isso admite-se sua cobrança de forma cumulativa com perdas e danos (obrigação que já deflui naturalmente do próprio sistema jurídico) e até mesmo, de forma simultânea, com o cumprimento do contrato". (STJ, REsp. 1.335.617, 3ª T., Rel. Min. Sidnei Beneti, julg. 27.3.2014, publ. 22.4.2014.)

As funções de pena civil e de garantia são destacadas nas hipóteses do art. 411 do Código Civil, a saber: a) no caso de mora e b) como segurança de cláusula determinada do contrato: tanto em uma quanto em outra o credor pode exigir cumulativamente o adimplemento da prestação e a pena convencionada.[399]

Como decorrência da natureza punitiva/coercitiva atribuída à cláusula penal moratória, espraiou-se entendimento segundo o qual sua previsão não impediria a cobrança de danos decorrentes do atraso na prestação principal.[400] Aludida posição fortaleceu-se significativamente no âmbito de discussões relativas a descumprimento de contratos de promessa de compra e venda de imóveis em construção, aos quais se mostra comum impor, após o decurso de prazo de tolerância para o atraso das obras, multas de 0,5% a 1% por mês sobre o valor do imóvel a ser paga pela construtora. Reconhece-se com relativa frequência a conjugação desse pagamento com a reparação de lucros cessantes ou ressarcimento de valores empregados em aluguéis pelo promitente-comprador.

Dúvidas não há que, diante das características centrais da cláusula penal moratória – cumulatividade com a obrigação principal, a representar o surgimento de responsabilidade adicional ao devedor,

---

[399] LÔBO. *Teoria geral das obrigações*, p. 304-305. O autor opõe essa função da cláusula penal moratória à exercida pela compensatória: "Portanto, a função compensatória ou de prefixação da indenização apenas é cabível quando estipulada para o inadimplemento total da obrigação, como prevê o art. 410 do Código Civil (*ibidem*, p. 306). No mesmo sentido, cf. TEPEDINO. Notas sobre a cláusula penal compensatória, p. 2. "À cláusula penal moratória em geral é impugnada a finalidade de coagir ao cumprimento, como é característico da cláusula penal puramente coercitiva, pois em ambas a pena é acrescida à prestação principal, não tendo caráter substitutivo". (MARTINS-COSTA. *Comentários ao Novo Código Civil*, v. 5, t. 2, p. 623.)

[400] "Há que se considerar, ainda, que o credor, também, estará autorizado a exigir, além da prestação tardia e da multa, as perdas e danos próprios da mora, como se apresenta o caso em discussão neste processo, pois, em razão da demora na conclusão das obras e entrega das chaves, o autor necessitou alugar outro imóvel para morar. De fato, se de um lado, a cláusula penal compensatória funciona como pré-fixação das perdas e danos, a mesma situação não se verifica com a cláusula penal moratória, que não compensa nem substitui o inadimplemento mas, somente pune o retardamento no cumprimento da obrigação, de forma que a cominação contratual de uma multa para o caso de mora não interfere com a responsabilidade civil correlata, que deflui naturalmente do próprio sistema" (TJRJ, Ap. Cív. 0058051-74.2011.8.19.0014, 23ª CC, Rel. Des. Alcides da Fonseca Neto, julg. 26.3.2014); "É possível a cumulação da cláusula penal com os lucros cessantes (*in casu*, pagamento de aluguéis que se encontram devidamente comprovados), porquanto a primeira tem por fundamento a mora da construtora e os lucros cessantes são devidos em razão da não fruição do imóvel". (TJRJ, Ap. Cív. 0010544-58.2012.8.19.0087, 27ª CC, Rel. Des. Tereza Sampaio, julg. 4.11.2013.)

130 | VIVIANNE DA SILVEIRA ABILIO
CLÁUSULAS PENAIS MORATÓRIA E COMPENSATÓRIA – CRITÉRIOS DE DISTINÇÃO

ainda que em face da limitação prevista no art. 412 do Código Civil;[401] e, principalmente, por se tornar exigível enquanto ainda existente interesse na obrigação principal –, tal instituto pode assumir relevante papel de estimular o cumprimento adequado da obrigação. Todavia, não se pode afastar que da própria mora podem surgir danos passíveis de ressarcimento (ver item 2.1, *supra*).[402]

Considerando a obrigação de reparação que pode advir da simples mora, salienta-se que a cláusula penal moratória, assim como a compensatória, não representa pena imputada ao devedor que retarda ou deixa de cumprir adequadamente a prestação sem fulminar o interesse do credor na prestação, mas apenas o sucedâneo dos prejuízos advindos da mora, na medida em que o dever de indenizar advém do inadimplemento relativo ou absoluto da obrigação.[403]

Cuidar-se-ia, portanto, de pré-fixação antecipada dos danos da mora, também apresentando função indenizatória, nos termos anteriormente descritos para a cláusula penal compensatória – isto é, ajuste cuja principal finalidade não se identifica na punição ou na indenização,

---

[401] Sobre a aplicabilidade do limite às moratórias: "Serão citados, mais adiante, casos em que há legislação específica para a cláusula penal moratória, em que não se aplicará o limite descrito no art. 412 do CC/2002. (…) Destarte, não se aplicará o limite descrito no art. 412 do CC/2002 quando houver legislação específica para a cláusula penal compensatória" (CASSETTARI, Christiano. *Multa contratual*: teoria e prática da cláusula penal. São Paulo: RT, 2013. p. 79-80); "não há, efetivamente, razão para restringir a eficácia do art. 412 apenas às cláusulas penais compensatórias, como preconizara Pontes de Miranda frente a diverso contexto normativo. (…) Se se tratar de cláusula penal moratória 'a norma estabelece um limite dotado de grande flexibilidade, no todo condizente com a natureza da cláusula penal, nada impedindo que a cláusula penal moratória seja imputada a finalidade de puramente coagir ao cumprimento, como é característico da cláusula penal puramente coercitiva, acrescendo-se a pena à prestação principal. Para os excessos manifestos comandará então o exame o art. 413, sabendo-se que o valor da obrigação principal é o limite, como seria o caso de pactuar-se cláusula penal moratória para a garantia de obrigação especialmente destacada: em nenhuma hipótese poderá o seu valor exceder o da obrigação principal de modo que caberá redução". (MARTINS-COSTA. *Comentários ao Novo Código Civil*, v. 5, t. 2, p. 673-674, 679.)

[402] "A indemnização de perdas e danos pode ser, porém, distinguida em *compensatória* e *moratória*. Chama-se *compensatória* ou *supletiva* a indemnização que substitui a prestação que não foi feita e corresponde à inexecução *definitiva*. (…) Esta indemnização, por isso, não pode ser acumulada, evidentemente, com a execução ou prestação tardia; pois, de contrário, o credor receberia duas prestações em vez de uma. Indemnização *moratória* é aquela que tem por fim reparar, somente o prejuízo havido com o atraso do cumprimento do contrato; e, por isso, poderá ser acumulada com a execução tardia". (CUNHA GONÇALVES. *Tratado de direito civil*, v. 4, t. 2, p. 712-713.)

[403] "ela representa apenas o prejuízo sofrido pelo credor com a espera, e não o equivalente da própria obrigação". (NONATO. *Curso de obrigações*, v. 2, p. 367.)

mas na vedação das discussões a respeito dos prejuízos decorrentes do descumprimento relativo.[404]

Aludidas perspectivas, embora aparentemente contraditórias, revelam, ao revés, que, sob a previsão de cláusula penal moratória, de acordo com o panorama delineado pelas partes, é possível identificar a atribuição de distintas funções. Pode se referir ao ressarcimento de danos, quando, por exemplo, se consubstancia em prestação a ser oferecida por terceiros (que nenhum efeito coercitivo exerce no devedor) ou a prestação seja evidentemente destinada a suprir os prejuízos decorrentes da mora, como é, ao fim e ao cabo, a hipótese de multa estabelecida nos contratos de promessa de compra e venda de bens em construção. A questão que corrobora a conclusão que vem sendo traçada pela jurisprudência passa menos pela natureza coercitiva de tal cláusula, mas pela sua inserção na tutela do contratante débil, o consumidor, que não pode ser prejudicado por cláusula exonerativa de responsabilidade do fornecedor (art. 51, I do CDC).[405]

Por outro lado, podem as partes prever vertente puramente coercitiva nos casos em que sua estipulação revela a intenção das partes de impor sanções ao devedor moroso para estimulá-lo a efetuar a prestação, como nos casos em que os percentuais ajustados se afiguram móveis e crescentes, ou se provisiona multa diária,[406] e mesmo

---

[404] LIMA, João Franzen de. *Curso de direito civil brasileiro*. 2. ed. Rio de Janeiro: Forense, 1961. v. 2, p. 107.

[405] "Todavia, na hipótese concreta, não se pode perder de vista que a relação entre as partes é de consumo, e que o contrato assinado pelo autor é de adesão, com as cláusulas impostas unilateralmente pela própria vendedora. Logo, não se pode impedir que o promitente comprador exija indenização suplementar pelos danos decorrentes da mora da vendedora, ainda mais porque referidos prejuízos foram suficientemente comprovados pelo autor/apelado". (TJSP, 9ª CDPriv, Apelação 1011392-12.2013.8.26.0309, julg. 8.3.2016.)

[406] Tendo em vista exatamente cláusula semelhante, o Supremo Tribunal de Justiça de Portugal identificou a dualidade de funções que pode assumir a cláusula penal moratória a partir da configuração dada pelas partes. Asseverou-se que "a cláusula contratual, pela qual a empresa de televisão se obrigou ao pagamento de uma multa por cada dia de atraso no pagamento das prestações, tem a finalidade de compulsão do cumprimento pontual do contrato, que não a de fixação de indemnização, nos termos do artigo 810º, nº I, do Código Civil. (…) É evidente que uma sanção de 1%, por cada dia de atraso, não representa, para a B…, uma antecipação ou fixação do montante de prejuízos sofridos por tal atraso, mas, sim, uma maneira de compelir a A… a apresentar os programas com a indispensável pontualidade. Se mais conviesse à B… receber as multas, do que a apresentação dos programas, dando às multas uma função indenizatória, mais beneficiava com um retardamento sem limite temporal, não clausulando o prazo convencionado ou dilatado nos termos do nº 2". (SUPREMO TRIBUNAL DE JUSTIÇA. Empreitada. Objecto-produção de filmes. Resolução do contrato e seus efeitos. *Revista da Ordem dos Advogados de Portugal*, ano 45, v. 1, 1985. Disponível em: <http://www.oa.pt/Publicacoes/revista/default.aspx?idc=30777&idsc=2691&volumeID=56204&anoID=56203>. Acesso em: 6/8/2018.)

132 VIVIANNE DA SILVEIRA ABILIO
CLÁUSULAS PENAIS MORATÓRIA E COMPENSATÓRIA – CRITÉRIOS DE DISTINÇÃO

quando se mostram desconectados da apuração dos danos.[407] Em tais hipóteses, a penal moratória[408] acaba por se assemelhar funcionalmente às astreintes.[409] Muito embora possuam fontes distintas – convenção

---

Em parecer relativo ao caso objeto do julgado, Antunes Varela destrinchou o regime da aludida cláusula, considerando-a cláusula penal (embora *sui generis*): "constituem verdadeiras *cláusulas cominatórias*. São *cláusulas* que formulam uma *cominação* ou *sanção* contra a mora da *Rádio Televisão Portuguesa* e, em termos paralelos, contra a mora da FILM-FORM. Prevendo uma multa percentual variável, crescente, de 1% de determinado valor, *por cada dia de atraso*, elas visam manifestamente estimular o contraente faltoso *pôr termo* à mora. (...) Esta multa, dado o carácter *cominatório* da cláusual, nada tem que ver, em princípio, com o *valor dos danos* sofridos pela credora com o facto do não-cumprimento. Trata-se, por conseguinte, duma sanção perfeitamente *acumulável* com a indemnização do dano realmente sofrido pela credora em virtude do facto do não-cumprimento definitivo, visto que, não se destinando de modo nenhum a *prefixar* o valor dos prejuízos sofridos por uma ou outra das partes a *multa* visava apenas estimular a prontidão ou rapidez do cumprimento, ou, pelo menos, conseguir que ele se atrasasse *o menos possível*". (VARELA, Antunes. *Parecer*. In: *Revista da Ordem dos Advogados de Portugal, ano 45, vol. I*, 1985, p. 185, disponível em http://www.oa.pt/Publicacoes/revista/default.aspx?idc=30777&idsc=2691& volumeID=56204&anoID=56203).

[407] É possível identificar casos em que a previsão de multa diária em contrato foi considerada cláusula penal moratória. A título exemplificativo, veja-se: "Apelação Cível. Embargos à execução. Cláusula penal estabelecendo multa diária por atraso no cumprimento de acordo homologado pelo juízo, no qual o município se comprometeu a iniciar as obras de pavimentação e drenagem no mês de outubro de 2008, estabelecendo, no caso de atraso – no início, ou no término das obras. Multa Diária De R$ 50,00 (cinquenta reais). A efetiva conclusão da obra se deu em 25/05/2010, ou seja, com 831 dias de atraso, os quais, somados ao atraso de 34 dias para o início da obra, alcançou o total de 865 dias-multa". (TJRJ, Ap. Cív. 0000557-07.2011.8.19.0063, 18ª CC., Rel. Des. Helena Candida Lisboa Gaede, julg. 1.11.2013.)

[408] Tratar-se-ia do instituto assim definido por Cunha Gonçalves: "Contra o devedor moroso e negligente há ainda outro meio compulsório, que desde logo é convencionado, mas que entra em função somente na data em que a obrigação se vence – é a *multa*, ou seja, a obrigação de pagar uma pequena quantia fixa por cada dia, semana, mês ou ano de mora; de modo que se exerce no devedor uma pressão contínua e automática, até se vencer a sua resistência ou a sua inércia, pois o progressivo incremento da multa pode conduzi-lo à completa ruína" (CUNHA GONÇALVES. *Tratado de direito civil*, v. 4, t. 2, p. 709). O autor diferencia-o da cláusula penal (por razões estruturais), nos seguintes termos: "Aparentemente, ela confunde-se com a pena convencional a que se referem os arts. 676 e 677; mas difere desta pelos seguintes caracteres: a) a pena convencional é uma espécie de indemnização ou reparação do não cumprimento do contrato; a multa tem por fim coagir ao cumprimento, e, por isso, não substitui a cousa ou o facto a prestar; b) a pena convencional é limitada, porque é fixada em função do dano provável do credor em caso de inexecução; a multa é variável, ilimitada, pois que o seu quantitativo total não depende da duração da mora do devedor; c) a multa é provisória, cessa logo que o devedor cumpra, mas pode ser acumulada com a execução; a pena convencional, tendo um carácter de indemnização, não é exigível em regra, juntamente com a execução ou com outra indemnização, como já vimos (art. 676). A multa, por isso, é essencialmente uma medida executória, mormente nas obrigações de fazer, visto que '*nemo ad factum praecise cogi potest*'". (*Ibidem*, p. 710.)

[409] Como é cediço, cuida-se as astreintes de expediente processual aplicado em juízo para compelir o devedor de obrigação de fazer ou não fazer a executar sua obrigação. Veja-se:

CAPÍTULO 2
AS MODALIDADES DE CLÁUSULA PENAL NO DIREITO BRASILEIRO | 133

das partes e decisão judicial[410] –, âmbito de aplicação – as astreintes aplicam-se, segundo a doutrina majoritária, apenas às obrigações de fazer e não fazer[411] – e limites diversos – a penal submete-se à previsão do art. 412, afastada para as astreintes[412] – ambos os institutos adquirem função de levar o devedor a adimplir sua obrigação. [413]

"A *astreinte* é um meio de constrangimento indirecto criado pela jurisprudência francesa nos primórdios do séc. XIX, sem o apoio de texto legal. Consiste em o juiz fazer acompanhar a condenação principal do devedor no cumprimento da obrigação – especialmente da obrigação de *facere* ou de *non facere* – de uma 'pena' pecuniária (*astreinte*) por cada período de tempo (dia, semana, mês) de atraso no cumprimento daquela ou por cada violação futura de obrigação negativa". (CALVÃO SILVA. *Cumprimento e sanção pecuniária compulsória*, p. 375.)
A similitude de funções, contudo, mostra-se ainda mais estreita ao se verificar que se atribui às astreintes a função, ainda que subsidiária, de indenização do credor: "(…) entendida a razão histórica e o motivo de ser das astreintes perante o ordenamento jurídico brasileiro, pode-se concluir que o instituto possui o objetivo de atuar em vários sentidos, os quais assim se decompõem: a) ressarcir o credor, autor da demanda, pelo tempo em que se encontra privado do bem da vida; b) coagir, indiretamente, o devedor a cumprir a prestação que a ele incumbe, punindo-o em caso de manter-se na inércia; c) servir como incremento às ordens judiciais que reconhecem a mora do réu e determinam o adimplemento da obrigação, seja ao final do processo (sentença), seja durante o seu transcuro (tutela antecipatória)". (STJ, REsp 949.509, 4ª T., Rel. Min. Luis Felipe Salomão, Rel. para Acórdão Min. Marco Buzzi, julg. 8.5.2012, publ. 16.4.2013.)

[410] A previsão contratual de multa coercitiva, tal qual a cláusula penal moratória, não é de todo estranha ao direito brasileiro, estabelecendo o art. 814, parágrafo único do Código de Processo Civil, que pode a multa constar do título executivo extrajudicial, isto é, do contrato ou outro instrumento com força executiva não proveniente de decisão judicial. Confira-se: "Na execução de obrigação de fazer ou não fazer, fundada em título extrajudicial, o juiz, ao despachar a inicial, fixará multa por dia de atraso no cumprimento da obrigação e a data a partir da qual será devida. Parágrafo único. *Se o valor da multa estiver previsto no título e for excessivo, o juiz poderá reduzi-lo*".

[411] Confira-se AMARAL, Guilherme Rizzo. *As astreintes e o processo civil brasileiro*. Porto Alegre: Livraria do Advogado, 2010. p. 121 *et seq*.

[412] Esse é o atual posicionamento da jurisprudência. Confira-se: "Previdenciário. Multa diária pelo descumprimento de obrigação de fazer. Meio coercitivo. Inexistência de afronta ao art. 412 do Código Civil. Providências com o fito de cumprir a obrigação de implantar o benefício não demonstrada. Resistência injustificada ao cumprimento da decisão judicial. 1. A multa diária pelo descumprimento de decisão judicial é meio coercitivo, não guardando qualquer relação com a prestação perseguida na demanda, razão pela qual não se cogita em afronta ao art. 412 do Código Civil. 2. Acolher a pretensão de afastamento ou redução da multa cominatória pelo descumprimento de decisão judicial, seria motivar, ainda mais, o recorrente a não cumprir, no prazo pactuado, a sua obrigação, uma vez que o seu cumprimento, tardiamente, sem a multa, não surtiria nenhum efeito, sobretudo porque a autarquia foi quem deu causa a referida punição, motivo pelo qual se mostra correta aaplicação da multa diária (astreintes) em razão da demora injustificada em implantar o benefício previdenciário. 3. Agravo regimental a que se nega provimento". (AgRg no REsp 1.237.976, 5ª T., Rel. Min. Marco Aurélio Bellizze, julg. 21.6.2012.) Em doutrina, contudo, há quem defenda a aplicação do art. 412 às astreintes (FLORENCE. Aspectos pontuais da cláusula penal, p. 524.)

[413] As distinções são enumeradas por Judith Martins-Costa: "Tal qual a cláusula penal, as penas cominatórias constituem uma sanção compulsória de natureza pecuniária.

A admissão de cláusula puramente punitiva, a caracterizar verdadeira pena privada, encontra excepcional legitimidade por sua relação com a tutela do adimplemento: vislumbra-se que a imposição de coerção dessa natureza se mostra capaz de garantir o interesse do credor no cumprimento da obrigação (que ainda lhe é útil).[414] Em outras palavras, ao contrário do que ocorre com a cláusula penal compensatória, a moratória incide enquanto ainda é interessante a prestação ao credor, encontrando-se aí *ratio* suficiente para a admissão excepcional do recurso a expediente punitivo (ver item 1.1.2): o cumprimento é o objetivo central das relações obrigacionais e o efeito coercitivo atribuído à moratória visa justamente a estimulá-lo. Para evitar o arbítrio dos particulares, o valor da pena é também limitado por normas imperativas (art. 412 e 413).[415] A verificação de tal função coercitiva dependerá da avaliação em concreto do perfil delineado pelas partes. Embora a possibilidade de cumulação com a execução da obrigação principal (ou das perdas e danos pelo descumprimento absoluto) seja pressuposto para que possa a cláusula penal moratória agravar a situação do devedor, não se pode olvidar que, a rigor, é possível que lhe caberia também ressarcir os danos da mora.

Distinguem-se, todavia, ambas as figuras por variados traços: as penas cominatórias não são um 'substitutivo' da indenização, antes configurando uma forma indireta de coerção sobre o devedor, imposta pelo juiz, por meio de uma ameaça pecuniária, configurando um instrumento de Direito Público, derivado ou da lei ou da imposição judicial e não da autonomia privada; não têm caráter punitivo, apenas coercitivo; têm como destinatário o réu, e não o autor ou outros sujeitos do processo; podem ser fixadas independentemente do pedido; são estabelecidas por período de tempo, como dia ou hora, e, inclusive, seu valor pode ser alterado para mais ou para menos, conforme se mostre irrisório ou excessivo, a critério do juiz, não sendo, pois, *ne varietur* e não incidindo o art. 412 do Código Civil". (MARTINS-COSTA. *Comentários ao Novo Código Civil*, v. 5, t. 2, p. 628-629.)

[414] Sobre a avaliação dos interesses na teoria das penas privadas, cf. item 1.1.2.

[415] Trata-se de questão que remete aos comentários anteriores a respeito da "supervalorização" do critério do valor da cláusula penal, a ponto de se desconsiderar outras circunstâncias e a própria finalidade da multa no âmbito da obrigação. Em realidade, à constatação de que o valor da multa seria excessivo para uma cláusula penal moratória, haveria que se proceder a sua redução, nos termos do art. 413, igualmente aplicável à cláusula penal. Veja-se em doutrina: "O presente artigo impõe ao juiz a obrigação de reduzir a penalidade nas hipóteses em que ela for superior à legal e aplica-se à multa moratória e à compensatória" (PELUSO (Coord.). *Código Civil comentado*, p. 458); "Torna-se imprescindível frisar que, a despeito da dicção legislativa do dispositivo sob exame prender-se, notadamente, à cláusula penal compensatória, nada obsta que seus preceitos sejam aplicados também à cláusula penal moratória (MONTEIRO. *Curso de direito civil*, v. 4, p. 349); "Incontestável que, quanto à cláusula penal moratória, a possibilidade de redução judicial apresenta-se mais distante, uma vez que esta foi estipulada justamente para prevenir e castigar a impontualidade. Entretanto, nenhum óbice surge à redução judicial de cláusula penal moratória quando esta for manifestamente excessiva, traduzindo-se em indevido castigo ao devedor". (BARBOSA; MORAES; TEPEDINO (Org.). *Código Civil interpretado conforme a Constituição da República*, v. 1, p. 760.)

A distinta finalidade atribuída pelas partes reflete-se no regime jurídico. Conquanto em nenhuma das hipóteses se afigura necessário comprovar danos para exigir a multa, caso conferida função de substituir as consequências da mora, aplica-se raciocínio semelhante ao traçado para a cláusula penal compensatória: de sua aleatoriedade decorre que o montante efetivo do dano realizado – ou não – em concreto pode influenciar na redução do valor da penal. A inexistência de prejuízos, a seu turno, mostra-se no todo irrelevante para a valoração da excessividade da cláusula moratória com escopo puramente coercitivo, embora seja imperativa sua redução também nos casos de cumprimento parcial ou de abusividade do montante pactuado. Nessa última hipótese, esvaziado restaria o caráter de reforço da obrigação caso se excluísse a possibilidade de exigir danos moratórios: comprovando-os, deve ser indenizado o credor. Por fim, diferenciam-se igualmente no que tange à cumulação com os juros moratórios.

2.2.2.2 Cláusula penal moratória e juros de mora

Os juros, consoante definição corrente, representam os "frutos do capital",[416] isto é valor destinado a remunerar o uso do dinheiro. Podem se referir à recompensa do montante empregado, cobrindo igualmente os riscos de não o receber em retorno, chamados juros remuneratórios,[417] ou, ainda, serem devidos pelo atraso injustificado na prestação de determinada obrigação, denominados moratórios.[418] Classificam-se, ainda, os juros, quanto à origem, em legais ou convencionais. [419]

Embora se admita que as partes estabeleçam o montante de juros moratórios aplicáveis em função do inadimplemento contratual, trata-se

---

[416] BEVILÁQUA. *Código Civil comentado*, v. 4, p. 176.

[417] "o juro tem, em regra, um duplo escopo, qual seja, promover a remuneração do credor por ficar privado de seu capital e pagar-lhe o risco de não o receber de volta". (FERRAZ, José Eduardo Coelho Branco. Os juros e o novo Código Civil: uma abordagem doutrinária e jurisprudencial. In: TEPEDINO, Gustavo (Coord.). *Obrigações*: estudos na perspectiva civil-constitucional. Rio de Janeiro: Forense, 2005. p. 492.)

[418] "o juro tem, em regra, um duplo escopo, qual seja, promover a remuneração do credor por ficar privado de seu capital e pagar-lhe o risco de não o receber de volta. (…) Embora tenhamos, até o presente momento, abordado os juros como a remuneração paga ao possuidor do capital, em contraprestação à disponibilização deste a terceiro, há, por outro turno, uma modalidade de juro que se reveste de caráter indenizatório e presta-se ao custeio dos danos experimentados pelo credor, em virtude do atraso injustificado no adimplemento da obrigação". (*Ibidem*, p. 492.)

[419] SERPA LOPES. *Curso de direito civil*, v. 2, p. 74 *et seq.*

a obrigação de pagá-los de consequência estabelecida em lei (art. 407 do Código Civil). Descumprida a obrigação, seja esta em dinheiro ou não,[420] são devidos juros moratórios pela taxa legal (caso outra não seja convencionada pelas partes),[421] independentemente da comprovação de qualquer prejuízo.

A determinação legal justifica-se por considerar a lei que os juros são devidos pelo devedor inadimplente por se tratarem de forma de recompor o patrimônio do credor, privado de seu bem por conduta culposa do devedor.[422] Os juros moratórios consistem no dano, presumido pelo legislador, da injusta indisponibilidade do bem do credor:

> O prejuízo é pressuposto pela lei (…). A presunção justifica-se porque o devedor, privando o credor da prestação com que ele contava, implicitamente privou-o de seu capital, ao mesmo tempo que, retendo aquela prestação, justo é deduzir-se que dela esteja o devedor tirando proveito.[423]

---

[420] "Técnica e teoricamente os juros representam uma remuneração pelo uso, ou pelo rendimento, de quaisquer coisas fungíveis, não apenas de dinheiro, e também são pagáveis em dinheiro ou em outras coisas fungíveis". (FONSECA, Rodrigo Garcia da. Os juros à luz do Código Civil de 2002. In: FACHIN, Luiz Edson; TEPEDINO, Gustavo (Coord.). *O direito e o tempo*: embates jurídicos e utopias contemporâneas. Rio de Janeiro: Renovar, 2008. p. 497.)

[421] Sobre a controvérsia a respeito da taxa legal – Selic ou 1% ao mês –, veja-se: MATTIETTO, Leonardo. Os juros legais e o art. 406 do Código Civil. *Revista Trimestral de Direito Civil*, v. 15, p. 89-106, jul./set. 2003.

[422] "(…) esse prejuízo resulta, necessariamente, da demora culposa do devedor, que, sem direito, retém o alheio, ou deixa de executar a prestação com que o credor contava". (BEVILÁQUA. *Código Civil comentado*, v. 4, p. 178.)

[423] CARVALHO SANTOS. *Código Civil brasileiro interpretado*, v. 14, p. 266. Parte da doutrina sustenta que os prejuízos presumidos pelo legislador são absolutos. "Tratando-se de *obrigação pecuniária* [a indenização decorrente da mora], a lei presume (*iuris et de iure*) que há sempre *danos* causados pela mora e fixa, em princípio, *à forfait*, o montante desses danos. Por um lado, garante-se uma indemnização efectiva ao credor a partir do dia da constituição em mora (art. 806º, I). Por outro lado, identifica-se a indemnização com os juros legais da soma devida, salva a hipótese de um juro convencional mais alto ou de um juro moratório diferente, estipulado pelas partes" (VARELLA. *Das obrigações em geral*, v. 2, p. 121). Em posição semelhante, afirma Carvalho de Mendonça que os juros serão devidos pela taxa fixada ainda que sejam inferiores os danos (CARVALHO DE MENDONÇA. *Doutrina e prática das obrigações*, t. 2, p. 429). Por outro lado, Lodovico Barassi (*La teoria generale delle obbligazioni*), conquanto afirme que os juros moratórios consistem em dano *in re ipsa*, tratando-se de obrigação em dinheiro (p. 481), considera ser possível prova em contrário (p. 482).

Nesse cenário, os juros de mora assumem função de remunerar o credor pelo período em que restou privado de usufruir de seu patrimônio.[424] Caracterizada a função indenizatória dos juros de mora, deve-se indagar a possibilidade de cumulá-los com os valores decorrentes de eventual cláusula penal moratória, observadas eventuais restrições legais pertinentes. Atribuindo as partes função puramente coercitiva à penal, não há qualquer óbice à cumulação com os juros moratórios: trata-se de institutos com finalidades distintas e, portanto, plenamente cumuláveis.

Entretanto, caso a penal moratória assuma feição de suprir perdas e danos decorrentes do inadimplemento relativo, haverá *bis in idem*. Cuida-se de raciocínio semelhante ao traçado por Gisela Sampaio da Cruz Guedes para afastar a cumulação de juros moratórios com os prejuízos da mora:

> Partindo da constatação de que os juros de mora previstos pelo legislador, como parte das perdas e danos devidas pelo descumprimento de obrigação pecuniária, consistem em lucros cessantes previamente estimados, é possível concluir que, em regra, não será possível cumular, em pleito judicial, os juros moratórios com lucros cessantes, sob pena de a cumulação constituir um *bis in idem* em prejuízo do devedor.[425]

A identificação da função dos juros moratórios com a cláusula penal foi ressaltada por Carvalho Santos,[426] admitindo-se a cumulação desses valores caso assim convencionassem as partes – autorizando por convenção a duplicidade de indenização – ou se a cláusula penal *assumir caráter exclusivamente coercitivo*:

---

[424] "Os juros de mora representam uma compensação geral pelos lucros frustrados". (FISCHER. *A reparação dos danos no direito civil*, p. 48.)

[425] GUEDES. *Lucros cessantes*, p. 171. A ressalva feita pela autora, de que seria permitida cobrança de danos superiores aos estabelecidos por lei, caso comprovados, não se coloca quanto à cláusula penal moratória que consubstancie ajuste aleatório sobre os riscos da mora, hipótese na qual as partes estabeleceram de antemão os valores.

[426] "essa fixação soberana das perdas e danos é uma espécie de cláusula penal que é obra da lei, como a cláusula penal ordinária é obra da convenção das partes; a origem é diferente, mas os caracteres são os mesmos: é um *forfait* por meio do qual a importância das perdas e danos é fixada por antecipação ao acontecimento". (CARVALHO SANTOS. *Código Civil brasileiro interpretado*, v. 14.)
Situação diversa é referida pelo autor no que tange aos juros remuneratórios, os quais considera plenamente cumuláveis com a cláusula penal moratória (CARVALHO SANTOS. *Código Civil brasileiro interpretado*, v. 11, p. 349).

(…) admite-se prevaleça convenção em contrário, estipulando os contratantes que aquele que, no devido tempo, faltar ao pagamento da importância devida, pagará, além dos juros, outra indenização fixada em cláusula penal. Prevista por esta forma tal indenização especial, explica CARVALHO DE MENDONÇA, ou ainda estipulada a penal como meio coercitivo do cumprimento da obrigação, o credor tem o direito de exigir juros moratórios e pena convencional.[427]

Nesse cenário, a ressalva estabelecida pelo art. 404 do Código Civil, de que as perdas e danos incluem juros, "sem prejuízo da pena convencional", refere-se à penalidade moratória (tendo empregado o legislador a expressão mais adequada) com função exclusivamente coercitiva. Na hipótese de multa moratória com função indenizatória, como acentuado, não se cogita da cumulação. Ressalve-se, contudo, que a conclusão não exclui que, exigível e não paga a penal, incidam sobre ela juros de mora e, ainda, em se tratando de cláusula penal moratória, a cumulação com a prestação principal.[428]

2.2.3 Síntese conclusiva

A distinção entre mora e inadimplemento absoluto – fatos geradores a que se refere o próprio Código Civil ao estabelecer as modalidades de cláusula penal – mostra-se fundamental para compreensão da função e da disciplina conferida às penalidades convencionais.

Vinculada ao esgotamento do vínculo obrigacional e, portanto, exigível apenas quando não mais o é a obrigação principal, a cláusula penal compensatória desempenha, no direito brasileiro, papel de evitar que as partes se embrenhem em discussões a respeito das consequências do inadimplemento absoluto, garantindo o pagamento de quantia que, diante de sua natureza, pode representar benefício econômico ao credor ou ao devedor. Autoriza-se ao credor, caso assim deseje, furtar-se aos riscos a ele atribuídos e garantir um mínimo indenizatório, sem que lhe seja retirada a possiblidade de pleitear danos adicionais (art. 416, p.u.) e impede-se ao devedor que se beneficie dolosamente do

---

[427] CARVALHO SANTOS. *Código Civil brasileiro interpretado*, v. 11, p. 270.

[428] "Escolhida a penal, não a satisfazendo o devedor, são devidos os juros moratórios" (FULGÊNCIO. *Manual do Código Civil brasileiro*, v. 10, p. 391). Esclarece António Pinto Monteiro: "o montante da pena convencional vence juros a partir do momento em que devia ser pago e não o foi. Não se trata, com isto, de permitir uma indemnização maior do que a prevista pelos contratantes, *mas de impedir que a mora no seu pagamento prejudique o credor*". (PINTO MONTEIRO. *Cláusula penal e indemnização*, p. 712.)

descumprimento da obrigação, afastando-se a cláusula nessa hipótese e permitindo, caso assim interesse ao credor, a via ordinária.

A seu turno, a cláusula penal moratória atrela-se ao inadimplemento relativo, à mora. Coexiste, pois, harmonicamente com a prestação principal, podendo as partes atribuirem à modalidade duas distintas funções, às quais se imputam distinto regime: indenizatória e coercitiva. Muito embora possa desempenhar tal função punitiva, há que se observar com cautela a generalização de tal função a partir de premissas abstratas, por vezes em distorção da previsão contratual.

As características delineadas a partir de sua função na lógica contratual permitem auxiliar no processo de identificação, no caso concreto, da modalidade eleita pelas partes.

CAPÍTULO 3

CRITÉRIOS DE DISTINÇÃO ENTRE AS MODALIDADES DE CLÁUSULA PENAL

3.1 A distinção na perspectiva funcional

As diferentes modalidades de cláusula penal, como visto no capítulo anterior, exercem distinto papel na dinâmica obrigacional, vinculando-se, por um lado, a compensatória à ausência do interesse do credor na prestação e, por outro lado, a moratória, ao descumprimento que não afeta a razão justificadora da obrigação (ver Capítulo 2, em especial item 2.2). Tal lógica, inserida na disciplina conferida pelo ordenamento, resulta na limitação de atribuição de função punitiva à multa compensatória, que, no entanto, pode ser vislumbrada na cláusula penal moratória – naquela cujo único objetivo consiste em servir como instrumento de coação do devedor moroso, instando-o a prestar adequadamente (ver itens 2.2.2 e 2.2.3.1). Em decorrência dos distintos fatos geradores a que se atrelam as diferentes modalidades de cláusula penal, estabelece-se regime especifico para cada uma delas, notadamente em relação à possibilidade de sua cobrança cumulativa com a execução da obrigação avençada.[429]

A importância da distinção entre cláusula penal compensatória e cláusula penal moratória[430] afigura-se proporcional às incertezas e

---

[429] Silvio Rodrigues destaca a distinção de regime: "observa-se ser um o regime que o legislador impõe para o inadimplemento absoluto – cláusula compensatória –, como acontece com o art. 410 do Código Civil; e outro o atribuído à cláusula que contempla a simples mora ou a inadimplência de determinada disposição contratual – cláusula moratória –, como ocorre no art. 411". (RODRIGUES. *Direito civil*, v. 2, p. 269, nota de rodapé nº 341.)

[430] A relevância da distinção é destacada por Serpa Lopes: "Reveste-se de importância o problema, pois, consoante a cláusula seja compensatória ou moratória, as consequências variam profundamente". (SERPA LOPES. *Curso de direito civil*, v. 2, p. 175.)

dificuldades na identificação, em concreto, da modalidade eleita pelas partes. Embora se estreme com nitidez os dois conceitos em teoria,[431] atesta-se a árdua tarefa de reconhecer a espécie acostada à obrigação ao se efetuar a interpretação dos contratos e, por conseguinte, definir as regras aplicáveis ao caso.

Tampouco a habitualidade com a qual o assunto é enfrentado pelos operadores do direito – a interpretação das disposições contratuais relativas à cláusula penal se mostra assunto comum aos Tribunais, permeando incontáveis precedentes – contribuiu para a construção de métodos seguros de identificação da modalidade eleita pelas partes.[432] Muito ao revés, disseminaram-se critérios abstratos, utilizados de forma açodada, sem que a identificação em concreto da cláusula penal seja acompanhada de sua inserção na lógica obrigacional, bem como da avaliação do papel conferido pelas partes à multa. Parte-se, desse modo, de constatações aprioristicas, tomadas por si só como capazes de caracterizar a espécie de cláusula penal avençada.[433] O processo hermenêutico que parte da existência de um critério abstratamente capaz de delimitar a espécie de cláusula penal convencionada e, então, proceder a sua aplicação ao caso em concreto, acaba resultando em distorções, ao desconsiderar, ao fim e ao cabo, a disciplina conferida pelas partes. A revisão do método interpretativo, portanto, mostra-se essencial para conferir maior segurança na identificação da modalidade da cláusula penal.

O processo de interpretação alterou-se radicalmente no âmbito do direito civil: outrora dominado pela análise calcada na subsunção, afirma-se, a partir da renovação metodológica que reconhece o caráter unitário do ordenamento, com a consequente inserção do direito civil na legalidade constitucional,[434] que cabe ao intérprete investigar a

---

[431] Como esclarecido anteriormente, o presente trabalho adota a distinção amplamente consagrada em doutrina, segundo a qual a cláusula penal compensatória é aquela que se vincula ao inadimplemento absoluto da obrigação, enquanto a moratória atrela-se ao descumprimento relativo, de acordo com clássica distinção e entendimento amplamente majoritário em doutrina.

[432] A extensa pesquisa jurisprudencial empreendida para o presente trabalho revelou que, em muitas decisões, a qualificação da natureza da cláusula é realizada sem que sejam exauridos os critérios que conduziram o julgador à interpretação.

[433] Veja-se, a título exemplificativo, a utilização isolada do critério do valor, de acordo a qual a previsão de um determinado montante se mostra suficiente, por si só, para qualificar a modalidade de cláusula penal (ver item 3.2.1).

[434] Sobre tais premissas metodológicas, confira-se, entre outros: PERLINGIERI. *O direito civil na legalidade constitucional*, em especial as páginas 217-221; e TEPEDINO. Normas constitucionais e direito civil na construção unitária do ordenamento, t. 3, p. 3-20.

função em concreto assumida por determinado instituto para, então, definir o regime jurídico aplicável, mediante procedimento unitário em que interpretação do fato e qualificação da disciplina do caso concreto consistam em aspectos do mesmo procedimento, não já momentos estanques e sucessivos.

O denominado método subsuntivo traduz processo de simples identificação mecânica no qual o intérprete se limita a verificar no caso concreto características que seriam necessárias à sua classificação como determinada categoria, a partir do perfil abstratamente delineado para tal instituto pela lei. A determinação do regime jurídico cindia-se em três momentos apartados e sucessivos, quais sejam, (i) a interpretação (compreensão do fato); (ii) a qualificação (valoração e enquadramento no ordenamento jurídico) e, por fim, a (iii) subsunção do fato à norma. Enquadrados os atributos da hipótese fática com o panorama estabelecido pelo legislador, bastaria ao intérprete aplicar o regime jurídico conferido àquela categoria.[435] Dito de outro modo, o intérprete estava adstrito a buscar adequar um determinado fato ou previsão contratual a um perfil específico, abstrata e previamente determinado, ainda que fosse necessário realizar esforços interpretativos para conformar o fato à norma. Tal processo garantiria a suposta neutralidade do intérprete, infenso, como se imaginava, a influências ideológicas.

A superação de tal modelo vincula-se ao reconhecimento da função promocional do direito, a atribuir ao intérprete relevante papel na concretização de valores escolhidos pelo ordenamento.[436]

---

[435] Em outras palavras: "O processo de qualificação, no direito como um todo, tem uma importância fundamental. Através dele se determinam os efeitos jurídicos produzidos por um certo fato – como um contrato, por exemplo –, normalmente pela comparação do fato com um modelo abstrato previsto pela lei. Esta comparação com o modelo abstrato normalmente é concebida como um processo de recondução ou mesmo de enquadramento: o fato concreto corresponde à hipótese abstrata previamente estipulada e isto determina as normas aplicáveis àquele ato. (…) À primeira vista, o processo parece simples e claro. O fato concreto seria examinado, comparado com a previsão normativa e, diante da similitude entre os dois, proceder-se-ia ao seu enquadramento, cominando-lhe os efeitos jurídicos estipulados pela norma. (…) revelado o fato, compreendida a norma, o mero silogismo propiciaria a solução do caso, restando apenas o trabalho de aplicação". (KONDER, Carlos Nelson. Qualificação e coligação contratual. *Revista Forense*, v. 105, n. 406, p. 56, nov./dez. 2009.)

[436] "Pode-se concluir, então, que o surgimento do constitucionalismo moderno e a introdução da legalidade constitucional permitem considerar, hoje, finalmente adquirido o método de interpretação constitucional que consiste: a) em reconhecer que 'a Constituição, como qualquer outra lei, é sempre e antes de tudo um ato normativo, que contém disposições preceptivas' e que 'tanto os juízes comuns ao julgar as controvérsias que lhe são submetidas

144 VIVIANNE DA SILVEIRA ABILIO
CLÁUSULAS PENAIS MORATÓRIA E COMPENSATÓRIA – CRITÉRIOS DE DISTINÇÃO

Após a segunda metade do século XX, o renovado posto assumido pelas Cartas Constitucionais[437] e a percepção de que sob a defesa da neutralidade na aplicação das leis abriu-se espaço para a ausência de controle das escolhas efetuadas ao longo desse processo contribuíram para o questionamento do processo subsuntivo.

Associada a essas questões, a compreensão de que o ordenamento – na medida em que deveria concretizar a escolha das Constituições valorativas, compreendidas como centro do sistema[438] – consiste em um conjunto complexo e unitário,[439] que não se limita à letra da lei, mas, ao revés, caracteriza-se por ser um "sistema de relações", a significar que a norma apenas se revela à luz do fato concreto, também contribuiu para a necessidade de superação da subsunção.[440]

---

com base nas normas constitucionais, quanto os juízes constitucionais, operando como intérpretes 'autorizados' da Constituição e como juízes de constitucionalidade das leis, se encontram vinculados aos textos constitucionais'; b) em argumentar sobre normas-princípios, cuja aplicação 'não assume a forma silogística da subsunção, mas aquela da otimização ao realizar o preceito', segundo uma sua hierarquia, mas também segundo uma sua razoável ponderação em relação ao caso concreto a ser decidido; c) em ter consciência de que a ideia de sociedade e de ética pressuposta na Constituição deve ser relevante e que, dessa forma, no ordenamento positivo penetram 'valores e princípios historicamente caracterizados'. Daí a impossibilidade de manter separadas a teoria da interpretação das leis ordinárias (...). O parâmetro sistemático exige que o ordenamento seja interpretado na sua unidade; enquanto o parâmetro axiológico implica que os valores constitucionais, comunitários e internacionais avivem e tornem atuais normas individuais ou complexos de normas que devem ser sempre lidas e interpretadas, mesmo que aparentemente sejam claras. (...) A norma, clara ou não, deve ser conforme aos princípios e aos valores do ordenamento e deve resultar de um processo argumentativo não somente lógico, mas axiologicamente conforme às escolhas de fundo do ordenamento". (PERLINGIERI. *O direito civil na legalidade constitucional*, p. 595-597.)

[437] Seja consentido remeter, ainda uma vez, à lição de Norberto Bobbio: "Nas constituições liberais clássicas, a principal função do Estado parece ser a de *tutelar* (ou *garantir*). Nas constituições pós-liberais, ao lado da função de tutela ou garantia, aparece, cada vez com maior frequência, a função de *promover*". (BOBBIO, Norberto. A função promocional do direito. In: BOBBIO, Norberto. *Da estrutura à função*: novos estudos de teoria do direito. Barueri: Manole, 2007. p. 14.)

[438] "Acolher a construção da unidade (hierarquicamente sistematizada) do ordenamento jurídico significa sustentar que seus princípios superiores, isto é, os valores propugnados pela Constituição, estão presentes em todos os recantos do tecido normativo, resultando, em conseqüência, inaceitável a rígida contraposição direito público – direito privado". (MORAES. A caminho de um direito civil constitucional, v. 1, p. 24.)

[439] PERLINGIERI, Pietro. Complessità e unitarietà dell'ordinamento giuridico vigente. In: PERLINGIERI, Pietro (Org.). *Rassegna di diritto civile*. Napoli, 2005. v. 1, p. 191-192.

[440] "O sistema jurídico, bem ao contrário, há fazer convergir a atividade interpretativa e legislativa na aplicação do direito, sendo aberto justamente para que se possa nele incluir todos os vetores condicionantes da sociedade, inclusive aqueles que atuam na cultura dos magistrados, na construção da solução do caso concreto". (TEPEDINO. Normas constitucionais e direito civil na construção unitária do ordenamento, t. 3, p. 11.)

CAPÍTULO 3
CRITÉRIOS DE DISTINÇÃO ENTRE AS MODALIDADES DE CLÁUSULA PENAL | 145

Nesse cenário, supera-se a dicotomia entre direito público e direito privado,[441] reconhecendo-se também aos institutos jurídicos de direito civil função concretizadora dos objetivos constitucionais,[442] de modo que ao intérprete cabe avaliar os interesses envolvidos em cada caso concreto para determinar a disciplina a ser aplicada.[443] Daí a necessidade de processo de qualificação e interpretação unitário e dialético,[444] pois o fato se qualifica na função prático-social que realiza, de modo que a disciplina jurídica de determinado ato apenas se evidencia após a contemporânea avaliação (qualificação) do fato (determinação da síntese dos seus efeitos essenciais – perfil funcional)[445]

---

[441] "Por fim, o último preconceito a ser abandonado nessa tentativa de reunificação do Direito Civil à luz da Constituição relaciona-se à *summa divisio* do direito público e do direito privado. A interpenetração do direito público e do direito privado caracteriza a sociedade contemporânea, significando uma alteração profunda nas relações entre o cidadão e o Estado. (...) Daí a inevitável alteração dos confins entre o direito público e o direito privado, de tal sorte que a distinção deixa de ser qualitativa e passa a ser meramente quantitativa, nem sempre se podendo definir qual exatamente é o território do direito público e qual o território do direito privado" (TEPEDINO. Premissas metodológicas para a constitucionalização do direito civil, t. 1, p. 1.)

[442] Trata-se de processo que pressupõe, por sua vez, o reconhecimento da força normativa dos princípios constitucionais. Uma vez mais, remeta-se às lições de Gustavo Tepedino: "(...) não se pode imaginar, no âmbito do direito civil, que os princípios constitucionais sejam apenas princípios políticos. Há que se eliminar do vocabulário jurídico a expressão 'carta política', porque suscita uma perigosa leitura que acaba por relegar a Constituição a um programa longínquo de ação, destituindo-a de seu papel unificador do direito privado. (...). Em segundo lugar, não se pode concordar com os civilistas que se utilizam dos princípios constitucionais como princípios gerais de direito. Os princípios gerais de direito são preceitos extraídos implicitamente da legislação, pelo método indutivo. Quando a lei for omissa, segundo a dicção do artigo 4º da Lei de Introdução, o juiz decidirá o caso de acordo com a analogia e os costumes; e só então, na ausência de lei expressa e fracassada a tentativa de dirimir o conflito valendo-se de tais fontes, decidirá com base nos princípios gerais de direito. No caso dos princípios constitucionais, esta posição representaria uma subversão da hierarquia normativa e uma forma de prestigiar as leis ordinárias e até os costumes, mesmo se retrógrados ou conservadores, em detrimento dos princípios constitucionais que, dessa maneira, só seriam utilizados em sede interpretativa na omissão do legislador, e após serem descartadas a analogia e a fonte consuetudinária". (*Ibidem*, p. 18-19.)

[443] PERLINGIERI. *O direito civil na legalidade constitucional*, p. 201.

[444] "O processo interpretativo consiste em procedimento valorativo historicamente determinado, complexo e unitário, refletindo a um só tempo a percepção, pelo intérprete, do fato social e do dado normativo, na forma como (ambos) são apreendidos pela sociedade do seu tempo. Qualificação e interpretação são aspectos de fenômeno incindível, portanto, reciprocamente condicionantes e condicionados. A qualificação, dito diversamente, é resultado e premissa do processo interpretativo. Para se interpretar há de se qualificar o fato social. E da interpretação decorre uma qualificação única de certo fato, que servirá como parâmetro objetivo de incidência das normas jurídicas". (TEPEDINO, Gustavo. Sociedade prestadora de serviços intelectuais: qualificação das atividades privadas no âmbito do direito tributário. In: TEPEDINO, Gustavo. *Temas de direito civil*. Rio de Janeiro: Renovar, 2009. t. 3, p. 95-96.)

[445] "As situações subjetivas podem ser consideradas ainda sob dois aspectos: aquele funcional e aquele normativo ou regulamentar. O primeiro é particularmente importante para a

e da regulação jurídica pertinente (inserida dentro do sistema jurídico). Esse processo dialético entre fato e norma corresponde ao processo interpretativo:[446] a determinação dos efeitos depende, portanto, da qualificação.[447] A disciplina (ou efeito) deve ser verificada tendo em vista a resposta que ordenamento globalmente considerado dá à exigência de tutela que o fato manifesta, de modo que a hipótese fática se afigura central na construção do ordenamento do caso concreto. A técnica subsuntiva segundo a qual se volta o intérprete ao fato para buscar conformá-lo à realidade normativa abstrata e precedente não é capaz de trazer respostas adequadas, pois (i) esconde as razões do processo de qualificação feito pelo intérprete;[448] e (ii) não procura desvendar a função que a situação objeto da interpretação desempenha.[449] Assim,

---

individuação da relevância, para a qualificação da situação, isto é, para a determinação da sua função no âmbito das relações sócio-jurídicas". (PERLINGIERI, Pietro. *Perfis de direito civil*. Rio de Janeiro: Renovar, 2004. p. 106-107.)

[446] Confira-se a síntese de Gustavo Tepedino: "Se são verdadeiras, como parecem, tais observações, pode-se aduzir que a aplicação direta dos princípios constitucionais constitui resposta hermenêutica a duas características essenciais da própria noção de ordenamento: unidade e complexidade. O conceito de ordenamento pressupõe um conjunto de normas destinadas a ordenar a sociedade segundo um determinado modo de vida historicamente determinado. Daqui decorrem duas consequências fundamentais: (i) o ordenamento não se resume ao direito positivo; e (ii) para que possa ser designado como tal, o ordenamento há de ser sistemático, orgânico, lógico, axiológico, prescritivo, uno, monolítico, centralizado. Se o conceito de ordenamento pudesse se reduzir ao conjunto de normas de um mesmo nível hierárquico, poder-se-ia admiti-lo como universo técnico homogêneo e fechado em si mesmo. Sendo, ao contrário, o ordenamento jurídico composto por uma pluralidade de fontes normativas, apresenta-se necessariamente como sistema heterogêneo e aberto; e, daí a sua complexidade que, só alcançará a unidade, caso seja assegurada a centralidade da Constituição, que contém a tábua de valores que caracterizam a identidade cultural da sociedade". (TEPEDINO. Normas constitucionais e direito civil na construção unitária do ordenamento, t. 3, p. 9.)

[447] "somente diante do caso concreto é possível determinar a normativa que se lhe adéqua, os efeitos jurídicos que lhe são próprios". (KONDER. Qualificação e coligação contratual, p. 85.)

[448] "Se a qualificação demanda escolhas, persistir na afirmação de que é um procedimento automático leva a que estas escolhas permaneçam ocultas, afastadas do acesso ao debate público, que é requisito de legitimidade de qualquer atividade jurisdicional em um Estado Democrático de Direito". (*Ibidem*, p. 58.)

[449] "É de se abandonar, definitivamente, a noção da subsunção, como técnica binária, baseada em etapas sucessivas e lógico-dedutivas, pela qual o intérprete primeiro qualifica para depois enquadrar o suporte fático na norma. A norma jurídica é um *posterius* e não um *prius*, de tal modo que, do processo interpretativo, produz-se, a um só tempo, a norma interpretada e o fato qualificado. O sistema jurídico assim concebido faz convergir a atividade legislativa e interpretativa na aplicação do direito, que permanece aberto a todos os matizes norteadores da vida em sociedade. Daí a imprescindibilidade da fundamentação das decisões e da argumentação que as legitimam". (TEPEDINO. Itinerário para um imprescindível debate metodológico, p. 2.)

"em oposição à visão clássica do trajeto único, subsuntivo, do fato à norma, a atitude do intérprete constrói-se em um constante ir-e-vir entre a reconstrução da realidade e seu diálogo com os enunciados normativos".[450]

No âmbito do direito contratual, o procedimento de qualificação se efetiva à luz da apuração da causa atribuída ao negócio pelas partes.[451] Ao invés de buscar identificar no caso concreto certos elementos abstratos (extraídos da interpretação da norma) e, então, subsumir o fato à categoria previamente estabelecida por lei (ainda que seja necessário desconsiderar certas peculiaridades da hipótese ou interpretá-las de modo a forçar o enquadramento legal), atribui-se ao intérprete o papel de analisar os efeitos *perseguidos* pelas partes e qualificar os institutos a partir de sua função em concreto. Para cada ordem de interesses deve ser individuada, sem preconcepções, a normativa a ser aplicada, mediante autônomo e unitário procedimento de interpretação e de qualificação do fato causativo, dos seus efeitos, respeitando as peculiaridades e os interesses e valores envolvidos. Aludido procedimento deve ser implementado sem que se recorra a alargamentos interpretativos buscando conformar o fato concreto à norma abstrata, em prejuízo da síntese dos efeitos perseguidos pelas partes.

Em relação à qualificação da cláusula penal, tais considerações demonstram a insuficiência de processo hermenêutico calcado na atribuição de regime jurídico a partir de critérios abstratos e apriorísticos que, identificados no caso concreto, definam de forma exclusiva a modalidade de cláusula penal apresentada ao intérprete. Um método de tal natureza implicaria a desconsideração das peculiaridades do ajuste e da inserção da cláusula penal na lógica obrigacional, a resultar na atribuição de igual disciplina a hipóteses distintas.

A qualificação da cláusula penal, assim, não pode prescindir da função a ela atribuída no negócio, apenas então sendo possível identificar seu regime jurídico. Mais do que contar com critérios apriorísticos e abstratos e subsumi-los à hipótese concreta, a qualificação de determinada previsão contratual como cláusula penal compensatória ou moratória pressupõe a análise da obrigação globalmente considerada e a verificação se a disposição contratual se atrela ao descumprimento absoluto do pacto ou ao inadimplemento relativo.

---

[450] KONDER. Qualificação e coligação contratual, p. 84.

[451] Sobre o conceito de causa adotado no presente trabalho, remeta-se à nota de rodapé nº 228, *supra*.

A delimitação da espécie de cláusula penal ajustada pelas partes requer, portanto, a avaliação da medida em que o inadimplemento a que se vincula a multa afeta o programa obrigacional conforme delineado pelas partes: tratando-se de cláusula penal ligada a questões essenciais ao ajuste e, portanto, à extinção do vínculo em função da frustração do interesse do credor, cuida-se de cláusula penal compensatória; por outro lado, tratando-se de pontos cujo descumprimento, ainda assim, faz permanecerem hígidos os efeitos pretendidos com a disciplina obrigacional, trata-se de cláusula penal moratória.[452] Tal apuração apenas pode ser realizada a partir da interpretação em concreto do ajuste, identificando a razão justificadora da própria relação obrigacional (ver item 2.1). Cuida-se de perspectiva que já encontra acolhida em jurisprudência, como se pode extrair em alguns precedentes, que buscaram justamente verificar em que medida a cláusula penal vinculava-se ao interesse da obrigação.[453]

A avaliação da essencialidade da obrigação a que se vincula a cláusula penal para o interesse na obrigação também inspirou o Tribunal de Justiça do Rio Grande do Sul, em acórdão no qual foram avaliadas duas cláusulas em contrato de compra e venda de soja,[454] considerando compensatória a cláusula penal que estabelecia previamente a apuração dos valores para a hipótese de se invocar o art. 627 do CPC/1973,[455] ou

---

[452] "há que se analisar se, com a exigência da cláusula penal, permanece a pretensão ao adimplemento da parte faltante. Se a pretensão ao adimplemento total estiver encerrada, a pena é compensatória. Se a pretensão ao adimplemento total permanecer, a pena é moratória". (SILVA. *Inadimplemento das obrigações*, p. 256.)

[453] A título exemplificativo, o Tribunal de Justiça de São Paulo, ao apreciar multa de R$ 5.000,00 inserida em transação, asseverou seu caráter moratório, na medida em que a multa não excluía o interesse dos contratantes na manutenção do ajuste: "Se o eventual pagamento da cláusula penal fixada no acordo judicial para hipótese de descumprimento de obrigações assumidas pelas partes, não retira delas o interesse material quanto ao adimplemento da obrigação principal, tem-se que a multa, porque de natureza moratória e não compensatória, por não substituir a obrigação principal não cumprida, possibilita a pretensão indenizatória suplementar". (TJSP, Ap. Cív. 992080754545, 35ª Câmara de Direito Privado, Rel. Des. Clóvis Castelo, julg. 1.3.2010.)

[454] TJRS, Ap. Cív. 20080150064517, 3ª T. Cível, Rel. Des. Mario-Zam Belmiro, julg. 10.9.2008, publ. 22.9.2008.

[455] Eis a redação da cláusula: "Para eventual incidência do artigo 627 do Código de Processo Civil, e sem prejuízo do valor da mercadoria, fica prefixada a cláusula penal de 50% (cinquenta por cento) sobre o valor da mercadoria acrescida dos encargos da mora para a composição das perdas e danos, inclusive lucros cessantes e emergentes, derivados do inadimplemento, tendo em vista as obrigações assumidas pelo COMPRADOR perante a terceiros no que tange à entrega da mercadoria".

seja, caso o bem tenha se deteriorado.[456] Cuida-se de hipótese em que a execução da prestação já não é possível e, portanto, "não há como afirmar que ainda persista o interesse do executante recorrente em receber o referido produto".[457] Em oposição, considerou-se moratória a cláusula que pressupunha pagamento em mesmo gênero e espécie de mercadoria pactuada.[458] O raciocínio também foi empregado em outro precedente do Tribunal de Justiça de São Paulo, ao qualificar como compensatória cláusula penal relativa às obrigações de recadastramento do imóvel junto ao INCRA e a realização de obras de infraestrutura, inseridas em contrato de promessa de compra e venda, por considerá-las centrais na avença: sem a observância desses deveres, asseverou-se, seria impossível atingir o objetivo contratualmente traçado pelas partes.[459]

A construção de critérios que permitam ao intérprete identificar a modalidade de cláusula penal pactuada pelas partes, por conseguinte, deve ter em vista aludido processo hermenêutico de busca da finalidade em concreto da multa convencionada. Cuida-se de evitar o emprego de abstrações generalizadoras, cuja aplicação, por partir de dados preconcebidos, desconsidera o papel atribuído à penal na disciplina obrigacional, e de intentar extrair a intenção das partes, apoiando-se em indícios que traduzam tal finalidade.

---

[456] Código de Processo Civil, art. 627: "O credor tem direito a receber, além de perdas e danos, o valor da coisa, quando esta não lhe for entregue, se deteriorou, não for encontrada ou não for reclamada do poder de terceiro adquirente".

[457] Daí concluir o TJRS: "Assim sendo, resta claro que a cláusula penal ajustada entre as partes assume caráter compensatório, ou seja, visa compensar o credor dos prejuízos advindos do descumprimento contratual por parte do devedor. Ao passo que a multa moratória destina-se a penalizar a parte pelo simples fato de haver ultrapassado o prazo para cumprimento da obrigação. E foi, conforme se verificou da transcrição acima, exatamente nesses termos que restaram ajustadas entre as partes".

[458] "Se até o dia do vencimento limite para a entrega prevista nesta Cédula, não tiver sido entregue o produto na qualidade e quantidade previstas neste instrumento, ou no caso de vencimento extraordinário, incidirá multa de 10% (dez por cento) e juros moratórios a taxa de 12% (doze por cento) ao ano. A multa e os juros moratórios objeto desta cláusula incidirão sobre a obrigação principal e deverão ser pagos em produto do mesmo gênero e qualidade, salvo liquidação".

[459] Veja-se contundente trecho do acórdão: "Tem natureza compensatória porque o não cumprimento dessas obrigações implicaria, inevitavelmente, na resolução do contrato, seja porque o valor da infra-estrutura estava incluído no preço convencionado, seja porque o desmembramento da gleba e o posterior cadastro junto ao INCRA eram requisitos indispensáveis à lavratura da escritura. Sem desmembramento, e sem outorga de escritura pública no prazo estipulado, haveria inadimplemento absoluto dos devedores, daí, então, as partes terem convencionado, implicitamente, nesta hipótese, a resolução do contrato e a cláusula penal compensatória". (TJSP, Ap. Cív. 9155686-90.2004.8.26.0000, 5ª Câmara de Direito Privado, Rel. Des. J.L. Mônaco da Silva, julg. 9.11.2011.)

3.2 Elementos de qualificação: avaliação a partir da perspectiva funcional

Em meio ao amplo reconhecimento da dificuldade envolvida na qualificação da cláusula penal, tentou-se colacionar alguns elementos considerados capazes de caracterizar cada modalidade. Dito de outro modo, a doutrina procurou enumerar circunstâncias que, uma vez previstas pelas partes, implicariam a escolha por uma das modalidades de cláusula penal. Deve-se avaliar, contudo, se tais subsídios e, principalmente, a forma com que são aplicados, atendem à necessidade de traduzir a função da cláusula penal no ajuste obrigacional. Tais critérios podem se mostrar úteis à tormentosa tarefa posta ao intérprete, desde que amalgamados a essa perspectiva.

Verificam-se, ainda, outras circunstâncias além das tradicionalmente enumeradas, que podem auxiliar o intérprete a identificar se o descumprimento da prestação a que se vincula a pena contratual se mostra atrelado à manutenção do interesse do credor ou mantém a utilidade da execução da avença.

3.2.1 O valor da cláusula penal em comparação ao da obrigação principal

O recurso à avaliação do valor da cláusula penal em face da expressão econômica do contrato afigura-se uma das formas mais comumente indicadas em doutrina como capaz de permitir ao intérprete identificar a modalidade de cláusula penal prevista no contrato. De acordo com essa forma de avaliação, caso a pena mostre-se superior – independentemente de ser vedado no direito brasileiro tal caso (a questão se limita à qualificação) – ou próxima ao montante da obrigação principal, cuida-se de cláusula penal compensatória, já que essa se vincularia ao inadimplemento absoluto do contrato. De outra parte, na hipótese do valor ser de pouca monta diante daquele do contrato, estar-se-ia diante de cláusula moratória.[460]

---

[460] É o que explana Carvalho Santos: "[n]o confronto desses valores é fácil deduzir se a cláusula penal foi estipulada em razão da inexecução ou da mora do devedor. De fato, quando a pena, cujo montante é igual, por maioria de razão, quando superior ao valor do principal, terá quase sempre sido estipulada em razão da inexecução; se a taxa é mínima em relação à obrigação principal, certamente tê-lo-á sido em razão da simples mora do credor". (CARVALHO SANTOS. *Código Civil brasileiro interpretado*, v. 11, p. 315.)

CAPÍTULO 3
CRITÉRIOS DE DISTINÇÃO ENTRE AS MODALIDADES DE CLÁUSULA PENAL | 151

A *ratio* de tal concepção consiste na suposição de que os danos decorrentes do inadimplemento relativo se mostram, em regra, inferiores aos derivados do descumprimento definitivo da obrigação, a justificar que a cláusula penal fixada em valor significativamente menor que o montante da obrigação principal seja moratória, enquanto aquela que se aproxima desse valor configure multa compensatória. Aludido critério é amplamente adotado também em jurisprudência.[461]

A comparação entre o valor da obrigação principal e o montante fixado pelas partes para a cláusula penal, conquanto possa auxiliar o intérprete, não traduz critério determinante de *per si* para a qualificação da cláusula. Sua utilização automática pode ensejar distorções interpretativas, subvertendo a vontade das partes.[462]

---

[461] A título exemplificativo, veja-se o julgado do TJMG, Ap. Cív. 1.0702.10.053218-4/001, 14ª CC, Rel. Des. Rogério Medeiros, julg. 5.9.2013, publ. 13.9.2013, grifo nosso: "Em geral, o valor da multa compensatória é elevado, próximo do valor da obrigação principal. Se o valor da multa é reduzido, *presume-se* que tenha natureza moratória, pois os contratantes normalmente não fixam valor modesto para compensar perdas e danos decorrentes da inexecução total daquilo que ajustaram. Se a multa é compensatória, o art. 410 proíbe que o credor cumule a cobrança de cláusula penal com o cumprimento da obrigação, impondo ao credor o dever de optar entre uma ou outra, como afirmado no comentário ao referido dispositivo". Ao apreciar cláusulas penais pactuadas em contrato de cartão de crédito, o Tribunal de Justiça do Estado de São Paulo entendeu ser o valor das multas a razão justificadora exclusiva de sua natureza, à luz do montante global da obrigação. Na medida em que ambas eram significativamente inferiores ao valor do ajuste – 2 e 10%, nesse caso considerado montante não suficiente para caracterizar multa compensatória –, qualificou-as como moratórias e vedou sua cumulação: "A fim de se distinguir a natureza da cláusula em comento o critério adotado é o valor da multa. Se o valor desta se aproxima do valor da obrigação principal, tem-se a multa compensatória, ao passo que, se o valor da multa é sensivelmente inferior ao da obrigação principal é porque se estará falando em multa moratória. Como pactuaram duas multas com valores sensivelmente inferiores, inolvidável tratar-se de multas moratórias e sua incidência cumulativa configurar-se-á *bis in idem*". (TJSP, Ap. Cív. 9210093-17.2002.8.26.0000, 18ª Câmara de Direito Privado, Rel. Des. William Marinho, julg. 18.1.2011.)

[462] A dificuldade em recorrer apenas a essa circunstância para determinar a modalidade de cláusula penal resta evidente ao se comparar dois precedentes do mesmo tribunal – o Superior Tribunal de Justiça. No primeiro, a Terceira Turma determinou, analisando contrato de mútuo, "a natureza compensatória da cláusula penal de estipulação de multa de 10% (...) A natureza compensatória, de cláusula penal de estipulação de multa de 10%, está assente na Jurisprudência desta e. Corte Superior de Justiça, desde o julgamento do REsp 5636, Rel. Min. Athos Carneiro, publicado no DJ de 09-09-1991. No mesmo sentido: REsp 174.181, Rel. Min. Sávio de Figueiredo Teixeira, DJ de 15-03-1999" (STJ, AgRg no REsp 328.375, 3ª T., Rel. Min. Nancy Andrighi, julg. 15.10.2001, publ. 19.11.2001). Embora também se tenha mencionado genericamente determinadas características da cláusula que levariam à conclusão de que se tratava de multa compensatória, o fator determinante acabou sendo o seu patamar. O mesmo valor – 10% do montante do contrato – foi considerado, à luz do mesmo critério, pela Quarta Turma, ao apreciar contrato relativo à construção de sistema teleférico, como caracterizador da natureza moratória da pena: "a cláusula penal foi fixada em 10% do valor do contrato, o que, à luz do critério acima

O emprego exclusivo do critério do valor tampouco é capaz de justificar as distintas soluções conferidas a cláusulas penais de valor coincidente em contratos de mesma espécie. Não é incomum, por exemplo, a fixação, em contratos de locação de imóveis, de cláusulas que determinem a obrigação de pagamento de também 10% do valor do contrato, que ora é considerado como cláusula penal compensatória,[463] ora como multa moratória.[464] O mesmo ocorre, também nos contratos de locação, com as cláusulas em que se estabelece o pagamento de montante referente a 3 (três) meses de aluguel.[465]

Nada obstante a notoriedade e quantidade de seus defensores, o critério do valor não é capaz de oferecer parâmetro seguro, por si só, para o intérprete: o mesmo patamar pode representar o estabelecimento de cláusula penal moratória ou compensatória. A apuração em abstrato à luz desse critério, isto é, a criação de uma regra "objetiva" segundo a qual um determinado valor implica a previsão de certa modalidade de cláusula penal,[466] como visto, resulta em incongruências com

---

traçado, exterioriza e denota sua natureza moratória". (STJ, REsp 734.520, 4ª T., Rel. Min. Hélio Quaglia Barbosa, julg. 21.6.2007, publ. 15.10.2007.)

[463] Foi o que ocorreu em caso levado ao TJMG: "Apelação. Ação de despejo. Julgamento antecipado da lide. Cerceamento de defesa. Não ocorrência. Cláusula penal. Multa. Resolução do contrato. Inadimplemento. (...) Em se tratando de contrato de locação, subordinado à livre convenção das partes, inexistindo ofensa a qualquer princípio regulador da teoria geral dos contratos, tal como a boa-fé e o equilíbrio contratual, há que ser observada a multa exigida no importe de 10% (dez por cento) sobre o valor do débito. Não se desincumbindo o locatário de demonstrar a quitação do débito referente aos aluguéis e encargos respectivos, por meio de prova convincente, deve ser julgada procedente a ação de despejo". (TJMG, Ap. Cív. 1.0145.10.032623-3/001, 13ª CC, Rel. Des. Cláudia Maia, julg. 16.1.2014, publ. 24.1.2014.).

[464] Veja-se, nessa direção, o seguinte julgado: "Apelação cível. Ação de Despejo por Falta de Pagamento combinada com Cobrança. Contrato de Locação de Imóvel urbano. (...) Cláusula Penal Moratória. Estipulação na proporção de 10% (dez por cento). Ilegalidade não verificada". (TJSP, Ap. Cív. 0015174-14.2008.8.26.0020, 30ª Câmara de Direito Privado, julg. 9.4.2014, publ. 10.4.2014.)

[465] Por um lado, na esteira de diversos precedentes sobre a matéria, refere-se a tal cláusula como multa compensatória. É o caso do contrato submetido à apreciação do TJRJ, em disposição contratual na qual se estabeleceu a obrigação de tal pagamento "pela rescisão do presente contrato antes do término previsto na cláusula segunda". (TJRJ, Ap. Cív. 048600-35.2009.8.19.0001, 16ª CC, Rel. Des. Mario Robert Mannheimer, julg. 13.8.2013.)
Por outro, o mesmo Tribunal, ao apreciar cláusula penal cujo patamar também foi fixado em 3 (três) meses de aluguel, mas para a hipótese de permanência do locatário no imóvel após o término da relação contratual, a entendeu moratória (TJRJ, Ap. Cív. 0016949-69.2011.8.19.0209, 2ª CC, Rel. Des. Elisabete Filizzola, julg. 13.12.2013).

[466] Como consta na seguinte assertiva: "A pena, cujo montante é igual, e por maioria de razão quando superior ao valor do principal, terá quase sempre sido estipulada em razão da inexecução; aquela, cuja taxa é quase mínima em relação à da obrigação principal,

a previsão das partes e subverte o processo qualificativo. A cláusula penal pode representar ajuste relacionado à gestão privada dos riscos relativos ao inadimplemento, não havendo óbices para que – pressupondo-se paridade das partes – uma delas assuma risco mais elevado, seja prevendo cláusula penal moratória mais robusta, seja estabelecendo penal compensatória mais amena, o que pode até mesmo ser consequência de condições contratuais mais favoráveis. A conclusão não é distinta no que tange à cláusula penal que assume função exclusivamente coercitiva, em que sequer remotamente há vinculação com os danos decorrentes da mora (ver item 2.2.3.1) e é possível que eventual caráter cumulativo (como ocorre na fixação de multa de patamar diário), possa resultar no alcance de patamares próximos ao valor da obrigação principal.

A perspectiva crítica a respeito do critério do valor, contudo, não afasta sua utilidade para o intérprete. Como já se salientou em doutrina, trata-se de instrumento que pode servir de auxílio,[467] em conjunto com outros elementos, ou como último recurso, em casos nos quais inexistam outros para definir o papel da cláusula penal na sistemática contratual. O que não se mostra compatível com a perspectiva funcional ora mencionada é a construção de uma regra geral segundo a qual o fato de se tratar de cláusula penal de determinado patamar decorre necessariamente de sua natureza compensatória ou moratória, ou mesmo de que se trata de critério que possua a mais elevada importância no processo de interpretação, o que não afasta a utilização do critério do valor sem que se abstraia da necessidade de contextualizar a previsão contratual na lógica obrigacional. O critério pode se demonstrar útil, por exemplo, em casos nos quais as partes preveem mais de uma cláusula penal cujos valores sejam díspares entre si.[468]

---

certamente tê-lo-á sido em razão de simples mora do devedor". (FULGÊNCIO. *Manual do Código Civil brasileiro*, v. 10, p. 388, grifo nosso.)

[467] O papel auxiliar da avalição a partir do valor da obrigação é salientado em doutrina: "Auxilia na identificação o valor previsto para a multa: caso se aproxime do valor global da prestação, a pena será compensatória; se corresponder apenas a uma parte desse montante, será moratória" (SILVA. *Inadimplemento das obrigações*, p. 257). Em sentido semelhante, Judith Martins-Costa: "O valor da cláusula penal, con.trastado com o do objeto principal do contrato é um critério indicativo acerca da modalidade, se compensatória ou moratória: se o valor da pena rivaliza com o da obrigação principal, presumivelmente terá sido pactuada cláusula compensatória (substitutiva); se, ao revés, for um valor mais baixo, tudo indica que se trata de cláusula penal moratória". (MARTINS-COSTA. *Comentários ao Novo Código Civil*, v. 5, t. 2, p. 650.)

[468] Tal distinção foi feita pela 25ª Câmara de Direito Privado do Tribunal de Justiça do Estado de São Paulo na Apelação Cível nº 9099396-84.2006.8.26.0000: "No que se refere ao mérito,

3.2.2 A qualificação da cláusula penal atrelada ao (des) cumprimento de obrigação específica

No âmbito das discussões relativas à qualificação da cláusula penal, assume relevo a previsão contida no art. 409 do Código Civil, segundo a qual a cláusula penal pode se referir à inexecução de "alguma cláusula especial". Ou seja, a partir da ressalva do legislador que destacou tal hipótese ao disciplinar o instituto – a referência é feita novamente no art. 411, ao mencionar a cláusula para a "segurança especial de outra cláusula determinada" –, discute qual a natureza da cláusula penal atrelada para determinada prestação que não se qualificaria como "principal",[469] tampouco se referindo ao simples atraso.

Aludida cláusula penal vincula-se ao por vezes denominado "adimplemento ruim", a suscitar a indagação se consubstanciaria terceiro gênero, não abarcado nem pela multa compensatória, nem pela moratória, existindo posição doutrinária no sentido de se tratar de cláusula penal moratória[470] – entendimento calcado na impossibilidade do descumprimento de cláusula específica ensejar o inadimplemento absoluto do ajuste.[471] Trata-se de questão vinculada em especial à extensão do conceito de mora no direito brasileiro e à pertinência da importação da denominada teoria da violação positiva do contrato.[472]

A teoria da violação positiva possui origem no direito alemão, em que se apresentou alternativa à previsão rígida das hipóteses de inadimplemento, na medida em que, por um lado, se colocava o

---

a bem lançada sentença identificou corretamente o caráter compensatório da cláusula penal prevista na transação exequenda, haja vista o elevado percentual em que fixada, de 50%, assim como a circunstância de a mesma transação estabelecer outra cláusula penal, esta de caráter moratório, impropriamente designada como 'multa', de 10%" (TJSP, Ap. Cív. 9099396-84.2006.8.26.0000, 25ª CC, Rel. Des. Ricardo Pessoa de Mello Belli, julg. 4.5.2011, julg. 11.5.2011.)

[469] Como já afirmado anteriormente, a acessoriedade de determinado dever apenas pode ser apreendida no caso concreto (ver item 2.1, *supra*).

[470] SERPA LOPES. *Curso de direito civil*, v. 2, p. 175. Ver também FRANÇA, Rubens Limongi. Cláusula penal. In: ENCICLOPÉDIA Saraiva de Direito. São Paulo: Saraiva, 1977. p. 118.

[471] "Se se trata da inexecução de uma cláusula especial do contrato, claro que a inexecução não foi completa, não podendo, por conseguinte, ser ao caso aplicada a regra estatuída para esta última hipótese, tanto mais quanto a pena equivale, aí, tão-somente à indenização das perdas e danos parciais, resultantes do inadimplemento da cláusula violada" (CARVALHO SANTOS. *Código Civil brasileiro interpretado*, v. 11, p. 332). Na mesma direção, cf. MENDONÇA. *Doutrina e prática das obrigações*, t. 1, p. 352.

[472] "A norma [art. 409 do Código Civil] explicita a intenção das partes de estipularem pena capaz de impedir o cumprimento defeituoso da prestação ou para a violação positiva do contrato". (ROSENVALD. *Cláusula penal*, p. 61.)

inadimplemento absoluto da obrigação e, de outro, o atraso em sua prestação, que acabava por não oferecer solução adequada para diversas hipóteses em que, conquanto não tenha ocorrido o perecimento do interesse ou a demora no desempenho da prestação, não se poderia afirmar ter havido exato cumprimento da obrigação. Tais hipóteses, não abrangidas pelos conceitos plasmados no BGB, não ensejavam a incidência das normas relativas ao descumprimento, como a faculdade de resolver o ajuste. Daí se extrair, a partir do princípio da boa-fé objetiva, a teoria da violação positiva, a abranger justamente casos em que houve a prestação no momento pactuado, mas não com a integral observância de questões não afetas à prestação principal e, no mais das vezes, decorrentes de ação positiva do devedor, assumindo caráter nitidamente subsidiário.[473]

Aludida tese encontra defensores no direito brasileiro, ainda que se reconheça que, diante das peculiaridades do conceito de mora – mais amplo que o consagrado no BGB que se limita apenas ao aspecto temporal –, possua limites mais estreitos de aplicação.[474] Atribui-se, assim, à teoria, o papel de abranger hipóteses relativas ao descumprimento de deveres laterais que não possuam "vinculação direta com os interesses do credor na prestação".[475]

O esforço empreendido, contudo, descola-se da concepção hodierna de adimplemento que, consoante descrito no item 2.1, dissociou-se do simples desempenho da prestação principal, mostrando-se necessário avaliar todas as circunstâncias pertinentes ao adequado cumprimento da justificativa funcional do liame. Desse modo, "as hipóteses hoje solucionadas com o uso da violação positiva do contrato tendem a recair no âmago interno da própria noção de adimplemento".[476]

Nesse cenário, a cláusula penal vinculada à obrigação específica tampouco consiste em terceira espécie: diante do conceito de adimplemento segundo o qual mais do que oferecer a prestação

---

[473] A teoria é atribuída à Hermann Staub, inserindo-se no BGB após a reforma, mediante cláusula geral consubstanciada no §280, I (ver TERRA. *Inadimplemento anterior ao termo*, p. 108).

[474] "Com efeito, apesar da amplitude e flexibilidade que caracterizam os conceitos básicos do inadimplemento no direito brasileiro, há ainda um amplo espaço não preenchido ao lado do inadimplemento absoluto e da mora, espaço passível de preenchimento por meio de *violação positiva do contrato*. No entanto, esse espaço não parece ser tão amplo quanto o assumido, na Alemanha, pelos seguintes de STAUB". (SILVA. *A boa-fé e a violação positiva do contrato*, p. 265.)

[475] *Ibidem*, p. 266.

[476] SCHREIBER. A tríplice transformação do adimplemento, p. 17.

principal, deve-se atender ao programa obrigacional em todas as suas circunstâncias – de acordo com a denominada *prestação devida*[477] –, cláusulas que estabeleçam deveres específicos compõem o próprio objeto obrigacional. Em sendo essenciais para o atendimento ao interesse do credor, sua inobservância caracteriza inadimplemento absoluto; tratando-se de descumprimento remediável, verifica-se a simples mora. A previsão do pagamento de cláusula penal em virtude do descumprimento de cláusula específica de um contrato deve ser contextualizada a partir do papel do aludido dever no cenário obrigacional: assim, por exemplo, a previsão de manutenção de sigilo sobre a contratação (normalmente tomada como dever acessório) pode ser determinante em operações realizadas em mercados de ampla competitividade, a justificar o perecimento do interesse do credor.

O fato de ser deflagrada em função do descumprimento de determinada obrigação, conseguintemente, não é capaz, em abstrato, de levar a sua qualificação. Como visto, a obrigação destacada, a que se vincula cláusula penal, pode tanto se relacionar à mora como refletir o perecimento do interesse na prestação[478] e, por conseguinte, ao inadimplemento absoluto. Justamente por tais circunstâncias Silvio Rodrigues ressalva as vicissitudes da qualificação em abstrato da cláusula penal relativa a uma obrigação específica como moratória ou compensatória:

> Não será difícil, aliás, examinando o contrato, notar que uma cláusula contém dispositivo de tal relevância que seu descumprimento frustra integralmente a expectativa do credor, ou diminui as possibilidades que o contrato lhe oferecia.[479]

---

[477] Veja-se a esclarecedora observação de Aline de Miranda Valverde Terra: "há apenas uma única prestação devida, isto é, há apenas um único comportamento capaz de realizar cabalmente o interesse do credor: o comportamento que executa a prestação principal e observa os deveres de conduta. Essa é a *prestação devida*. Por certo, há deveres de conduta que produzem efeitos diretos sobre o resultado útil programado, ligando-se visceralmente à prestação principal, e outros que, apesar de se conectarem apenas de uma forma indireta a esse resultado útil, também se incluem na concepção mais ampla de prestação devida. (…) Se tal violação acarreta a mora ou o inadimplemento absoluto é questão que apenas se responde à luz do caso concreto, de acordo com a possibilidade ou não de adimplemento, bem como com a manutenção ou não do interesse do credor na prestação – vale dizer, com a possibilidade de a prestação ainda produzir o resultado útil programado". (TERRA. *Inadimplemento anterior ao termo*, p. 112-113.)

[478] "Entende-se que a cláusula penal fixada para o caso do descumprimento de uma cláusula especial pode ser ora compensatória, ora moratória, dependendo do seu conteúdo, não podendo ser enquadrada de antemão em uma ou outra modalidade, já que deve ser analisado o caso concreto". (CASSERATI. *Multa contratual*, p. 67.)

[479] RODRIGUES. *Direito civil*, v. 2, p. 270, nota de rodapé nº 341. A lição é acompanhada por Judith Martins-Costa: "Porém, diante da importância que adquire, na dogmática

Ao analisar cláusula penal vinculada a determinado dever obrigacional, portanto, cabe ao intérprete inseri-la no programa obrigacional, identificando a essencialidade daquela prestação para o atendimento ao interesse consubstanciado na relação obrigacional, podendo assumir tanto o regime da cláusula penal compensatória como da moratória.[480] Desse modo, o regime atribuído pelo art. 411 do Código Civil – cumulatividade com a exigência da obrigação principal – refere-se apenas às cláusulas penais previstas para segurança de cláusula especial que não interfira com a função perseguida pelas partes com a obrigação. Conforme já se destacou anteriormente "nem todas as cláusulas especiais dão ensejo à cláusula penal moratória. Trata-se de norma dispositiva; é o negócio jurídico que determina se a cláusula penal será, no caso de cláusula específica, moratória ou compensatória".[481]

3.2.3 A cláusula de descumprimento de "quaisquer das obrigações"

Nas hipóteses em que as partes estabelecem a pena como decorrência do genérico descumprimento de qualquer uma das cláusulas da obrigação, afirma-se que aludida referência poderia configurar tanto multa compensatória, como moratória, a depender da obrigação que seja descumprida no caso concreto.[482] Ou seja, caso a prestação que

---

obrigacional contemporânea, o princípio da confiança, podem ser frequentes as hipóteses em que o descumprimento de uma obrigação secundária, anexa ou instrumental, efetivamente frustre as legítimas expectativas do credor e distorça ou desvie a objetiva finalidade do contrato, conduzindo à imprestabilidade da prestação eventualmente (mal) feita. Nesses casos, não nos parece haver dúvidas que a infração, ainda que não atingindo a totalidade da prestação, conduza ao caráter compensatório da cláusula penal". (MARTINS-COSTA. *Comentários ao Novo Código Civil*, v. 5, t. 2, p. 435.)

[480] Essa é a posição de Judith Martins-Costa: "inexecução de apenas algumas das obrigações pactuadas ou quando pactuada cláusula penal em segurança de alguma cláusula especial: pode ser cláusula compensatória (substitutiva) ou moratória (cumulativa)". (*Ibidem*, v. 5, t. 2, p. 625.)

[481] SILVA. *Inadimplemento das obrigações*, p. 262.

[482] "Apesar de insubsistente o pedido de despejo e rescisão do contrato, legítima a pretensão da multa contratual. O contrato é clarividente cito: 'A parte que infringir qualquer uma das cláusulas desse contrato estará sujeita a multa equivalente a 03 (três) vezes o valor do ALUGUEL vigente' (fl. 41 grifos nossos). A cláusula penal estabelecida de forma genérica deve ser admitida como, simultaneamente, cláusula penal moratória e compensatória. No caso concreto, embora não se possa falar em inadimplemento absoluto, tampouco cogitar a rescisão do contrato, razoável impor à locatária a multa pela mora evidenciada. Com razão, entretanto, o MM. Magistrado que a reduziu de acordo com o artigo 413, do Código Civil". (TJSP, 30ª CDPriv., Ap. 0070273-78.2012.8.26.0100, Re. Des. Maria Lúcia Pizzotti, julg. 8.6.2016.)

se venha a descumprir relacione-se com a essencialidade da obrigação, trata-se de cláusula compensatória; na hipótese de se tratar de dever lateral ou circunstância que não afeta o interesse do credor na prestação, tal consubstanciaria pena moratória.

Nessa direção, a cláusula penal atinente à violação de quaisquer das cláusulas contratuais foi considerada compensatória pelo Tribunal de Justiça de Minas Gerais ao apreciar disposição inserida em contrato de prestação de serviços advocatícios, sem que qualquer outra circunstância fosse salientada para a qualificação.[483] A igual conclusão chegou a 3ª Turma do Tribunal de Justiça do Distrito Federal e Territórios, em relação à cláusula inserida em contrato de mútuo para financiamento imobiliário, a qual estabelecia "a aplicação de multa convencional no montante de 10% (dez por cento) em caso de descumprimento de seus termos".[484] Do mesmo modo, o Tribunal de Justiça do Estado de São Paulo determinou o caráter compensatório de cláusula que previa o pagamento de "três meses de aluguel (cláusula 4.2) para a hipótese de infração a quaisquer das cláusulas ajustadas" em contrato de locação.[485] Em ambos os casos, embora não de forma categórica, conferiu-se grande relevo ao montante estabelecido a título de cláusula penal.

Não parece adequado, contudo, à luz da função exercida por cada modalidade de cláusula penal, atribuir à genérica cláusula dessa espécie natureza potencialmente dúplice: entender que a mesma cláusula pode incidir para hipóteses funcionalmente diversas, implicaria, a rigor, a desconsideração da diversidade de função. Ademais, implica vincular sua natureza a evento posterior – a modalidade de inadimplemento verificada.

Aludida cláusula também não se adequa, em regra, à função desempenhada pela cláusula penal compensatória.[486] Consoante já

---

[483] Asseverou-se que "não se tratando de cláusula penal moratória prevista para o caso de simples mora no adimplemento da obrigação em seu termo, conforme entende a apelante, mas de cláusula penal compensatória, avençada para a hipótese de descumprimento de qualquer obrigação ajustada no contrato". (TJMG, Ap. Cív. 2.0000.00.518826-9/000, 11ª CC, Rel. Des. Selma Marques, julg. 31.8.2005, publ. 17.9.2005.)

[484] Vejam-se as razões adotadas pela Câmara: "É cristalino tratar-se, na espécie, de uma cláusula penal compensatória, ou seja, instituto jurídico que visa ressarcir as perdas e danos experimentados no inadimplemento do negócio jurídico entabulado". (TJDFT, Ap. Cív. 2001 01 1 093787-0 (0093787-80.2001.8.07.0001), 3ª T., Rel. Des. Jeronymo de Souza, julg. 22.3.2004, publ. 8.6.2004.)

[485] TJSP, Ap. Cív. 0002478-95.2012.8.26.0022, 31ª Câmara de Direito Privado, julg. 10.12.2013, publ. 11.12.2013.

[486] Embora destaque que a disposição pode assumir dupla função, Benacchio reconhece que, em regra, será moratória: "Desse modo, é de se ter que a cláusula penal, que objetive

CAPÍTULO 3
CRITÉRIOS DE DISTINÇÃO ENTRE AS MODALIDADES DE CLÁUSULA PENAL | 159

destacado, tal instituto vincula-se a questões que configuram o cerne do programa obrigacional, que, em princípio, não estariam abarcadas por disposição genérica.[487] A conclusão também foi sustentada por Eduardo Espinola:

> (...) a pena convencional, como foi estipulada, não podia ser oferecida pelos locadores para reaverem o prédio, porque não se destinava manifestamente a compensar as perdas e danos resultantes da rescisão antecipada do contrato, mas simplesmente a reforçar o vínculo obrigatório, a compelir cada uma das partes ao cumprimento das diversas cláusulas pelo receio de incorrer na penalidade. Convencionaram as partes que a infração de qualquer cláusula ou condição do contrato determinaria a obrigação de pagar uma multa ou pena convencional de quatro contos de réis. Foi aí estipulada, sem a menor dúvida, uma cláusula penal de caráter cominatório. De acordo com o critério adotado pelo Código Civil, o que em tal cláusula se observa é que a pena foi estabelecida para o caso de infração de qualquer condição ou cláusula do contrato, e não para o caso de inadimplemento total. Se o desrespeito de qualquer das cláusulas do contrato, se a inobservância de qualquer de suas modalidades, é suficiente para que incorra o infrator na pena convencionada, fora absurdo pretender que semelhante pena pudesse representar a compensação de todas as perdas e danos resultantes do inadimplemento total.[488]

---

assegurar o cumprimento de uma cláusula determinada, pode ter tanto natureza de pena moratória como compensatória, ainda que a espécie mais comum seja aquela". (BENACCHIO. Cláusula penal, p. 381.)

[487] "O 'inadimplemento de qualquer das cláusulas', cujo enunciado é comum nos contratos, não se confunde com o inadimplemento total. Nesse caso, a cláusula penal não é compensatória" (LÔBO. Teoria geral das obrigações, p. 307). Daí assumirem tais cláusulas costumeiramente caráter subsidiário, como no caso apreciado pelo TJSP, assim ementado: "Apelação Cível. Locação. Embargos à execução. Sentença de improcedência. Inconformismo. Acolhimento parcial. Excesso de execução configurado. Multa moratória cumulada com multa compensatória. Inadmissibilidade. Vedação ao 'bis in idem'. Afastamento da segunda penalidade. Sentença parcialmente reformada. Recurso provido em parte, mantida a sucumbência aos embargantes". (TJSP, Ap. Cív. 9051551-51.2009.8.26.0000, 3ª Câmara Extraordinária de Direito Privado, julg. 20.3.2014, publ. 22.3.2014.)

[488] ESPINOLA, Eduardo. Questões jurídicas e pareceres. São Paulo: Nacional, 1925. p. 262. O autor conclui, portanto, pela pertinência da alegação do consulente no sentido de que "a pena convencional em questão foi estipulada para assegurar o cumprimento do contrato e não para dissolvê-lo" (p. 263). Em jurisprudência também é possível encontrar entendimento que atribui a essas cláusulas caráter moratório, como no caso apreciado pelo TJSP, em que se aplicou, em contrato de cessão de imagem, multa moratória cumulada com a obrigação de pagar a contraprestação devida. A cláusula apreciada continha a seguinte redação: "Foi prevista, também, multa equivalente a 20% sobre o valor da cláusula 4ª, em caso de inadimplemento de qualquer das cláusulas" (TJSP, Ap. Cív. 0106026-67.2010.8.26.0100, 1ª Câmara de Direito Privado, Rel. Des. Alcides Leopoldo e Silva Júnior, julg. 24.4.2012, publ. 27.4.2012). O entendimento também foi consagrado em clássico precedente do STF: "Inexecução de contrato de promessa de compra e venda. Perdas e danos. Cláusula penal.

A constatação de que as cláusulas penais relativas ao inadimplemento de quaisquer das cláusulas do contrato consubstanciam cláusulas penais moratórias, contudo, não pode desconsiderar eventuais circunstâncias que, no caso concreto, aproximem a previsão da modalidade compensatória. É o que ocorre, por exemplo, em cláusula penal submetida à apreciação do Tribunal de Justiça do Estado de São Paulo, em que expressamente estabeleceram as partes que a multa incidiria caso houvesse qualquer inadimplemento "capaz de ensejar o desfazimento do negócio", a evidenciar sua natureza compensatória (ver item 2.1),[489] bem como na hipótese em que as partes especificarem determinadas obrigações no âmbito da aludida cláusula ou, ainda, se extraia do ajuste a incompatibilidade de qualquer desvio com o atendimento ao programa obrigacional.

3.2.4 Critérios relativos à espécie de obrigação e ao tipo contratual

Características relativas ao tipo de obrigação, ou mesmo à espécie contratual adotada pelas partes, também são empregadas como circunstâncias capazes de identificar a modalidade de cláusula penal eleita pelas partes.

Afirma-se, por um lado, que as obrigações de não fazer se afiguram incompatíveis com a previsão de cláusula penal moratória, de modo que prevista multa convencional em obrigações dessa

---

Estabelecida para o descumprimento de qualquer cláusula contratual, a multa é moratória. Será compensatória, quando estipulada para o caso de total inadimplemento do contrato. - aplicação do art. 64 do código de processo civil de 1939. Recurso extraordinário conhecido e provido". (STF, RE 64.726, 1ª T., Rel. Min. Eloy da Rocha, julg. 8.4.1975, publ. 18.2.1977.)

[489] Eis a cláusula em questão: "7.1. O não cumprimento de quaisquer das cláusulas pactuadas que ensejar o desfazimento do presente negócio, implica na multa igual a 10% (dez por cento) sobre o valor total da transação, a ser paga pela parte infratora à parte inocente, sem prejuízo das perdas e danos a apurar-se em procedimento próprio". (TJSP, Ap. Cív. 0001133-76.2010.8.26.0374, 9ª Câmara de Direito Privado, Rel. Des. Alexandre Lazzarini, julg. 19.11.2013, publ. 22.11.2013.)
A mesma consideração poderia ser aplicada à cláusula penal apreciada na Ap. Cív. 992080654150, que estabelecia o pagamento de montante de 20% no caso de "atraso e/ou inadimplemento". A 31ª Câmara de Direito Privado do TJSP considerou-a compensatória: "No caso, houve inexecução completa do contrato, sem pagamento do preço pela apelante, a qual não pediu a entrega da soja pela apelada e aplicação conjunta da indenização dela decorrente do atraso (este com natureza de multa moratória prevista na cláusula 10.1). Em outras palavras, não se cogita, na situação em foco, de aplicação do art. 411 do CC, pelo qual haveria pretensão de entrega e de recebimento da multa com caráter moratório decorrente de atraso do cumprimento da obrigação (20% sobre o valor da obrigação, com juros de mora de 1% ao mês, cláusula 10.1)". (TJSP, Ap. Cív. 992080654150, 31ª Câmara de Direito Privado, Rel. Des. Adilson de Araujo, julg. 12.1.2010, publ. 23.1.2010.)

natureza, apenas se poderia classificar como compensatória.[490] A defesa da característica compensatória das cláusulas penais previstas em obrigações negativas vincula-se ao entendimento segundo o qual tal tipo obrigacional não comporta descumprimento relativo.

Com efeito, afirma-se que se "a prestação for *negativa*, haverá *falta de cumprimento*, e não simples *mora*, sempre que a obrigação seja violada",[491] o que se justificaria pela impossibilidade de se desfazer o ato que se praticou (e em relação ao qual se deveria abster).[492] Daí decorrer a constatação, majoritária em doutrina,[493] de que "a obrigação negativa não comporta variante. Ou o devedor não pratica o ato proibido e está cumprindo a obrigação: ou pratica, e dá-se a inexecução".[494] Compreende-se, assim, que o desfazimento da obrigação, referido no art. 250 do Código Civil, representaria apenas a reparação dos danos decorrentes da realização do ato, não já a execução específica da obrigação.[495]

A inspiração nesses argumentos resta evidente na defesa do caráter compensatório da cláusula penal vinculada a obrigação de não fazer:

> Assim, a pena adjeta a uma obrigação negativa (*obligatio non factendi*) é compensatória, porque, consistindo o inadimplemento em uma ação proibida, o simples fato de praticar o que estava interdito constitui infração integral, que a penalidade ajustada compensará.[496]

---

[490] É o que se extrai da passagem de João Franzen de Lima: "Tratando-se da obrigação de *não-fazer*, o devedor incorrerá na cláusula penal desde que execute o ato vedado. Neste momento é que ele descumpriu a obrigação. O nosso legislador não cuidou desta hipótese, lembrando-se só das obrigações *positivas*, como vamos ver, pois as *negativas* não são suscetíveis de *mora*; elas são vencidas na mesma data em que são estipuladas, sendo de execução diuturna e perpétua". (LIMA. *Curso de direito civil brasileiro*, v. 2, p. 111, grifos no original.)

[491] VARELLA. *Das obrigações em geral*, v. 2, p. 113, grifos no original.

[492] SERPA LOPES. *Curso de direito civil*, v. 2, p. 70; BEVILÁQUA. *Código Civil comentado*, v. 4, p. 96.

[493] A alteração da redação do artigo 390 do Código Civil, que excluiu a expressão "mora" do correspondente no Código Civil de 1916 (art. 961), expressa essa prevalência.

[494] ALVIM. *Da inexecução das obrigações e suas consequências*, p. 132.

[495] Mais uma vez, destaque-se Agostinho Alvim: "Porém, se alguém se comprometeu a não fazer certa obra e fez o credor pode exigir que se desfaça. Esta circunstância – pergunta-se – significa que o caso é de mora? Poderia parecer que sim, porque o credor, afinal vê cumprida a obrigação, uma vez que lhe assiste o direito de mandar desfazer o que o devedor fez. Todavia, não é assim. O desfazimento da obra já não tem o caráter de execução forçada, e, sim, de reparação. Aliás, não é isto senão um corolário ou consequência da regra, segundo a qual não pode haver mora nas obrigações negativas mas somente inadimplemento absoluto". (*Ibidem*, p. 42.)

[496] PEREIRA. *Instituições de Direito Civil*, v. 2, p. 154. A regra é mitigada pelo próprio autor, contudo, que admite que todas as ressalvas por ele próprio apostas demonstram ser pouco

Há que se considerar, contudo, que a impossibilidade de mora nas obrigações negativas vem sendo confrontada, diante da constatação de que não se pode afastar totalmente a possibilidade de que, nada obstante a prática do ato a que se deveria abster, permanece o interesse do credor na retomada da situação omissiva. Ou seja, as obrigações de não fazer, assim como as demais espécies, não se mostram ontologicamente avessas ao incumprimento relativo: permanecendo o interesse do credor em exigir a abstenção, não há que se falar em inadimplemento absoluto, mas em simples mora. Nas palavras de Pontes de Miranda:

> Certamente, se a infração torna sem interesse, para o credor, toda a prestação negativa contínua, a primeira sacrifica toda a prestação negativa: houve *falta* de adimplemento, com impossibilitação do resto, se se prefere: mas em verdade o que se deu foi *inadimplemento total*, como seria total o adimplemento se, em vez de matar o cavalo a ser prestado, o devedor lhe cortasse um pé. O interesse do credor, segundo o negócio jurídico, é o que aí mais importa. Se lhe convém que se indenize o dano parcial resultante e se prossiga na abstenção, a prestação negativa contínua não foi concebida como indivisível. Tem de ser examinadas as cláusulas negociais e as circunstâncias para se distinguir o contínuo indivisível e o contínuo divisível, tal como acontece nos negócios jurídicos a prestações sucessivas.[497]

O art. 390 do Código Civil deve ser lido nesse cenário:[498] mais do que expurgar a possibilidade de mora nas obrigações negativas, extrai-se da aludida norma que a constatação do descumprimento ocorre (não mediante interpelação, mas) por meio do próprio comportamento comissivo do devedor que, naquele momento, já está ciente do inadimplemento.[499]

Reconhecendo-se que as obrigações negativas não se mostram avessas ao descumprimento relativo, impõe-se que seja avaliado (i) se

---

viáveis enquanto regra genérica. Em sentido semelhante, veja-se: "A cláusula penal adjeta a uma obrigação negativa, em regra, será compensatória, eis que a simples circunstância de praticar a ação que era proibida constitui inadimplemento total, que deve ser compensado com a pena convencional". (GAMA. *Direito civil*, p. 394.)

[497] PONTES DE MIRANDA. *Tratado de direito privado*, t. 22, p. 193-194.

[498] Art. 390: "Nas obrigações negativas o devedor é havido por inadimplente desde o dia em que executou o ato de que se devia abster".

[499] "em relações contratuais continuadas ou permanentes, há possibilidade de o devedor purgar a mora nas obrigações de não fazer, preservando-se, assim, o interesse do credor em impedir a perpetuação da atuação positiva indesejada". (BARBOSA; MORAES; TEPEDINO. *Código civil interpretado*, v. 1, p. 391.)

se trata de obrigação de não fazer cujo desfazimento do ato praticado pelo devedor ou o retorno para a situação omissiva atende à finalidade do ajuste;[500] e (ii) se a cláusula penal a ela vinculada refere-se à mora ou ao inadimplemento absoluto, a partir da avaliação sobre sua essencialidade para o interesse do credor na continuidade da obrigação.

Por outro lado, defende-se que, caso a obrigação em que está inserida a cláusula penal se caracterize como obrigação de dar (a abranger entregar e restituir), a cláusula penal a ela atinente será, em regra, moratória:

> A pena que acompanha a *obligatio dandi* em qualquer das suas modalidades (dar, entregar, restituir) é, normalmente, moratória, pois que em regra cabe execução específica ou cominação de entregar, mesmo que o devedor o não queira fazer, e, então, a penal visa a punir o retardamento na entrega (…).[501]

Ratio similar – isto é, vinculada à possibilidade ou não de execução específica da obrigação – é utilizada para construir que haverá contratos em que a cláusula penal sempre se cumula com a obrigação principal, de modo que se estaria diante de multa moratória. Cuida-se de posição adotada por Carvalho Santos, que a explicita com a hipótese do compromisso,[502] bem como a destacada Antunes Varella em relação às obrigações de pagar dinheiro.[503]

---

[500] Com razão Silvio Rodrigues salienta que há obrigações negativas cuja prática do ato vedado implica a impossibilidade de desfazimento: "Por vezes, a obrigação de não fazer foi descumprida e não há mais como desfazer os efeitos funestos do ato praticado, cuja abstenção havia sido prometida. O devedor prometera não publicar notícia que prejudicaria a venda de determinado produto. Descumpriu a avença e deu publicidade ao anúncio temido. É impossível desfazer o efeito lesivo, oriundo do descumprimento da obrigação. Assim, só remanesce ao credor a possibilidade de obter perdas e danos" (RODRIGUES. *Direito civil*, v. 2, p. 43). Deve-se apurar apenas se, mesmo após o descumprimento, interessa ao credor que se retorne à situação de omissão.

[501] PEREIRA, Caio Mario da Silva. *Instituições de direito civil*, v. 2, p. 155. O autor reconhece, em seguida, que poderá ser compensatória "se houver perecimento culposo do objeto ou recusa de cumprir insuprível judicialmente, porque, então, não se pune o atraso, mas compensa-se o dano sofrido pelo credor, em razão de não receber a coisa devida". Uma vez mais, compartilha de tal entendimento GAMA. *Direito civil*, p. 394.

[502] "O certo é que a cláusula penal apresenta-se com modalidades diversas, conforme a natureza do contrato que visa garantir. No compromisso, por exemplo, a pena assume a feição especial de moratória e, em regra, reforça aquele que exclui o recurso da decisão arbitral". (CARVALHO SANTOS. *Código Civil interpretado*, v. 11, p. 328.)

[503] "Em contrapartida, há casos em que, como sucede no comum das obrigações pecuniárias, a prestação mantém sempre o seu interesse para o credor, mesmo que não seja realizada na data estipulada". (VARELLA. *Das obrigações em geral*, v. 2, p. 113.)

Contudo, o cabimento (em abstrato) de execução específica tampouco se mostra um critério seguro para a aferição da modalidade de cláusula penal eleita pelas partes. O destaque conferido às obrigações de dar – que admitiriam em regra cláusula penal moratória e apenas excepcionalmente compensatória – parece vinculado à compreensão de que as obrigações de fazer não comportariam execução coativa, o que já não se justifica, encontrando-se resposta adequada no ordenamento para o cumprimento forçado das obrigações de fazer, fungíveis ou não.[504] Ademais, conquanto contemplem as obrigações possibilidade de execução específica, essa pode ter sido afastada pelas partes, de modo que a obrigação, ainda que possível, pode não suprir o interesse do credor. O momento estabelecido para o cumprimento pode figurar como razão justificadora da prestação (quando presente termo essencial, por exemplo), a inviabilizar a execução tardia da prestação.

Assim, estabelecer regra genérica segundo a qual a cláusula penal será necessariamente moratória de acordo com a modalidade de obrigação, por se entender que o interesse do credor na obrigação é perene, não traduz a miríade de possibilidades decorrentes das situações concretas.

Por outro lado, a natureza do ajuste em que se insere a cláusula penal pode se revelar importante para sua qualificação a partir da identificação de prestações essenciais para a finalidade do contrato e da vinculação da multa a tais obrigações. A título exemplificativo, o Tribunal de Justiça de Minas Gerais, ao avaliar duas cláusulas penais distintas inseridas em contrato de consórcio, qualificou-as de forma diversa à luz da importância das obrigações a que se vinculavam cada uma delas: a primeira, afeta ao atraso no pagamento das parcelas do consórcio, foi considerada moratória; já a segunda, deflagrada pelo "descumprimento de obrigação de contribuir para a integral consecução dos objetos do grupo de consórcio", no valor de 20% do montante que deveria ser restituído – cujo valor seria revertido ao grupo –, foi tomada por compensatória. A distinção baseou-se no fato de que seria da essência do contrato de consórcio atender à finalidade do grupo de consorciados. Trata-se de espécie contratual em que a lei expressamente assevera que os interesses coletivos preponderam sobre os individuais (art. 3º, §2º da Lei nº 11.795/2008),[505] configurando-se, assim, violação

---

[504] Como já mencionado, trata-se da perspectiva adotada nos arts. 461 e 461-A do CPC.
[505] §2º: " O interesse do grupo de consórcio prevalece sobre o interesse individual do consorciado".

que colida com tais interesses, infração grave, a ensejar até mesmo a retirada do consorciado.

3.2.5 As consequências do pagamento da cláusula penal

Conforme visto anteriormente, a cláusula penal compensatória vincula-se ao inadimplemento absoluto do ajuste, pressupondo, portanto, o perecimento do interesse do credor, enquanto a cláusula penal moratória soma-se à própria execução do ajuste, vez que a utilidade da obrigação se mantém lídima a despeito da violação praticada pelo devedor. Desse modo, a referência à consequência para o liame obrigacional do pagamento da cláusula penal pode se mostrar relevante para apurar sua natureza. Assim, caso sua cobrança se vincule à resolução contratual, resta evidente a intenção das partes de correlacionar o descumprimento que autoriza a cobrança da pena à inutilidade da prestação; por outro lado, mantendo-se a cobrança da obrigação pactuada, somando-se o pagamento da multa, o inadimplemento a ela referente foi considerado incapaz de expurgar o alcance dos interesses perseguidos com a avença.

Nessa toada, aduzindo as partes expressamente à possibilidade de resolução ou sendo possível extrair que a cobrança da cláusula penal pressuponha a extinção do ajuste, verifica-se verdadeira cláusula penal compensatória.[506] Tal circunstância foi considerada pelo Tribunal de Justiça do Estado de São Paulo, que qualifica como compensatória cláusula penal fixada em 30% do restante do valor do contrato para o caso de cancelamento de contrato de prestação de serviços educacionais. Na medida em que era o cancelamento da matrícula do aluno que deflagrava a cobrança da cláusula penal e, portanto à extinção do ajuste, não se aplicaria a redução prevista no art. 52, §1º do CDC.[507]

---

[506] "Na dúvida, e em se tornando difícil apreender-se o sentido da declaração das partes, especialmente quando se diz que a infração de qualquer das cláusulas dá ensejo à resolução do contrato, deve prevalecer a função compensatória ou de prefixação da indenização". (LÔBO. *Teoria geral das obrigações*, p. 307.)

Em jurisprudência, confira-se: "No presente caso, revela-se incontroverso nos autos que o pacto firmado entre as partes previu o pagamento de multa de 25% (vinte e cinco por cento) sobre o valor atualizado das prestações adimplidas pelo promissário comprador em caso de 'rescisão contratual', donde se depreende que tal cláusula penal enquadra-se na modalidade compensatória". (STJ, AgRg no REsp 1.179.783, 4ª T., Rel. Min. Luis Felipe Salomão, julg. 19.4.2016.)

[507] TJSP, Ap. Cív. 9154285512007826, 17ª Câmara de Direito Privado, Rel. Des. Erson T. Oliveira, julg. 21.9.2011.

Igual conclusão se extrai de julgado da 3ª Câmara Cível do Tribunal de Justiça de Minas Gerais em que se previa que o prolongamento do atraso do pagamento por mais de 15 (quinze) dias acarretaria o bloqueio dos serviços prestados por empresa de telefonia móvel.[508] Novamente a questão foi submetida ao TJSP ao apreciar duas cláusulas penais inseridas em contrato de prestação de serviços educacionais: enquanto a primeira[509] impunha multa de 10% sobre o valor devido pelo aluno matriculado, "além do valor avençado", a segunda[510] estava atrelada à "rescisão" do contrato, estabelecendo à instituição educacional o direito de cobrar antecipadamente os valores que seriam devidos em decorrência da integralidade do curso. A primeira, moratória, por conseguinte, pressupunha a permanência do vínculo, enquanto apenas a extinção do ajuste deflagraria a segunda, qualificando-se como compensatória.[511]

---

[508] "Não restam dúvidas de que as duas cobranças tem como fato gerador um mesmo episódio. O que ocorre, na prática, é que a empresa de telefonia móvel estipulou sanções diferentes de acordo com a quantidade de dias de mora do usuário. Estar em mora por 15 dias deflagra conseqüência de suspensão parcial do provimento do serviço. Se a mora persistir por mais 15 dias, acarretará na suspensão total com o bloqueio do serviço". (TJMG, Ap. Cív. 1.0024.05.686763-3/001, 3ª CC, Rel. Des. Shalcher Ventura, julg. 4.10.2007.)

[509] Eis a cláusula: "Incorrendo o CONTRATANTE na inadimplência, passará a dever, além do valor avençado no 'caput' deste artigo, multa no percentual de 10% (dez por cento) mais juro moratório sobre o débito no valor arbitrado, oportunamente, pelo mercado financeiro, tudo sujeito aos ditames da Legislação Federal e, ainda, arcará o CONTRATANTE com as custas e honorários de advogado despendidos para a cobrança de seu débito".

[510] Confira-se a redação contratual: "Dando motivo o CONTRATANTE para a rescisão do presente contrato sem amparo em qualquer das exceções ditadas pelas cláusulas aqui declinadas, terá a CONTRATADA o direito ao recebimento integral do valor ajustado na cláusula 2ª sem o benefício do parcelamento, vencendo antecipadamente o saldo devedor que, por sua vez, será executado por este próprio contrato, uma vez que nos termos do artigo 585, II, segunda parte, do Código de Processo Civil, trata-se de um Título Executivo Extrajudicial".

[511] O TJSP considerou que a determinação de pagamento da integralidade dos valores – referidos na cláusula como "vencimento antecipado" seria legítima em função das peculiaridades do caso concreto: o estudante desistira de curso de Mestrado no meio do ano letivo, o que tornaria impossível a colocação de outro aluno em seu lugar, assim como o número limitado de alunos inerentes a um curso de pós-graduação *strictu sensu* justificaria a cobrança integral. Confira-se: "Deve-se convir, no entanto, que a contratação cria uma expectativa de ganho à entidade educacional, que por sua vez se obriga a contratar professores e adequar as instalações para que o curso seja ministrado na forma pactuada, valendo lembrar que se trata de um curso de mestrado, que naturalmente comporta um número limitado de alunos e exige atuação de professores com remuneração muito maior. A desistência, naturalmente, propicia um dano, que necessariamente deve ser reparado, por constituir uma violação ao que estipulou o contrato. Tal como formulada, a estipulação tem natureza de cláusula penal compensatória, cujo conteúdo não viola o limite do artigo 412 do Código Civil, não se podendo falar em abusividade". Em sentido semelhante, considerando compensatória a cláusula vinculada à extinção do vínculo contratual: TJSP, Ap. Civ. 9289502322008826, 28ª Câmara de Direito Privado, Rel. Des. Júlio Vidal,

Também a referência à restituição de parcelas porventura já adimplidas auxilia na atribuição da natureza compensatória da cláusula penal: a restituição ao *status quo ante*, que justifica a devolução de tais parcelas como visto, consiste em pressuposto da extinção do vínculo contratual (ver item 2.2.2.2).[512] Aludido raciocínio fundamenta, inclusive, o entendimento do Superior Tribunal de Justiça, que reconhece a modalidade compensatória do ajuste, em contrato de promessa de compra e venda, que prevê a retenção das parcelas pagas, aplicando-lhe, caso abranja sua totalidade, a regra da redução equitativa.[513]

---

julg. 23.8.2011, publ 25.8.2011; TJMG, Ap. Civ. 1.0024.08.248512-9/001, 17ª CC, Rel. Des. Eduardo Mariné da Cunha, julg. 4.2.2010.

[512] Veja-se o precedente do TJMG (TJMG, Ap. Cív. 1.0024.10.195294-3/001, 14ª CC, Rel. Des. Estevão Lucchesi, julg. 4.4.2013), cuja cláusula estabelece: "Cláusula 23ª - O COMPRADOR receberá da TENDA, o montante equivalente aos valores pagos, corrigidos monetariamente no mesmo modo que pagou, descontadas as seguintes despesas e multa, também atualizadas monetariamente: (…) III- Multa compensatória de 20% (vinte por cento) sobre o valor até então pago pelo COMPRADOR (Artigo 410 Código Civil Brasileiro)". Do mesmo modo: "A obrigação da apelada consistia na antecipação, a título de contrapartida ao acordo, a quantia de R$ 40.000,00 (quarenta mil reais), além do pagamento mensal da bonificação no percentual de 5% (cinco por cento) incidente sobre a venda somente de chope, conforme estipulação da cláusula 02. (…) Mais adiante, no item 4.1.1, as partes ajustaram a previsão de cláusula penal compensatória, dispondo que na hipótese de culpa da apelante, deverão ser restituídos os valores recebidos, sem prejuízo da multa equivalente a 40% (quarenta por cento) da maior compra efetuada. (…) Uma vez evidenciado o inadimplemento da apelante, faz jus a apelada ao recebimento do valor antecipado e da multa, conforme disposição da cláusula penal compensatória (item 4.1.1)". (TJRJ, Ap. Cív. 0107912-05.2010.8.19.0001, 5ª CC, Rel. Des. Milton Fernandes de Souza, julg. 18.3.2014.)

[513] "Promessa de compra e venda. Rescisão contratual por inadimplemento, cumulada à reintegração de posse no imóvel. Devolução parcial das importâncias pagas. I. Avençada pelas partes, em caso de inadimplemento do promitente-comprador, cláusula penal a impor a perda das parcelas pagas, tem esta natureza compensatória das perdas e danos que, assim, hão de conter-se nos limites do que o promitente-vendedor efetivamente perdeu e razoavelmente deixou de lucrar (Código Civil, art. 1059), sob pena de lhe ser proporcionado um enriquecimento sem causa. Por isso, deve o juiz, atento às circunstâncias do caso, limitar a perda das parcelas pagas, independentemente de pedido reconvencional. II. Precedentes do Superior Tribunal de Justiça. III. Recurso conhecido e provido" (STJ, REsp 39.961, 3ª T., Rel. Min. Waldemar Zveiter, julg. 9.5.2000, publ. 26.6.2000) Confira-se, ainda: "Civil e processual civil. Compromisso de compra e venda de imóvel celebrado com pagamento em prestações. Financiamento junto ao agente financeiro. Não caracterização de condições vinculativa final para a validade do contrato. Cláusula penal compensatória. Aplicação do art. 924 do Código Civil. Precedentes. I. Não caracteriza condição vinculativa final para a validade do compromisso de compra e venda de imóvel celebrado entre as partes a obtenção de financiamento junto ao agente financeiro, eis que estipulado no contrato que cabia ao comprador a sua efetivação, ou, alternativamente, quitação do débito com recursos próprios. II. No compromisso de compra e venda, existindo cláusula que prevê não tenha direito o promitente comprador à devolução das importâncias pagas, tal cláusula deve ser considerada como de natureza penal compensatória, podendo ser reduzido o seu valor com base no artigo 924 do Código Civil. III. Recurso parcialmente conhecido e, nessa parte, provido (STJ, REsp 130.303, 3ª T., Rel. Min. Waldemar Zveiter, julg. 19.11.1998, publ. 1.2.1999).

Por outro lado, ao ressaltarem as partes a cumulação da cobrança da multa com a possibilidade de execução do ajuste, expressam que o inadimplemento a ela vinculado não se afigura capaz de afastar o interesse na prestação, a consagrar a natureza moratória da cláusula penal.[514] Igual conclusão se encontra caso a referência à possibilidade de cobrança da pena atrele-se ao simples atraso no desempenho da prestação. Assim, por exemplo, o STJ, em decisão monocrática do Min. Vasco della Giustina, qualificou como moratória (reduzindo-a a 2% em função da aplicação do CDC) cláusula penal fixada em contrato de mútuo em função da previsão de sua incidência na hipótese de *atraso*:

> a multa, neste caso, conforme a expressa previsão feita no contrato tem a sua exigibilidade diretamente ligada ao tão só atraso no pagamento, não havendo qualquer previsão de possibilidade de opção, pelo credor, entre a exigência do cumprimento do contrato ou a multa nele prevista.[515]

A localização em que inserta a cláusula penal pelas partes também pode contribuir para essa identificação, como nos casos em que prevista junto às hipóteses de resolução ou junto à prestação principal.[516]

---

[514] É o caso da hipótese submetida ao TJDF (Ap. Cív. 1376888820078070001, 1ª T. Cível, Rel. Des. Flavio Rostirola, julg. 15.10.2009, julg. 3.11.2009), cuja cláusula estabelece: "Se o Devedor deixar de cumprir com presente contrato, o Credor poderá executar o valor acordado em dobro, totalizando o valor de R$ 1.000,00 (hum mil reais)". Estabeleceu o Tribunal: "Frise-se, por oportuno, que a cláusula penal em referência é, sim, moratória, na medida em que a prestação de pagar quantia não se tornou inútil para o credor por causa da *mora debendi*".

[515] STJ, Ag. 1.340.778, Rel. Des. Vasco Della Giustina, publ. 6.4.2011. Interpretação funcional parece ter inspirado o julgamento monocrático do REsp 1.133.052, que considerou compensatória cláusula penal que estaria atrelada ao prolongamento do atraso: "Ocorre que, no caso dos autos do processo em epígrafe, embora tanto a cláusula penal quanto a multa moratória sejam decorrentes da impontualidade do devedor, só esta é imediata à impontualidade, uma vez que a cláusula penal só incide quando o débito se prolonga, de modo à impor à CEF um procedimento extraordinário de cobrança, seja ele judicial ou extrajudicial". (STJ, REsp 1.133.052, decisão monocrática, Rel. Min. Humberto Martins, publ. 11.6.2010). Em sentido semelhante, TJRS, Ap. Cív. 70032623431, 15ª CC, Rel. Des. Niwton Carpes da Silva, julg. 6.7.2011, publ. 13.7.2011. Veja-se também o seguinte precedente do TJDF em que um contrato de locação em que havia duas cláusulas, uma atrelada ao atraso, outra à rescisão, a primeira compensatória, a segunda moratória: "A incidência da multa moratória se deve ao atraso no pagamento do aluguel mensal (item 5, f. 38). E a cláusula penal compensatória decorre da rescisão do contrato por parte da locatária (item 5.2, f. 38)" (TJDF, Ap. Cív. 672540620098070001, 6ª T. Cível, Rel. Des. Jair Soares, julg. 3.11.2010, publ. 11.11.2010).

[516] O critério foi empregado em precedente do TJSP: "registra-se, inclusive, que a cláusula penal se encontra no capítulo V da escritura nominado 'DA GARANTIA DE ENTREGA DA UNIDADE'". É bastante claro, pois, que referida multa penal visa garantir o cumprimento da obrigação principal, qual seja a entrega das unidades condominiais que deverão ser

Os termos empregados, portanto, ao ressaltarem a inserção do dever a que se vincula a cláusula penal na lógica obrigacional auxiliam na identificação da modalidade eleita pelas partes.

3.2.6 A presença de cláusula resolutiva expressa ou termo essencial

Por vezes as partes estabelecem que determinadas circunstâncias ou a observância de um lapso temporal específico se mostram essenciais para seu interesse na avença, extraindo-se daí expressa ou implicitamente o direito de extinguir o vínculo. A cláusula resolutiva expressa e o termo essencial consistem em instrumentos por meio dos quais tais manifestações podem ser expressadas.

Define-se cláusula resolutiva como expressão do poder de resolver[517] o contrato na hipótese de não cumprimento da prestação correspectiva,[518] vinculando-se, assim, à verificação do inadimplemento absoluto da obrigação. Ao contrário da cláusula resolutiva tácita,[519] a

---

dadas em pagamento ao término da obra. Não se trata, portanto, de pena em razão do atraso no cumprimento da obrigação ou em razão do descumprimento de alguma cláusula específica". (TJSP, 12ª CDPriv., Apelação 1014259-23.2013.8.26.0100, Rel. Des. Tasso Duarte de Melo, julg. 9.3.2016.)

[517] Sobre a classificação do direito de resolução decorrente das cláusulas resolutivas como direito potestativo, cf. ALPA. *Corso di diritto contrattuale*, p. 154.

[518] Nas palavras de Araken de Assis, a cláusula resolutiva "outorga ao contratante lesado pelo inadimplemento o direito de pedir ao órgão judiciário o desfazimento do contrato". (ASSIS. *Comentários ao Código Civil Brasileiro*. Rio de Janeiro: Forense, 2007. v. 5, p. 599.)

[519] Define-se cláusula resolutiva tácita como a faculdade atribuída ao contratante, de diante do incumprimento da outra parte, solicitar, nos contratos bilaterais, a resolução da avença (ver, nesse sentido, PINTO, Carlos Alberto da Mota. *Teoria geral do direito civil*. 3. ed. Coimbra: Coimbra, 1999. p. 619), em razão da quebra do sinalagma entre as prestações. Cuida-se, segundo a doutrina contemporânea, de expressão do equilíbrio contratual: "A correspectividade das atribuições patrimoniais, fundamental no cálculo econômico dos contratantes, é que motiva a convergência de vontades, originadora da formação do contrato. O inadimplemento, operando como fator de desequilíbrio afeta tal correspectividade" (BESSONE. *Do contrato*, p. 253). Observa-se, ainda, que a cláusula resolutiva tácita deve ser compreendida como proteção ao contratante inocente com base nos efeitos pretendidos e planejados pelas partes, consoante explicita Vincenzo Roppo: "Ora, gli eventi che danno luogo a risoluzione-rimedio hanno la caratteristica comune di determinare un *malfunzionamento del contratto*, in quanto *colpiscono una delle prestazioni* e così perturbano, a danno di uno dei contraenti, il rapporto contrattuale proprio nella sua dimensione di 'sinalagma', di scambio fra prestazione e controprestazione". (ROPPO. *Il contratto*, p. 942, grifos no original.)
Tal perspectiva – isto é, que ressalta o papel da cláusula resolutiva tácita na proteção do escopo contratual perseguido pelas partes, a tutelar o equilíbrio contratual – evidencia a ligação entre o instituto e o inadimplemento absoluto. A doutrina, ao estabelecer qual sorte de obrigações pode ensejar a aplicação da cláusula resolutiva tácita, afirma que "cumpre

cláusula resolutiva expressa prescinde de intervenção judicial para operar a extinção da relação contratual,[520] que ocorreria de forma automática[521] a partir da não realização, no tempo e/ou forma adequadas, da prestação,[522] conforme convencionado pelas partes.[523] Discute-se se basta para a configuração da cláusula resolutiva expressa a menção, no contrato, de que este restará extinto na hipótese de inadimplemento, consolidando-se o entendimento segundo o qual para que se afastasse a intervenção do Poder Judiciário para a resolução do ajuste, não pode a cláusula refletir simples "reforço" à cláusula resolutiva tácita. Nesse caso, considera-se haver mera repetição do preceito legal, que em nada inova e, conseguintemente, não prescinde da interpelação judicial.[524] Desse modo, mais do que repetir a consequência

---

anteder às circunstâncias e verificar se a parte da prestação, que ficou inexecutada é tão importante, que foi a esperança de recebê-la que levou o outro contratante a celebrar a convenção. Se assim é, cabe o direito de resolver o contrato; no caso contrário, deixa de operar o pacto comissório tácito". (ESPINOLA, Eduardo. *Manual do Código Civil Brasileiro.* Rio de Janeiro: Freitas Bastos, 1929, v. 3, par. 3, p. 450.)

[520] É o que se extrai do artigo 474 do Código Civil, *in verbis*: "A cláusula resolutiva expressa opera de pleno direito; a tácita depende de interpelação judicial".

[521] "A resolução opera-se de pleno direito, se se trata duma condição resolutiva expressa, atuando *ipso jure* por efeito único da lei. E desde logo o direito, que o autor da declaração da vontade havia criado, deixa de existir, de acordo aliás com aquela mesma vontade, que já havia de antemão previsto esse efeito. (…) Não é necessária a intervenção do juiz para pronunciar a resolução do contrato, não lhe sendo lícito até mesmo considerá-lo como não extinto, ainda quando isso consultasse ao interesse comum das partes. Uma outra consequência da resolução de pleno direito é a seguinte: a resolução pode ser invocada por qualquer pessoa que tenha interesse na extinção do contrato". (CARVALHO SANTOS. *Código Civil interpretado*, v. 3, p. 66, 71.)

[522] Veja-se a lição de Guido Alpa: "I contraenti possono convenire espressamente che il contratto si risolva nel caso che una determinata obbligazione non sai adempiuta secondo le modalità stabilite; in questo caso la risoluzione si verifica di diritto quando la parte interessata dichiara all'altra che intende valersi della clausola risolutiva (art. 1456 c.c.). (…) Ad esempio, A ha bisogno di una quantità di vernice gialla e di vernice blu per tingere dei tendaggi; conviene con B, fornitore delle vernici, che il contratto sarà risolto se i due quantitativi non saranno consegnati insieme; la consegna simultanea è necessaria per poter mettere in funzione le macchine di A e preparare i tendaggi; B consigna solo la vernice blu; A può invocar ela clausola resolutiva expressa". (ALPA. *Corso di diritto contrattuale*, p. 154). Ver também: GOMES. *Contratos*, p. 209.

[523] Nas palavras de Caio Mário da Silva Pereira: "as partes frequentemente ajustam que a inexecução da obrigação importa na resolução de pleno direito. (…) Deixando o contratante de cumprir a obrigação na forma e no tempo ajustado, resolve-se o contrato automaticamente, sem necessidade de interpelação do faltoso". (PEREIRA. *Instituições de direito civil*, v. 3, p. 157-158.)

[524] "Suponhamos que no contrato esteja estipulado: fica pactuada expressamente e estipulada entre as partes contratantes a rescisão do contrato no caso de não cumprimento de qualquer das cláusulas nele firmadas. Neste caso, a resolução do contrato não se opera de pleno direito (Cfr. HUC, obr. Cit., nº 281; BAUDRY-BARDE, cit., nº 954)" (CARVALHO SANTOS, J. M. *Código Civil interpretado.* 9. ed. Rio de Janeiro: Freitas Bastos, 1964. v. 3, p. 73);

CAPÍTULO 3
CRITÉRIOS DE DISTINÇÃO ENTRE AS MODALIDADES DE CLÁUSULA PENAL | 171

já extraída do art. 475 do Código Civil – resolução do contrato no caso de inadimplemento – a cláusula resolutiva expressa pressupõe que as partes tenham efetuado disciplina pormenorizada do inadimplemento contratual,[525] ressaltando as circunstâncias compreendidas como essenciais para a avença, explicitando que, em determinadas hipóteses, a extinção do pacto poderia se verificar extrajudicialmente. Em outros termos, é necessário individuar especificamente as obrigações cujo descumprimento ensejaria a ruptura do vínculo, sob pena de consagrar mera cláusula de estilo.[526]

Desse modo, a cláusula resolutiva expressa – e a consequente distinção de regime – diferencia-se da cláusula resolutiva tácita em termos funcionais, assumindo papel de delimitação, pelas partes, do interesse nas prestações avençadas.[527] Justifica-se, assim – na medida em que o direito potestativo de resolver o contrato origina-se da não realização do programa contratualmente estabelecido –, a prescindibilidade da intervenção judicial, nos termos do art. 474 do Código Civil, uma vez que as partes estabeleceram expressamente o

---

Nesse sentido, Pietro Perlingieri: "Le parti devono comunque indicar specificamente Le obbligazioni e Le modalità di adempimento alle quali attribuiscono carattere di essenzialità in quanto un'indicazione generica è considerata di mero stile e quindi priva di valore impegnativo" (PERLINGIERI, Pietro. *Manuale di diritto civile*. Milão: Esi, 1997. p. 456); e Orlando Gomes: "o pacto deve indicar as obrigações cujo inadimplemento determinada a resolução" (*Contratos*, p. 209).

[525] Em direção semelhante, veja-se a lição de Vincenzo Roppo, para quem a avaliação da importância do inadimplemento deve ser objetiva, de acordo com o programa contratual estabelecido pelas partes: "Vale primo di tutto un criterio oggettivo: riferito, però, non a qualificazioni astratte (prestazione pricinpale o acessória; materia di obbligazione volontaria o legale); bensì alla funzione e al peso che la prestazione inadempiuta ha nel quadro dell'economia complessiva del contratto, valutata in concreto". (ROPPO. *Il contratto*, p. 962.)

[526] "a esse, quindi, spetta di perdeterminare quale sai l'inadempimento idoneo a costituire il presupposto della risoluzione" (DONATO, Francesco. Clausola risolutiva. In: ENCICLOPEDIA del diritto. Milão: Giuffrè, 1960. v. 7, p. 198); "Occupa una posizione ambigua la risoluzione per dichiarazione di avvalersi della clausola risolutiva espressa: un po' rientrante nella logica del rimedio, perché reagisce a un malfunzionamento del contratto, qual è l'inadempimento; un po' estranea ad essa, perché può reagire a inadempimenti che non presentano i requisiti generalmente necessari per dare ingresso al rimedio della risoluzione, e in questo senso trova piuttosto la sua ragione nel modo in cui le parti hanno costruito il programma contrattuale". (ROPPO. *il contratto*, p. 941.)

[527] Como afirma Aline de Miranda Valverde Terra: "Indiscutivelmente, o instituto permite às partes distribuir as perdas decorrentes do inadimplemento de obrigações contratuais de forma ímpar, facultando-lhes valorar a relevância de cada obrigação e estabelecer as consequências de sua inexecução, conforme o concreto regulamento de interesses". (TERRA, Aline de Miranda Valverde. *Cláusula resolutiva expressa*. Belo Horizonte: Fórum, 2017. p. 53-54.)

conteúdo contratual e as consequências do descumprimento.[528] Como destaca Clovis Beviláqua, a desnecessidade de manifestação prévia do Poder Judiciário – o que não afasta o controle de legalidade – decorre do fato de que "neste último caso [pacto comissório expresso], a intenção das partes não comporta dúvidas".[529]

---

[528] Conclusão semelhante vislumbra-se em FURTADO, Gabriel Rocha. *Mora e Inadimplemento Substancial*. Cit., p. 104: "Essa verificação da gravidade de determinado inadimplemento mostra-se, em princípio, mais simples diante da existência de cláusula resolutiva expressa. Isso porque nesse caso os contratantes já terão previamente estipulado a essencialidade de certa obrigação, a ponto de seu descumprimento permitir inferir o desaparecimento da inteira utilidade que a relação contratual teria para o credor"

[529] "A resolutória expressa está no conhecimento do interessado, consta do título em que se funda o seu direito, nenhuma dúvida pode suscitar. Dispensa a intervenção do poder judiciário, e opera por si, de pleno direito" (BEVILÁQUA. *Código Civil comentado*, v. 1, p. 373). Em sentido semelhante, CARVALHO SANTOS . *Código Civil interpretado*, v. 15, p. 251.
Tal função não impede que seja avaliada a legitimidade das cláusulas resolutivas expressas apostas em contratos, notadamente os que se caracterizarem pela disparidade entre as partes. Há hipóteses, assim, nas quais não se permite ou se estabelecem restrições à fixação de cláusula resolutiva expressa, valorando-se se aquela circunstância enumerada pode configurar inadimplemento absoluto ou, ainda, se limita o exercício do direito de extinção do contrato em função de interesses extracontratuais.
Vislumbrando o legislador desequilíbrio entre as partes, notadamente por cogitar de vulnerabilidade de uma delas, estabelece alguns casos em que a liberdade na estipulação de cláusula resolutiva expressa deve ser limitada. Nessa direção, salienta a doutrina: "Às vezes o legislador intervém delimitando o conteúdo da cláusula. Essas disposições prendem-se à circunstância de que os contratantes não se situam em pé de igualdade, razão pela qual consagram-se, pela via legislativa, vários expedientes para proteger o devedor e terceiros. Por exemplo, nos contratos que tenham por objeto a venda ou a construção de imóveis com pagamento do preço a prazo, o art. 1º, VI da Lei nº 4.864/1965, permite cláusula de 'rescisão' (*rectius* resolução) 'após o atraso de, no mínimo, 3 (três) meses do vencimento de qualquer obrigação contratual ou de 3 (três) prestações mensais', assegurada a possibilidade de purgar a mora". (ASSIS. *Comentários ao Código Civil brasileiro*, v. 5, p. 582-583.)
É o que ocorre, por exemplo, no âmbito das relações de consumo. O Código de Defesa do Consumidor prevê que apenas se admite cláusula resolutiva expressa em benefício do consumidor. Na hipótese de descumprimento do consumidor, mostra-se imperiosa a intervenção judicial (art. 54, §2º). Também houve ressalva no Decreto-Lei nº 745/1969, cujo artigo 1º impõe prévia notificação, o que levou o STJ a construir entendimento no sentido de que: "Nos casos de compromisso de compra e venda de imóveis, afigura-se ineficaz a estipulação de cláusula resolutiva expressa (pacto comissório - art. 1163, CC), a teor do que dispõe o art. 1. do DL 745/69, impondo-se ao promitente-vendedor, uma vez verificada a mora ex re do promissário-comprador, promover a interpelação deste, conferindo-lhe prazo não inferior a 15 dias para purgação. Somente com o transcurso in albis do prazo concedido e que configura o inadimplemento absoluto do promissório-adquirente, a ensejar ao promitente-alienante demandar a resolução do ajuste" (STJ, REsp 15.489, 4ª T., Rel. Min. Sálvio de Figueiredo Teixeira, julg. 6.6.1994). Em julgamento mais recente, confira-se AgInt nos EDcl nos EDcl no REsp 1.534185, 3ª T., Rel. Min. Marco Aurélio Bellizze, julg. 24.10.2017.
A cláusula resolutiva expressa, embora plenamente admitida, pode ser restringida em seus efeitos em função de interesses extracontratuais relevantes, à luz do princípio da função social do contrato. Desse modo, mesmo inexistindo desequilíbrio entre os contratantes e restrições legais, o direito potestativo de resolver o contrato decorrente da previsão de cláusula resolutiva expressa pode ser afastado diante de um interesse socialmente relevante exterior à vontade das partes, a impedir, portanto, o desfazimento da avença.

CAPÍTULO 3
CRITÉRIOS DE DISTINÇÃO ENTRE AS MODALIDADES DE CLÁUSULA PENAL | 173

Nesse cenário, a presença de cláusula resolutiva expressa auxilia na identificação da modalidade de cláusula penal eleita pelas partes.

Tratando-se de circunstância prevista como essencial ao programa obrigacional a ponto de ensejar a formação de direito de dissolução do vínculo, eventual multa contratual que possa acompanhar tais disposições caracteriza-se como cláusula penal compensatória. Foi o que decidiu o Superior Tribunal de Justiça em caso no qual havia cláusula penal, em contrato de promessa de compra e venda, atrelada à resolução de pleno direito do ajuste.[530] Do mesmo modo, o Tribunal de Justiça de Minas Gerais qualificou como compensatória cláusula, em contrato da mesma espécie, atrelada a ajuste no qual as partes estabeleceram a resolução de pleno direito após descumprido prazo de purga da mora.[531]

No âmbito do Superior Tribunal de Justiça, orientação semelhante inspira a jurisprudência que impede o corte de energia elétrica quando se tratar de prédio no qual são prestados serviços públicos essenciais: "As Turmas de Direito Público do STJ têm entendido que, quando o devedor for ente público, não poderá ser realizado o corte de energia indiscriminadamente em nome da preservação do próprio interesse coletivo, sob pena de atingir a prestação de serviços públicos essenciais, tais como hospitais, centros de saúde, creches, escolas e iluminação pública" (STJ, AgRg no Ag 1.329.795, 2ª T., Rel. Min. Herman Benjamin, julg. 19.10.2010); "Não é possível a suspensão do serviço no caso dos autos, pois as concessionárias somente podem deixar de fornecer energia elétrica a entes públicos inadimplentes quando não há prejuízo à continuidade dos serviços públicos essenciais, tais como a iluminação pública" (STJ, REsp 900.064, 2ª T., Rel. Min. Mauro Campbell Marques, julg. 3.8.2010).

[530] A cláusula possuía o seguinte teor: "9.2. A rescisão dar-se-á independentemente de notificação judicial ou extrajudicial, ficando a parte infratora obrigada a pagar à outra parte, a título de multa compensatória, a importância igual ao resultado da operação de multiplicação de 7% (sete por cento) do preço de litro, quilo ou unidade de cada produto pactuado na subcláusula 1.1, vezes a diferença entre as quantidades totais ali estabelecidas e as efetivamente compradas e vendidas. Os preços acima referidos serão aqueles em vigor para o consumidor final, na praça do foro deste contrato". Veja-se a ementa do recurso: "Promessa de compra e venda de imóvel. Cláusula penal compensatória. Redução. Não se justifica a aplicação do artigo 924 do Código Civil, já que a promissária compradora usufruiu do bem por mais de três décadas" (STJ, REsp 198.671, 3ª T., Rel. Min. Eduardo Ribeiro, julg. 6.6.2000, publ. 21.8.2000). A mesma solução foi empregada pelo Tribunal Superior no seguinte caso: "Processo civil. Agravo regimental. Contrato. Compra e venda de Imóvel. Rescisão. Devolução das parcelas pagas. Cláusula penal compensatória. Redução a patamar justo. Artigos 920 e 924, do código civil de 1916. Possibilidade. Desprovimento. (…)" A cláusula avençada destacava que o descumprimento do pagamento de duas ou mais parcelas ensejaria a resolução e o pagamento de 20% a título de multa: "A infração de qualquer das cláusulas deste contrato, por parte do(s) compromissário(s), notadamente a falta de pagamento, nos prazos ajustados, de duas ou mais prestações, importará na sua rescisão de pleno direito, após sua constituição em mora, devendo o(s) compromissário(s) arcar(em) com todas as despesas incorridas, bem como multa de 20%, calculada sobre o valor do contrato, devidamente corrigido, e honorários advocatícios, se for o caso".

[531] TJMG, Ap. Cív. nº 1.0251.06.016686-4/001, 12ª CC, Rel. Des. José Flávio de Almeida, julg. 14.11.2007. Eis a cláusula: "Este contrato rescindir-se-á de pleno direito se o cessionário comprador não efetuar quaisquer dos pagamentos na forma e prazos referidos na cláusula

VIVIANNE DA SILVEIRA ABILIO
CLÁUSULAS PENAIS MORATÓRIA E COMPENSATÓRIA – CRITÉRIOS DE DISTINÇÃO

Função similar à da cláusula resolutiva expressa é exercida pelo termo essencial,[532] compreendido como ajuste em que

a prestação deve ser efectuada até a data estipulada pelas partes (termo próprio) ou até um certo momento, tendo em conta a natureza do negócio e/ou a lei (termo impróprio). Ultrapassada essa data – termo essencial, próprio ou impróprio – o não cumprimento é equiparado à impossibilidade da prestação. (...) O termo essencial (...) determina, pois, que a prestação, não sendo cumprida no momento devido, já não se pode cumprir, importando o atraso da prestação desde logo à impossibilidade definitiva.[533]

Entende-se que o termo essencial também atribui ao contratante prejudicado pelo inadimplemento o direito potestativo de resolução do vínculo:[534] o elemento temporal foi estabelecido como ponto nodal da disciplina obrigacional. Efeito similar pode decorrer também da inserção de circunstâncias especiais às quais se vinculariam o interesse na prestação, como o recebimento de determinada mercadoria a tempo da participação em evento ou o recebimento da prestação de um serviço com vistas a concorrer em eventual licitação: embora não haja

---

acima e desde que, notificado extrajudicialmente, não purgue a mora no prazo de 15 (quinze) dias, sendo que os cessionários vendedores somente poderá exigir a multa de 10% caso o pagamento ocorra após do décimo dia de atraso".

[532] A doutrina aproxima de tal forma os institutos da cláusula resolutiva expressa e do termo essencial que se defende, inclusive, sua total identificação. Veja-se Orlando Gomes: "Equivale ao pacto comissório expresso a presença de termo para o cumprimento da obrigação, principalmente na subespécie de termo essencial" (GOMES. *Contratos*, p. 209). Para Francesco Donato e Vincenzo Roppo, na medida em que o Código Civil Italiano estabelece disciplina conjunta para aludidas figuras, a relação entre eles seria de gênero e espécie. É ver-se: "La clausola che qualifica essenziale il termine di una certa obbligazione implica anche un giudizio di essenzialità dell'obbligazione stessa, precludendo al giudice di attribuire scarsa importanza al relativo inadempimento: dunque è una clausola risolutiva espressa" (ROPPO. *Il contratto*, p. 970); "Una sottospecie della clausola risolutiva espressa, che si distingue per la particolare rilevanza che in essa assume una speciale modalità dell'adempimento, quale è il termine, si ha, secondo parte della dottrina. Nei casi in cui, appunto, il termine sai considerato essenziale. (...) tra clausola risolutiva espressa e termine essenziale um rapporto di genere a specie" (DONATO. Clausola risolutiva, p. 200). Cuida-se de entendimento baseado no art. 1.457 do Código Civil Italiano: "Termine essenziale per una delle parti. Se il termine fissato per la prestazione di una delle parti deve considerarsi essenziale all'interesse dell'altra, questa, salvo patto o uso contrario, se vuole esigerne l'esecuzione nonostante la scadenza del termine, deve darne notizia all'altra parte entro tre giorni (2964). In mancanza, il contratto s'intende risoluto di diritto anche se non è stata espressamente pattuita la risoluzione".

[533] PINTO. *Teoria geral do direito civil*, p. 576.

[534] Ver, por todos, AGUIAR JÚNIOR, Ruy Rosado de. *Comentários ao Código Civil*. Rio de Janeiro: Forense, 2011. v. 6, t. 2.

CAPÍTULO 3
CRITÉRIOS DE DISTINÇÃO ENTRE AS MODALIDADES DE CLÁUSULA PENAL | 175

propriamente um termo certo fixado, poder-se-ia extrair um motivo determinante para a contratação, capaz de determinar o perecimento de sua utilidade. Havendo a previsão de tal circunstância, eventual cláusula penal incidente após o decurso do prazo fixado como essencial pelas partes afigura-se compensatória.

3.2.7 Critérios relativos à forma de incidência da cláusula penal

Aspectos relativos à forma de incidência da cláusula penal previstos pelas partes também podem auxiliar o intérprete na identificação da modalidade prevista no ajuste. Como, por um lado, a cláusula penal moratória atrela-se a violação que não fere a essência da pretensão, mantendo-se sua exigibilidade, e, por outro, a cláusula penal compensatória é deflagrada justamente em função do perecimento do interesse no ajuste, torna-se possível identificar a modalidade a partir da quantidade de vezes que pode incidir. Dito de outro modo, a cláusula penal compensatória, diante da função que exerce, possui incidência única, haja vista estar atrelada justamente ao inadimplemento absoluto; já a multa convencional decorrente da mora é capaz de incidir múltiplas vezes.[535] Assim, a previsão de cláusula penal com aplicação diária (como ocorre, por exemplo, em contratos de empreitada, geralmente em função do atraso na entrega da obra)[536] ou mensal (como se verifica

---

[535] Tal característica foi considerada pelo TJRJ, ao lado de outros elementos, para qualificar como compensatória cláusula penal destinada a incidir em apenas uma única vez: "Como cediço, existem duas modalidades principais de cláusulas penais: a cláusula penal compensatória, via de regra, vinculada ao inadimplemento total da obrigação principal (art. 410, do Código Civil), e a cláusula penal moratória, incidente sobre o atraso no cumprimento da obrigação (art. 411, do Código Civil). *In casu*, Trata-se de cláusula penal de natureza compensatória, uma vez que (i) há pactuação de cláusula moratória no importe de 2% sobre o débito; (ii) acarreta no vencimento antecipado das prestações, ou seja, no descumprimento total da obrigação principal; (iii) *incide uma única vez sobre o valor original da dívida confessada, o que demonstra o caráter compensatório*". (TJRJ, Ap. Cív. 0029862-20.2010.8.19.0209, 3ª CC, Rel. Des. Renata Cotta, julg. 10.7.2013, grifo nosso.)

[536] A título exemplificativo, compreendeu o TJRJ tratar-se de cláusula penal moratória a multa diária prevista para a conclusão de obras de pavimentação e drenagem (TJRJ, Ap. Cív. 0000557072011819006, 18ª CC, Rel. Des. Helena Candida Lisboa Gaede, julg. 1.11.2013), bem como em contrato de promessa de compra e venda em que se previa a responsabilidade do devedor também pela reforma e acabamento da unidade (TJRJ, Ap. Cív. 0036274-53.2008.8.19.0203, 4ª CC, Rel. Des. Reinaldo P. Alberto Filho, julg. 20.9.2013). No âmbito do TJSP, compreendeu-se moratória cláusulas que fixavam multa diária também em contrato de empreitada, em cláusulas com o seguinte teor: "Dispõe a cláusula 4.3. do ajuste firmado que 'O não cumprimento dos prazos estabelecidos na cláusula 2.1., bem como no cronograma físico, importará na aplicação à CONTRATADA,

nos contratos de incorporação imobiliária em que se prevê a incidência a cada mês de multa em decorrência do atraso no empreendimento),[537] traduzirá cláusula penal moratória.[538]

Tal circunstância foi salientada por Antunes Varella:

> Não há, aliás, nenhuma anomalia sequer no facto de a sanção prevista na cláusula aumentar à medida que se dilata o período da mora, porque essa é a tendência natural da indemnização correspondente à mora: os danos moratórios aumentam à medida que se prolonga o período do retardamento culposo da prestação devida. A especialidade da cláusula – como autêntica cláusula *cominatória* – reside apenas no facto de a sanção indemnizatória aumentar gradualmente, sem nenhuma correlação com o prejuízo efectivamente sofrido pelo credor.[539]

A variação do valor da cláusula penal ao longo da execução – nos casos de contratos de execução continuada ou diferida – também pode servir de auxílio para a identificação da modalidade prevista

---

da multa de 0,010%, calculada sobre o valor dos serviços por executar, por dia corrido de atraso, até no máximo de 10% (dez por cento), do valor global do contrato'. E, nos termos da cláusula 4.4. 'Também de comum acordo, estabelecem as partes a multa diária de 0,010% (zero vírgula zero dez por cento), sobre o valor total do contrato pelo inadimplemento de qualquer das cláusulas contratuais aqui previstas'" (TJSP, Ap. Cív. 0001335-80.2002.8.26.0100, 30ª Câmara de Direito Privado, Rel. Des. Orlando Pistoresi, julg. 5.9.2012.)

[537] A conclusão foi adotada pela 2ª Turma Cível do TJDFT, que considerou que o fato de se tratar de multa com incidência periódica (no caso, mensal) contribuiria para sua qualificação: "Na hipótese vertente, observo que a pequena monta da multa estabelecida, de 1% do valor do imóvel por mês, aliada à periodicidade de sua incidência, não induz à conclusão de que se presta a substituir o ressarcimento do promitente-comprador pelas perdas e danos oriundos do inadimplemento total das obrigações contratuais no qual incorre o promitente-vendedor. Pelo contrário, percebe-se o intento de apenar a parte inadimplente pelo atraso no cumprimento da obrigação e incentivá-la a satisfazer o que originalmente avençado" (TJDF, Ap. Cív. 201220111874257, 2ª T. Cível, Rel. Des. Costa Carvalho, julg. 14.8.2013, publ. 28.8.2013). Do mesmo modo posicionou-se a 10ª Câmara Cível do TJMG em relação à cláusula com a seguinte redação: "Parágrafo 2º: Se a TENDA não concluir a obra no prazo fixado, observada a tolerância descrita no 'caput' desta cláusula, pagará a TENDA ao COMPRADOR, a título de pena convencional, a quantia que equivaler a 0,5% (meio por cento) do preço da unidade à vista, por mês ou por fração de mês de atraso, sendo este valor exigível desde o 1º (primeiro) dia de atraso, contados a partir do transcurso do prazo de tolerância (180 dias) até a data da entrega da unidade pela TENDA ao COMPRADOR" (TJMG, Ap. Cív. 1.0024.09.709961-8/002, 10ª CC, Rel. Des. Pereira da Silva, julg. 14.5.2013).

[538] "Exemplo característico de cláusula moratória: fixação da indemnização à *razão de tanto por dia de atraso* (ou outro período de tempo). Estipula-se v.g. que o empreiteiro pagará certa quantia por cada dia de atraso na conclusão e entrega da obra. Uma cláusula concebida nestes termos tem a vantagem de estimular a execução específica e rápida". (TELES. *Manual de direito das obrigações*. Coimbra: Coimbra, 1965. t. 1, p. 237.)

[539] VARELLA, Antunes. Parecer. *Revista da Ordem dos Advogados de Portugal*, v. 1, p. 186, 1985.

pelas partes a partir das funções que podem ser desempenhadas por cada espécie de cláusula penal. Conforme anteriormente descrito, a cláusula penal moratória pode consistir em forma de pressionar o devedor ao cumprimento, hipótese em que assume função coercitiva, enquanto a cláusula penal compensatória – destinada a se tornar eficaz apenas nos momentos em que não há mais interesse na manutenção do vínculo –, consiste em ajuste relativo aos riscos concernente ao inadimplemento absoluto, sem qualquer perfil coercitivo. Dessa forma, à cláusula penal cujo valor se eleva ao longo da relação contratual e que, portanto, caracteriza-se pelo teor coercitivo, seria possível atribuir natureza moratória.[540]

A seu turno, a cláusula penal que se torna menos expressiva na medida em que o termo contratual se aproxima e que a obrigação vai sendo cumprida, qualifica-se como compensatória, traduzindo juízo de adequação entre os valores estabelecidos para o inadimplemento absoluto e a parcela já cumprida da prestação.[541] A lógica inspirou o TJSP a considerar compensatória cláusula que obrigava o comodatário a pagar pelo valor residual dos aparelhos a ele cedidos, destinada "a guardar proporção entre tal sanção contratual e o tempo de efetiva duração do contrato frente ao todo do período contratado".[542]

---

[540] Trata-se de característica de cláusula valorada pelo TJSP como moratória: "A cláusula 8.ª prevê que a Petrobrás poderá aplicar à contratada as seguintes multas moratórias: 8.1.3 As relativas ao atraso por período igual ou superior a 30 (trinta) dias na aceitação pela PETROBRAS do Teste de Desempenho da DPP ou MC, por motivo atribuído à CONTRATADA, serão cobradas na proporção de 2 % ao mês ou fração proporcional, relativos ao valor total estimado do contrato. Nos meses seguintes ao primeiro mês, persistindo o atraso na aceitação pela PETROBRAS do Teste de Desempenho da DPP ou do Teste de Desempenho do MC, por motivo atribuído à CONTRATADA, os valores percentuais passam a ser de 5 % no segundo mês ou fração proporcional, e de 7,5% nos demais meses ou fração proporcional". (fl.94) (…) "Referida multa tem natureza jurídica de cláusula penal moratória (…)" (TJSP, TJSP, 35ª CDPriv, Ap. 1017591-96.2015.8.26.0562, Rel. Des. Gilberto Leme, julg. 20.3.2017).

[541] Cuida-se de previsão comum em contratos de longo termo, em especial de prestação de serviços e empreitada, em que a proporção do valor sobre o qual incide a cláusula penal considera o tempo ainda restante de cumprimento do contrato.

[542] TJSP, Ap. Cív. 9186313722007826, 28ª Câmara de Direito Privado, julg. 23.8.2011, publ. 25.8.2011. Eis a cláusula apreciada: "O CLIENTE declara expressamente que, nas hipóteses de rescisão das Condições Contratadas antes do término do prazo de vigência assinalado no quadro próprio do Termo de Solicitação de SMP Pessoa Jurídica anexo, ou, ainda, da redução da contratação estimada de tráfego das estações móveis e/ou placas PCMCIA (Equipamentos), quer através de devolução desses Equipamentos dados em comodato e/ou alugados, quer através da mudança de plano(s) de serviço(s) ou por redução de minutos contratados, ficará o CLIENTE obrigado a pagar às PRESTADORAS a multa compensatória correspondente ao valor residual contábil dos Equipamentos cedidos em comodato e/ou alugados, permitida a sua cobrança por via executória. Entenda-se por

3.2.8 Outros elementos: regras gerais de interpretação

Além das circunstâncias descritas nos itens anteriores, a doutrina procura enumerar critérios que auxiliariam o intérprete, especialmente em casos nos quais as partes estabeleceram previsão genérica, em que a redação da cláusula lhe confere pouca direção.

Assim, destaca-se que, na avaliação da modalidade de cláusula penal, deve-se verificar, em primeiro lugar, se as partes declararam "explicitamente sua intenção".[543] Desse modo, caso tenham utilizado a expressão "cláusula penal moratória" ou "cláusula penal compensatória", a qualificação já estaria posta. Muito embora a declaração das partes seja de extrema relevância, contudo, há que se verificar sua compatibilidade com o sistema obrigacional, apurando-se a manifestação à luz das características do ajuste, bem como, se for o caso, elementos exteriores a sua manifestação. Não raro o emprego de um dos termos se mostra indevido diante da inserção da multa no programa obrigacional.[544]

Outro critério aventado consiste na identificação da cláusula penal "para o caso de inadimplemento" como previsão relacionada ao descumprimento da prestação principal.[545] Conquanto traduza relevante critério, deve-se ponderar que a vinculação ao inadimplemento da prestação principal não contribui de forma definitiva para a solução da questão, na medida em que, como salientado anteriormente (ver item 2.1), o cumprimento defeituoso da prestação principal não

---

valor residual contábil, o valor constante da nota fiscal de entrega, dividido pelo número de meses do prazo de vigência do Termo de Solicitação de SMP Pessoa Jurídica, multiplicado pelo número de meses restantes para o término do referido prazo de vigência".

[543] Nesse sentido, Tito Fulgêncio, para quem apenas caso não tenham "as partes declarado explicitamente a sua intenção" (FULGÊNCIO. *Manual do Código Civil*, v. 10, p. 387), deve-se recorrer aos demais critérios por ele enumerados.

[544] A título exemplificativo, o Tribunal de Justiça de Minas Gerais apreciou cláusula penal denominada pelas partes compensatória nitidamente vinculada ao atraso em contrato de prestação de serviços educacionais: TJMG, 16ª CC, Rel. Des. Batista de Abreu, julg. 17.5.2006.

[545] É o caminho que parece seguir Judith Martins-Costa que, ao dissertar sobre as hipóteses em que a cláusula penal seria compensatória, afirma: "se o contrato contém várias cláusulas, porém só há uma prestação que seja a dívida principal, deve-se entender que a expressão 'cláusula penal para o caso de inadimplemento' concerne somente à dívida principal (dever principal de prestação), e não à obrigação anexa, ou secundária, ou instrumental (dever de proteção), salvo se a violação da obrigação anexa, ou secundária, ou instrumental, *inviabilizar a prestação principal, tornando-a inútil ao credor*. Em ambas as hipóteses, pois, é do dever primário de prestação que se cuida, o qual, porém, pode ser violado diretamente ou indiretamente". (MARTINS-COSTA. *Comentários ao Novo Código Civil*, v. 5, t. 2, p. 649, grifo nosso.)

necessariamente redunda em perda de interesse na prestação. A cláusula penal "para o caso de inadimplemento", assim genericamente referida pelas partes, poderá ser compreendida como compensatória, por exemplo, caso exista também no contrato outra pena, atrelada ao "atraso", ao "cumprimento imperfeito", ou, ainda, à execução da obrigação.

Menciona-se também o estabelecimento de regra geral de acordo com a qual se deveria "subentender a cláusula penal, salvo estipulação em contrário, como pactuada em regra para o caso de inexecução",[546] isto é, de natureza compensatória. Afigura-se discutível, entretanto, a compatibilidade de regra dessa monta no atual ordenamento pátrio: consoante se discutiu no item 2.1, a resolução contratual é considerada medida excepcional, compreendida como legítima apenas quando verificado, em termos objetivos, o perecimento do interesse do credor na obrigação. Em contrariedade a tal entendimento, o critério proposto parte da premissa de que, não havendo manifestação das partes, pressupõe-se a perda do interesse útil. De todo modo, a fixação de regra dessa estirpe poderia levar a radical distorção do ajuste, estabelecendo-se cláusula penal para fator não previsto pelas partes.

Importante critério de que o intérprete pode se valer para qualificar a cláusula penal, notadamente em casos de grande dúvida, refere-se ao comportamento das partes em relação à multa estabelecida, extraindo-se a interpretação que conferiram à avença. Assim, por exemplo, caso determinada prestação tenha sido realizada sucessivas vezes pelo devedor em atraso e o credor jamais manifestou sua intenção de tomar o contrato por resolvido em decorrência do pagamento de tal prestação, mostra-se possível concluir que, em princípio, trata-se de cláusula penal moratória. As notificações trocadas de parte a parte, do mesmo modo, contribuem para a identificação da cláusula penal, em especial apreciando-se os requerimentos efetuados – a título exemplificativo, caso a cláusula penal seja referida como prestação que se soma à execução específica do ajuste, não pode a mesma parte que assim a qualificou indicá-la como pena compensatória em momento posterior. Cuida-se de corolário da incidência nas relações obrigacionais do princípio da boa-fé objetiva, que deve nortear a interpretação da avença, nos termos do art. 113 do Código Civil.[547]

---

[546] SERPA LOPES. *Curso de direito civil*, v. 2, p. 175.

[547] "Além de buscar a conjugação do real sentido da vontade à interpretação literal, o intérprete deverá ter como norte o princípio da boa-fé, que informa a tendência objetiva e

Aludido princípio possui como uma de suas funções[548] justamente servir como critério interpretativo para que se "privilegie sempre o sentido mais consentâneo com o objetivo comum pretendido pelas partes".[549]

Outro critério verificado ao se analisar os julgados relativos ao tema refere-se à previsão de honorários advocatícios atrelados à cláusula penal. O Tribunal de Justiça do Rio Grande do Sul considerou que, por incluir a multa analisada em contrato de mútua referência a honorários e custas judiciais, haveria condão ressarcitório típico de cláusula penal compensatória, oposta à natureza punitiva da cláusula penal moratória.[550] Conforme já se verificou, muito embora a multa moratória possa assumir feição punitiva, tal não se pode pressupor, sendo necessário verificar, no caso concreto, se convencionada para suprir os danos decorrentes do descumprimento relativo. De mais a mais, a previsão de honorários advocatícios e custas judiciais, assim, não pode ser tomada como circunstância, em abstrato, capaz de caracterizar a modalidade da cláusula penal, na medida em que o recurso à medida judicial pode se dar também para forçar a execução do ajuste.

3.2.9 Síntese conclusiva: o processo de qualificação da cláusula penal

À luz da perspectiva (funcional) adotada no presente trabalho, verifica-se a insuficiência de processo hermenêutico calcado na

---

que, consequentemente, ressalta este caráter no processo de interpretação dos negócios". (BARBOSA; MORAES; TEPEDINO (Org.). *Código Civil interpretado conforme a Constituição*, v. 1, p. 229-230.)

[548] Seja consentido remeter à nota de rodapé nº 260, *supra*.

[549] TEPEDINO, Gustavo. Novos princípios contratuais e teoria da confiança: a exegese da cláusula *to the best knowledge of the sellers*. In: TEPEDINO, Gustavo. *Temas de direito civil*. Rio de Janeiro: Renovar, 2006. t. 2, p. 252.

[550] TJRS, Embargos Infringentes 70017740325, 5º Grupo de Câmaras Cíveis, julg 18.5.2007, publ 27.6.2007: "Cuida-se de cláusula penal compensatória e não cláusula penal moratória. As duas possuem natureza e fins diversos. A compensatória, como o próprio nome diz, constitui compensação pelos danos causados pelo inadimplemento, no caso da rescisão do contrato (inadimplemento culposo), figurando como uma pré-liquidação dos danos, estando esses limitados a tal percentual. Já a cláusula penal moratória – o nome assim o diz: em razão da mora –, é penalidade que se aplica pelo atraso no cumprimento da obrigação, ou seja, quando o mutuário, na espécie de contrato entabulado não paga a prestação no prazo estabelecido; no entanto, cumpre a obrigação mensal, de trato sucessivo, sem que tal evento opere a rescisão culposa do contrato, que assim se mantém. De seu texto se observa, pela inclusão dos honorários e das custas judiciais, de que se trata de ação movida por inadimplemento da obrigação, com pretensão rescisória por culpa dos prestamistas, não se tratando de simples emenda da mora. Ademais, apresenta-se razoável o percentual definido no contrato, que ora vai mantido".

atribuição de regime jurídico a partir de critérios abstratos e apriorísticos que, identificados no caso concreto, definam de forma exclusiva a modalidade de cláusula penal apresentada ao intérprete. Método de tal natureza implicaria a desconsideração das peculiaridades do ajuste e da inserção da cláusula penal na lógica obrigacional, a resultar na atribuição de igual disciplina a hipóteses distintas. A qualificação da cláusula penal, assim, não pode prescindir da função a ela atribuída no negócio, apenas então sendo possível identificar seu regime jurídico. A delimitação da espécie de cláusula penal ajustada pelas partes requer, portanto, a avaliação da medida em que o inadimplemento a que se vincula a multa afeta o atingimento do programa obrigacional conforme delineado pelas partes: tratando-se de cláusula penal ligada a questões essenciais ao ajuste e, portanto, à extinção do vínculo em função da frustração do interesse na prestação, cuida-se de cláusula penal compensatória; por outro lado, tratando-se de pontos cujo descumprimento, ainda assim, faz permanecerem hígidos os efeitos pretendidos com a disciplina obrigacional, trata-se de cláusula penal moratória. Tal apuração apenas pode ser realizada a partir da interpretação em concreto do ajuste, identificando a razão justificadora da própria relação obrigacional (ver item 3.1).

A construção de critérios que permitam ao intérprete identificar a modalidade de cláusula penal pactuada pelas partes, por conseguinte, deve ter em vista aludido processo hermenêutico de busca da finalidade em concreto da multa convencionada. Cuida-se de evitar o emprego de abstrações generalizadoras, cuja aplicação, por partir de dados preconcebidos, desconsidera o papel atribuído à penal na disciplina obrigacional, e intentar extrair a intenção das partes, apoiando-se em indícios que traduzam tal finalidade. Nessa perspectiva, afigura-se possível, como visto ao longo do presente capítulo, revisitar alguns elementos considerados tomados para a identificação da modalidade de cláusula penal posta ao intérprete, indicando-se, ainda, critérios que podem auxiliar no processo de qualificação da penal.

CONCLUSÃO

Ao se destrinchar o vultoso debate a respeito das funções atribuídas à cláusula penal, verifica-se que, por um lado, a discussão é permeada de afirmações e conclusões realizadas em abstrato: parte-se muitas vezes de preconcepções sobre as finalidades do instituto, aplicando-as ao caso concreto, a tornar fundamental o recurso a presunções e "funções" "secundárias" para adaptar a teoria à prática, o caso concreto à norma. Por outro, ainda que se intencione conferir relevo à disciplina atribuída pelas partes, cindindo-se as duas funções classicamente apropriadas à penal em duas distintas figuras, tal procedimento, por vezes, é levado a cabo em desconsideração ao dado normativo e do sistema no qual se insere a cláusula penal ou, ainda, acaba sendo efetuada para "purificar" determinada função, já previamente estabelecida como a prevalente pelo teórico.

O perfil historicamente traçado para a cláusula penal em todas as suas modalidades acaba por relegá-la, contudo, a tímido papel, como se prevista para que fosse eternamente esquecida em seu universo autônomo, inteiramente descolado de todos os outros aspectos da obrigação. Sem dúvida, a cláusula penal se torna exigível apenas em face do inadimplemento; tal circunstância não lhe retira, contudo, o potencial para exercer outros papéis dentro da disciplina conferida pelas partes ao ajuste.

O recurso a determinados perfis funcionais aparece, então, como tentativa de "atar nós" decorrentes da disciplina da cláusula penal. Por um lado, recorre-se à função sancionatória nas teorias indenizatória (quando admitida) e mista como forma de justificar o pagamento da penal ainda que na ausência de danos; por outro, defende-se uma função punitiva a partir de pressuposições de que os danos são "em regra" menores que o valor da cláusula ou, ainda, de recurso a procedimentos "lógicos" e reconhecidamente "abstratos". Mais do que buscar identificar a função do instituto (para então determinar sua estrutura), parte-se de problemas estruturais para se defender a atribuição de tais funções, sem avaliar os efeitos necessariamente decorrentes do ajuste. A apuração da função acaba, assim, vinculada a uma análise estática da relação, como ajuste descolado da lógica obrigacional.

Embora se afirme que determinadas funções caracterizariam a essência do instituto, essas acabam condicionadas a eventos futuros, como o dos danos verificados em concreto serem superiores ao valor da penal, o que apenas é apurado ao final da relação. Ou seja, a identificação da função acaba atrelada a algo exterior ao momento do ajuste, não necessariamente fixado como algo essencial ao pacto. O presente trabalho se propôs a revisitar o conceito, sem pressupor determinadas funções aprioristicamente, isto é, sem partir de uma teoria pré-fixada, mas que interprete o dado normativo e valorize o perfil delineado pelas partes, inseridos nos valores do ordenamento. Para que se possa identificar a função da cláusula penal assim compreendida, não se mostra suficiente apenas enumerar efeitos laterais ou subsidiários, mas busca-se identificar o que caracteriza a essência do instituto, à luz do dado normativo, bem como a partir de seu papel na relação obrigacional.

A inserção da cláusula penal na lógica obrigacional – e a verificação da compatibilidade e da forma de desempenho das funções geralmente atribuídas ao instituto – requer sejam estremadas as distintas modalidades de cláusula penal previstas no direito brasileiro, que se referem a momentos distintos da sistemática da obrigação – mora e inadimplemento absoluto. Enquanto a cláusula penal compensatória atrela-se ao descumprimento absoluto da obrigação (e implica sua consequente extinção), a moratória liga-se ao inadimplemento relativo (e de sua imposição não decorre qualquer efeito extintivo). Cuida-se de momentos com lógicas diversas à luz da manutenção de interesse na prestação, de modo que a atribuição de determinada função (punitiva, coercitiva, indenizatória, garantista) à cláusula penal não prescinde, em um cenário de inserção do instituto no escopo obrigacional delineado pelas partes, da identificação da modalidade assumida pela cláusula penal (moratória ou compensatória).

Ao lado dessas características, devem ser avaliados, ainda, os princípios norteadores (i) do dever de reparação e (ii) das penas privadas no direito brasileiro. A necessidade de tutela da pessoa humana,

CONCLUSÃO | 185

associada ao surgimento constante de novas realidades as quais o interprete é instado a enfrentar, levou à alteração do foco da teoria da responsabilidade civil: a proteção integral levou à valoração do dano como elemento essencial da responsabilidade civil. A seu turno, as chamadas penas privadas, sob a batuta do (unitário) ordenamento jurídico, mediante figuras previamente definidas pelo legislador, justifica-se apenas enquanto contribuição para a promoção de certos interesses que encontrem justificativa funcional capaz de legitimar o emprego desse recurso. Mais do que reprimir condutas após a sua implementação, tais expedientes poderiam servir para fomentar comportamentos consentâneos com os objetivos do ordenamento, estimulando que seja evitado o ilícito. Desse modo, a atribuição de tal excepcional medida pressupõe a identificação de interesse que se vincule às prioridades do ordenamento. Daí parecer desimportante a atribuição de vantagem patrimonial ao instituidor da sanção: a finalidade dos expedientes ditos "punitivos" no direito contemporâneo parece encontrar justificativa na promoção de condutas desejadas, não já beneficiar os instituidores da "pena".

Eis o cenário em que devem ser apreciadas as definições das funções exercidas pelas cláusulas penais moratória e compensatória: enquanto a lógica da responsabilidade civil contratual, a privilegiar o cumprimento das obrigações e colocar o dano como elemento primordial do dever de reparar, acaba por robustecer o princípio da vedação ao enriquecimento sem causa; admite-se, a seu turno, apenas em caráter excepcional, e como instrumento de concreção de finalidades identificadas como fundamentais para o ordenamento, a legitimidade das punições privadas. A conjugação do momento de atuação das espécies de cláusula penal a tais pressupostos auxilia na identificação de suas funções (isto é, dos efeitos necessariamente decorrentes de sua previsão): a cláusula penal compensatória torna-se exigível apenas no momento em que não há resquício de interesse do credor na prestação, de modo a tornar insustentável eventual função punitiva. A atribuição de função puramente aflitiva à cláusula penal compensatória, a determinar sua cumulação com a exigibilidade de perdas e danos – a chamada cláusula penal puramente coercitiva – carece de justificativa funcional – essencial para o reconhecimento e tutela das denominadas penas privadas (ver item 1.1.2) – haja vista que sua eficácia se encontra umbilicalmente vinculada ao perecimento do interesse útil. Ou seja, ao contrário do que pode se verificar com a cláusula penal moratória, a compensatória destina-se a ser cobrada quando não mais viável a execução da obrigação – é uma alternativa a esta –, de modo que permitir sua exigibilidade em conjunto com a reparação dos danos carece de justificativa, representando apenas atribuição de vantagem patrimonial ao credor, em contrariedade a todo o sistema estabelecido pelo ordenamento para a responsabilidade civil.

A atribuição de função punitiva à cláusula penal compensatória resta inviável no direito brasileiro, ainda, diante das limitações estabelecidas para a fixação de seu valor. Com efeito, a opção pelo legislador de expurgar qualquer efeito aflitivo decorre da restrição consagrada no art. 412 do Código Civil, segundo o qual não se mostra possível o estabelecimento de valor superior ao da obrigação principal. Eis porque se torna difícil atribuir efeito intimidativo à cláusula penal compulsória cujo valor seja, no máximo, o da própria obrigação: a eficácia ameaçadora geralmente atribuída à cláusula penal – a fazer com que o devedor tema o não cumprimento para não piorar sua situação – fica comprometida, na medida em que o valor da multa a que possa vir a ser instado a pagar – e que só pode ser exigida caso já não mais viável a obrigação principal – não pode ultrapassar o valor da própria prestação (ao que, afinal, já está vinculado com a constituição da obrigação). O sistema estabelecido pelo Código Civil, ao impor duas normas imperativas que objetivam o controle do valor da cláusula penal, conjugado com a exclusão de sua cumulação com a obrigação principal, torna-se incompatível com a atribuição de outra finalidade ao instituto. Desse modo, verifica-se que o estabelecimento de cláusula penal compensatória determina justamente a vedação das discussões sobre as consequências do inadimplemento definitivo. Cuida-se do efeito substancial do instituto: a inexistência de danos ou a incompatibilidade do valor ajustado com o montante efetivo de prejuízos incorridos pelo credor não afetam a exigibilidade da penal, o que decorre (não de eventual e subsidiária natureza punitiva, mas) de sua natureza de gestão de riscos decorrentes do inadimplemento, cujo objetivo central é blindar as partes de enfrentar o tortuoso processo de apuração da existência e montante dos danos a serem ressarcidos.

Os efeitos essenciais decorrentes da cláusula penal compensatória relacionam-se, assim, com a exclusão prévia de qualquer discussão a respeito das consequências do inadimplemento, a justificar a cobrança a despeito da própria *alegação* de prejuízo e impedir o credor, salvo disposição expressa em sentido contrário, de requerer danos que superem o valor da multa contratual. Se, por um lado, o credor assume o risco de não ver seus prejuízos integralmente reparados (abdicando, pois, da reparação integral a que teria direito de acordo com a disciplina legal – ver item 1.1.1), o devedor, a seu turno, compromete-se a efetuar a prestação consubstanciada na cláusula penal a despeito da avaliação da existência e quantidade dos prejuízos causados ao credor, o que pode ou não lhe beneficiar: o resultado da fixação possui, assim, relevância reduzida.

Nesse viés, a "opção" do credor referida pelo art. 410 do Código Civil vincula-se ao exercício do direito formativo de resolução da obrigação: permanecendo a utilidade da prestação, exigirá seu cumprimento; esgotado o interesse, pleiteará o pagamento da penal. A alternativa, portanto, dependerá de avaliação a respeito da utilidade da prestação. Tal apuração, na renovada concepção do conceito de inadimplemento, é realizada de forma objetiva, não podendo ser deixada ao alvedrio do credor. Assim, compreendido o vínculo obrigacional não mais como sujeição do devedor ao arbítrio do credor, mas como relação de cooperação em que as partes se comprometem a perseguirem o escopo por ambas delineado, não se justifica a compreensão de que a cláusula penal pode ser simplesmente deixada de lado em prol da reparação integral, havendo outros instrumentos capazes de tutelar o credor contra eventual comportamento abusivo do devedor. De mais a mais, com a previsão constante no parágrafo único do art. 416 do Código Civil, que estabelece ser facultado às partes prever indenização suplementar à cláusula penal, a ressalva feita pela doutrina não mais se justifica. Com efeito, considerar que as partes podem, ao seu talante, a qualquer tempo e independentemente de qualquer previsão ou justificativa, afastar a cláusula penal e requerer todas as perdas e danos incorridas importaria em fazer letra morta da previsão do aludido artigo. O entendimento, contudo, mostra-se aplicável em contratos em que se verifica uma desigualdade entre as partes, pois, em tais hipóteses – como ocorre em contratos consumeristas, por exemplos – a cláusula penal é imposta por um dos contratantes, não já equacionada pelas partes à luz dos riscos corridos com a contratação.

No que tange à cláusula penal moratória, ao contrário do que ocorre com a compensatória, sua exigibilidade convive com o interesse na prestação principal, a possibilitar que assuma dualidade de funções, podendo tanto se relacionar apenas à previsão concernente aos danos de mora (aplicando-se o quanto descrito para a cláusula penal compensatória), quanto implicar forma de coerção do devedor moroso ao adimplemento. A admissão de cláusula penal moratória com natureza puramente punitiva, a caracterizar verdadeira pena privada, encontra excepcional legitimidade por sua relação com a tutela do adimplemento: vislumbra-se que a imposição de coerção dessa natureza se mostra capaz de garantir o interesse do credor no cumprimento da obrigação (que ainda lhe é útil). Em outras palavras, ao contrário do que ocorre com a cláusula penal compensatória, a moratória é cobrada enquanto ainda é interessante a prestação ao credor, encontrando-se aí *ratio* suficiente para a admissão excepcional do recurso a expediente punitivo: o cumprimento é o objetivo central das relações obrigacionais e o efeito coercitivo atribuído à moratória visa justamente a estimulá-lo. Observa-se que a multa moratória pode se referir ao ressarcimento de danos, quando, por exemplo, se consubstancia em prestação a ser oferecida por terceiros (que nenhum efeito coercitivo exerce no devedor) ou a prestação seja evidentemente destinada a suprir os prejuízos decorrentes da mora, como é, ao fim e ao cabo, a hipótese de multa estabelecida nos contratos de promessa de compra e venda de bens em construção. Por outro lado, a cláusula penal moratória assume vertente puramente coercitiva nos casos em que sua estipulação revela a intenção das partes de impor sanções ao devedor moroso para estimulá-lo a efetuar a prestação, como nos casos em que os percentuais ajustados se afiguram móveis e crescentes, ou se provisiona uma multa diária, e mesmo quando se mostram elevados em face do dano previsível, assemelhando-se funcionalmente às astreintes.

A distinta finalidade atribuída pelas partes à cláusula penal moratória reflete-se em seu regime jurídico. Conquanto em nenhuma das hipóteses se afigura necessário comprovar danos para exigir a multa, na hipótese de lhe ser conferida função de substituir as consequências da mora, aplica-se raciocínio semelhante ao traçado para a cláusula penal compensatória: de sua aleatoriedade decorre que o montante efetivo do dano realizado – ou não – em concreto pode influenciar na redução do valor da penal. A inexistência de prejuízos, a seu turno, mostra-se no todo irrelevante para a valoração da excessividade da cláusula moratória com escopo puramente coercitivo, embora seja imperativa sua redução também nos casos de cumprimento parcial ou de abusividade do montante pactuado. Nessa última hipótese, esvaziado restaria o caráter de reforço da obrigação caso se excluísse a possibilidade de exigir danos moratórios: comprovando-os, deve ser indenizado o credor. Por fim, diferenciam-se igualmente no que tange à cumulação com os juros moratórios. Caracterizada a função indenizatória dos juros de mora, deve-se indagar a possibilidade de cumulá-los com os valores decorrentes de eventual cláusula penal moratória. Atribuindo as partes função puramente coercitiva à penal, não há qualquer óbice à cumulação com os juros moratórios: tratam-se de institutos com finalidade distinta e, portanto, plenamente cumuláveis. Entretanto, caso a penal moratória assuma feição de suprir perdas e danos decorrentes do inadimplemento relativo, haverá *bis in idem*.

A apuração da função desempenhada pela cláusula penal consiste em passo necessário e fundamental em sua qualificação, compreendido como processo de interpretação unitário e dialético, em que a disciplina jurídica de determinado ato apenas se evidencia após a contemporânea avaliação (qualificação) do fato (determinação da síntese dos seus efeitos essenciais – perfil funcional) e da regulação jurídica pertinente (inserida dentro do sistema jurídico). No âmbito do direito contratual, o procedimento de qualificação se efetiva à luz da apuração da causa atribuída ao negócio pelas partes. Ao invés de buscar identificar no caso concreto certos elementos abstratos (extraídos da interpretação da norma) e, então, subsumir o fato à categoria previamente estabelecida por lei (ainda que seja necessário desconsiderar certas peculiaridades da hipótese ou interpretá-las de modo a forçar o enquadramento legal), atribui-se ao intérprete o papel de analisar os efeitos perseguidos pelas partes e qualificar os institutos a partir de sua função em concreto. Para cada ordem de interesses deve ser individuada, sem preconcepções, a normativa a ser aplicada, mediante autônomo e unitário procedimento de interpretação e de qualificação do fato causativo, dos seus efeitos, respeitando as peculiaridades e os interesses e valores envolvidos. Aludido procedimento deve ser implementado sem que se recorra a alargamentos interpretativos buscando conformar o fato concreto à norma abstrata, em prejuízo da síntese dos efeitos perseguidos pelas partes.

Em relação à qualificação da cláusula penal, tais considerações demonstram a insuficiência de processo hermenêutico calcado na atribuição de regime jurídico a partir de critérios abstratos e aprioristicos que, identificados no caso concreto, definam de forma exclusiva a modalidade de cláusula penal apresentada ao intérprete. Um método de tal natureza implicaria a desconsideração das peculiaridades do ajuste e da inserção da cláusula penal na lógica obrigacional, a resultar na atribuição de igual disciplina a hipóteses distintas. A qualificação da cláusula penal, assim, não pode prescindir da função a ela atribuída no negócio, apenas então sendo possível identificar seu regime jurídico. Mais do que contar com critérios aprioristicos e abstratos e subsumi-los à hipótese concreta, a qualificação de determinada multa contratual como cláusula penal compensatória ou moratória pressupõe a análise da obrigação globalmente considerada e a verificação se a disposição contratual se atrela ao descumprimento absoluto do pacto ou ao inadimplemento relativo. A delimitação da espécie de cláusula penal ajustada pelas partes requer, portanto, a avaliação da medida em que o inadimplemento a que se vincula a multa afeta o atingimento do programa obrigacional conforme delineado pelas partes: tratando-se de cláusula penal ligada a questões essenciais ao ajuste e, portanto, à extinção do vínculo em função da frustração do interesse do credor, cuida-se de cláusula penal compensatória; por outro lado, tratando-se de pontos cujo descumprimento, ainda assim, faz permanecerem hígidos os efeitos pretendidos com a disciplina obrigacional, trata-se de cláusula penal moratória. Tal apuração apenas pode ser realizada a partir da interpretação em concreto do ajuste, identificando a razão justificadora da própria relação obrigacional.

A construção de critérios que permitam ao intérprete identificar a modalidade de cláusula penal pactuada pelas partes, por conseguinte, deve ter em vista aludido processo hermenêutico de busca da finalidade em concreto da multa convencionada. Cuida-se de evitar o emprego de abstrações generalizadoras, cuja aplicação, por partir de dados preconcebidos, desconsidera o papel atribuído à penal na disciplina obrigacional, e intentar extrair a intenção das partes, apoiando-se em indícios que traduzam tal finalidade. Nessa perspectiva, afigura-se possível revisitar alguns elementos tomados para a identificação da modalidade de cláusula penal, indicando-se, ainda, critérios que podem auxiliar no processo de qualificação da penal:

(i) A elaboração de regra geral segundo a qual o fato de se tratar de cláusula penal de determinado patamar decorre necessariamente sua natureza compensatória ou moratória, ou mesmo de que se trata de critério que possui a mais elevada importância no processo de interpretação; ao revés, deve ser valorada, na perspectiva funcional ora mencionada, à luz do contexto obrigacional. O critério pode se demonstrar útil, por exemplo, em casos nos quais as partes preveem mais de uma cláusula penal cujos valores sejam díspares entre si.

(ii) Ao apreciar cláusula penal vinculada ao cumprimento de determinado dever específico previsto no ajuste, cabe ao intérprete inseri-lo no programa obrigacional estabelecido pelas partes, identificando a essencialidade daquela prestação para o atendimento ao interesse do credor, podendo configurar tanto cláusula penal compensatória como da moratória. Desse modo, o regime atribuído pelo art. 411 do Código Civil – cumulatividade com a exigência da obrigação principal – refere-se apenas às cláusulas penais previstas para segurança de cláusula especial que não interfira com a função perseguida pelas partes com o ajuste.

(iii) Não parece adequado, contudo, à luz da função exercida por cada modalidade de cláusula penal, atribuir à genérica cláusula penal que se torna exigível para o caso de "descumprimento de quaisquer das obrigações" natureza potencialmente dúplice (moratória ou compensatória, a depender do descumprimento verificado): entender que a mesma cláusula pode incidir para hipóteses funcionalmente diversas, implicaria, a rigor, a total desconsideração da diversidade de função. Ademais, essa perspectiva acaba por vincular sua natureza a evento posterior – a gravidade do inadimplemento verificado. Aludida cláusula também não se adequa, em princípio, à função desempenhada pela cláusula penal compensatória. Consoante já destacado, tal instituto vincula-se a questões que configuram o cerne do programa obrigacional, que, em princípio, não estariam abarcadas por disposição genérica. A constatação de que as cláusulas penais relativas ao inadimplemento de quaisquer das cláusulas do contrato consubstanciam, em regra, cláusulas penais moratórias, contudo, não pode desconsiderar eventuais circunstâncias que, no caso concreto, aproximem a previsão da modalidade compensatória.

(iv) O fato de se tratar de obrigação negativa não consiste em elemento determinante, por si só, para a apuração da espécie de cláusula penal. Reconhecendo-se que as obrigações negativas não se mostram avessas ao descumprimento relativo, impõe-se que seja avaliado (a) se se trata de obrigação de não fazer cujo desfazimento do ato praticado pelo devedor ou o retorno para a situação omissiva atende ao escopo obrigacional; e (b) se a cláusula penal a ela vinculada refere-se à mora ou ao inadimplemento absoluto, a partir da avaliação sobre sua essencialidade para o interesse do credor na continuidade da obrigação.

(v) O cabimento (em abstrato) de execução específica tampouco se mostra um critério seguro para a aferição da modalidade de cláusula penal eleita pelas partes. O destaque conferido às obrigações de dar – que admitiram em regra cláusula penal moratória e apenas excepcionalmente compensatória – parece vinculado à compreensão de que as obrigações de fazer não comportariam execução coativa, o que já não se justifica, encontrando-se resposta adequada no ordenamento para o cumprimento forçado das obrigações de fazer, fungíveis ou não. Ademais, conquanto contemplem as obrigações possibilidade de execução específica, não se pode olvidar a obrigação: ainda que o cumprimento seja possível, pode não suprir o interesse do credor.

(vi) A referência à consequência para o liame obrigacional do pagamento da cláusula penal pode se mostrar relevante para apurar a natureza da cláusula penal. Assim, caso sua cobrança se vincule à resolução contratual, resta evidente a intenção das partes de correlacionar o descumprimento que autoriza a cobrança da pena à inutilidade da prestação; por outro lado, mantendo-se a cobrança da obrigação pactuada, somando-se o pagamento da multa, o inadimplemento a ela referente foi considerado incapaz de expurgar o alcance dos interesses perseguidos com a avença. Os termos empregados, portanto, ao ressaltarem a inserção do dever a que se vincula a cláusula penal na lógica obrigacional, auxiliam na identificação da modalidade eleita pelas partes. De forma semelhante, o local em que inserida a cláusula penal pode contribuir para sua qualificação.

(vii) A cláusula resolutiva expressa e o termo essencial consistem em instrumentos por meio dos quais as partes manifestam a essencialidade de determinadas previsões para a finalidade da obrigação. Nesse cenário, auxiliam na identificação da modalidade de cláusula penal eleita pelas partes. Tratando-se de circunstância identificada como essencial ao programa obrigacional a ponto de ensejar a formação de direito de dissolução do vínculo, eventual multa contratual que possa acompanhar tais disposições caracteriza-se como cláusula penal compensatória. Efeito similar pode decorrer também da inserção de circunstâncias especiais às quais se vinculariam o interesse na prestação, como o recebimento de determinada mercadoria a tempo da participação em evento ou o recebimento da prestação de um serviço com vistas a concorrer em eventual licitação: embora não haja propriamente um termo certo fixado, poder-se-ia extrair uma razão determinante para a contratação, capaz de determinar o perecimento de sua utilidade. Havendo a previsão de tal circunstância, eventual cláusula penal incidente após o decurso do prazo fixado como essencial pelas partes afigura-se compensatória.

(viii) Circunstâncias atinentes à forma de incidência das penas convencionais também podem contribuir para sua qualificação: a cláusula penal compensatória, diante da função que exerce, possui incidência única, haja vista estar atrelada justamente ao inadimplemento absoluto; já a multa convencional decorrente da mora é capaz de incidir múltiplas vezes. Assim, a previsão de cláusula penal com aplicação diária (como ocorre, por exemplo, em contratos de empreitada, geralmente em função do atraso na entrega da obra) ou mensal (como se verifica nos contratos de incorporação imobiliária em que se prevê a incidência a cada mês de multa em decorrência do atraso no empreendimento).

(ix) Do mesmo modo, a variação do valor da cláusula penal ao longo da execução do contrato também pode servir de auxílio para a identificação da modalidade prevista pelas partes a partir das funções que podem ser desempenhadas por cada espécie de cláusula penal: à multa cujo valor se eleva ao longo da relação contratual e que, portanto, caracteriza-se pelo teor coercitivo, seria possível atribuir natureza moratória; a seu turno, a cláusula penal que se torna menos expressiva na medida em que o termo contratual se aproxima e que a obrigação vai sendo cumprida, qualifica-se como compensatória, traduzindo juízo de adequação entre os valores estabelecidos para o inadimplemento absoluto e a parcela já cumprida da prestação.

(x) Importante critério de que o intérprete pode se valer para qualificar a cláusula penal se refere ao comportamento das partes em relação à multa estabelecida, extraindo-se a interpretação que conferiram à avença, como de corolário da incidência nas relações obrigacionais do princípio da boa-fé objetiva, que deve nortear a interpretação da avença, nos termos do art. 113 do Código Civil.

REFERÊNCIAS

AGUIAR DIAS, José de. *Cláusula de não indenizar*: chamada cláusula de irresponsabilidade. 3. ed. São Paulo: Saraiva, 1998.

AGUIAR JÚNIOR, Ruy Rosado de. *Comentários ao Código Civil*. Rio de Janeiro: Forense, 2011. v. 6, t. 2.

AGUIAR JÚNIOR, Ruy Rosado de. *Extinção dos contratos por incumprimento do devedor*. Rio de Janeiro: Aide, 2004.

ALPA, Guido. *Corso di diritto contrattuale*. Padova: CEDAM, 2006.

ALPA, Guido. Rischio (dir. vig.). In: ENCICLOPEDIA del Diritto. Milão: Giuffrè, 1958. v. 40, p. 1144-1158.

ALPA, Guido. Rischio contrattuale. In: NOVISSIMO Digesto Italiano: appendice. 3. Ed. Torino: VTET, 1957. v. 6, p. 863-868.

ALVIM, Agostinho. *Da inexecução das obrigações e suas consequências*. 3. ed. São Paulo: Saraiva, 1980.

AMARAL, Guilherme Rizzo. *As astreintes e o processo civil brasileiro*. Porto Alegre: Livraria do Advogado, 2010.

ARENHART, Sérgio Cruz; MARINONI, Luiz Guilherme. *Curso de processo civil*. São Paulo: Revista dos Tribunais, 2008. v. 3.

ASSIS, Araken de. *Comentários ao Código Civil Brasileiro*. Rio de Janeiro: Forense, 2007. v. 5.

ASSIS, Araken de. *Resolução do contrato por inadimplemento*. 4. ed. São Paulo: Revista dos Tribunais. 2004.

AUBRY, C.; RAU, C. *Cours de droit civil français*. 4. ed. Paris: Marchal et Billard, 1879. t. 4.

AZEVEDO, Álvaro Villaça. Inexecução culposa e cláusula penal compensatória. *Revista dos Tribunais*, v. 791, p. 121-132, set. 2001.

AZEVEDO, Álvaro Villaça. Juros (Direito Civil). In: ENCICLOPÉDIA Saraiva de Direito. São Paulo: Saraiva, 1997. v. 67. p. 213-216.

AZEVEDO, Álvaro Villaça. *Teoria geral dos contratos típicos e atípicos*. São Paulo: Atlas, 2002.

BANDEIRA, Paula Greco. *Contratos aleatórios no direito brasileiro*. Rio de Janeiro: Renovar, 2010.

BARASSI, Lodovico. *La teoria generale delle obbligazioni*. Milão: Giuffrè, 1964.

BARBOSA, Heloisa Helena; MORAES, Maria Celina Bodin de; TEPEDINO, Gustavo (Org.). *Código Civil interpretado conforme a Constituição*. 2. ed. Rio de Janeiro: Renovar, 2007. v. 1.

BARTELLA, Maria Grazia. *Le pene private*. Milão: Giuffrè, 2006.

BAUDRY-LACANTINERIE, C.; BARDE, L. *Trattato teorico-pratico di diritto civile*: delle obbligazioni. Milão: Dottor Francesco Vallardi, 1905. v. 2.

BECKER, Anelise. Inadimplemento antecipado do contrato. *Revista de Direito do Consumidor*, v. 12, out./dez. 1994.

BENACCHIO, Marcelo. Cláusula penal: revisão crítica à luz do Código Civil de 2002. In: NANNI, Giovanni Ettore (Coord). *Temas relevantes do direito civil contemporâneo*. São Paulo: Atlas, 2008. p. 371-399.

BESSONE, Darcy. *Do contrato*: teoria geral. 4. ed. São Paulo: Saraiva, 1997.

BEVILÁQUA, Clovis. *Código Civil comentado*. Rio de Janeiro: Francisco Alves, 1956. v. 1.

BEVILÁQUA, Clovis. *Código Civil comentado*. Rio de Janeiro: Francisco Alves, 1958. v. 4.

BEVILÁQUA, Clovis. *Direito das obrigações*. 3. ed. Rio de Janeiro: Freitas Bastos, 1931.

BOBBIO, Norberto. A função promocional do direito. In: BOBBIO, Norberto. *Da estrutura à função*: novos estudos de teoria do direito. Barueri: Manole, 2007. p. 1-21.

BOBBIO, Norberto. As sanções positivas. In: BOBBIO, Norberto. *Da estrutura à função*: novos estudos de teoria do direito. Barueri: Manole, 2007. p. 23-32.

BOBBIO, Norberto. Em direção a uma teoria funcionalista do direito. In: BOBBIO, Norberto. *Da estrutura à função*: novos estudos de teoria do direito. Barueri: Manole, 2007. p. 53-79.

BOBBIO, Norberto. Sanzione. In: NOVISSIMO digesto italiano. 3. ed. Torino: VTET, 1957. v. 16, p. 530-540.

BOSELLI, Aldo. Alea. In: NOVISSIMO Digesto Italiano. 3. ed. Torino: VTET, 1957. v. 1, p. 469.

CAHALI, Yussef Said. Cláusula penal e honorários de advogado. *AJURIS*, v. 7, n. 20, p. 181-185, 1980.

CALIXTO, Marcelo. Reflexões em torno do conceito de obrigação, seus elementos e suas fontes. In: TEPEDINO, Gustavo (Coord.). *Obrigações*: estudo na perspectiva civil-constitucional. Rio de Janeiro: Renovar, 2005. p. 1-28.

CALVÃO DA SILVA, João. *Cumprimento e sanção pecuniária compulsória*. Coimbra: Faculdade de Direito da Universidade de Coimbra, 1997.

CARBONIER, Jean. *Droit civil*: les obligations. Paris: Presses Universitaires de France, 2004.

CARVALHO SANTOS, J. M de. *Código Civil interpretado*. 9. ed. Rio de Janeiro: Freitas Bastos, 1964. v. 3.

CARVALHO SANTOS, J. M. de *Código Civil brasileiro interpretado*. 9. ed. Rio de Janeiro: Freitas Bastos, 1964. v. 11

CARVALHO SANTOS, J. M. de *Código Civil brasileiro interpretado*. 9. ed. Rio de Janeiro: Freitas Bastos, 1964. v. 14.

CARVALHO SANTOS, J. M. de *Código Civil brasileiro interpretado*. 9. ed. Rio de Janeiro: Freitas Bastos, 1964. v. 15.

CASSETTARI, Christiano. *Multa contratual*: teoria e prática da cláusula penal. São Paulo: RT, 2013.

CLAUSOLA PENALE. In: NUOVO digesto italiano. Torino: UTET, 1938.

COLAGROSSO, Enrico. *Teoria generale delle obbligazioni e dei contratti*. 2. ed. Roma: Stamperia Nazionale, 1948.

COLMO, Alfredo. *De las obligaciones en general*. Buenos Aires: Abeledo-Perrot, 1944.

CONTINENTINO, Múcio. *Da cláusula penal no direito brasileiro*. São Paulo: Saraiva, 1926.

COSTA, Mário Júlio de Almeida. *Direito das obrigações*. 9. ed. Coimbra: Almedina, 2004.

CUNHA GONÇALVES, Luiz da. *Tratado de direito civil*. 2. ed. São Paulo: Max Limonad, 1955. v. 4, t. 2.

DANTAS, San Tiago. *Programa de direito civil*. Rio de Janeiro: Forense, 2001.

DANZ, Erich. *A interpretação dos negócios jurídicos*. São Paulo: Saraiva, 1941.

DE CUPIS, Adriano. *Il danno*: teoria generale della responsabilità civile. Milão: Giuffrè, 1966.

DE PAGE, Henri. *Traité élémentaire de droit civil belge*: les obligations (seconde partie). Bruxelas: Émile Bruylant, 1950. v. 3.

DIAZ, Guillermo. *La inmutabilidad de la clausula penal*. Buenos Aires: El Ateneo, 1936.

DIEZ-PICAZO, Luis. *Fundamentos del derecho civil patrimonial*: las relaciones obligatorias, Madrid: Civitas, 1996. v. 2.

DONATO, Francesco. Clausola risolutiva. In: ENCICLOPEDIA del diritto. Milão: Giuffrè, 1960. v. 7, p. 196-200.

ENNECERUS, Ludwig. *Derecho de obligaciones*. Buenos Aires: Bosch, 1947. v. 1.

ESPINOLA, Eduardo. *Manual do Código Civil Brasileiro*. Rio de Janeiro: Freitas Bastos, 1929. v. 3, par. 3.

ESPINOLA, Eduardo. *Questões jurídicas e pareceres*. São Paulo: Nacional, 1925.

FACIO, Jorge Peirano. *La cláusula penal*. Montevidéu: Biblioteca de Publicaciones Oficiales de la Facultad de Derecho y Ciencias Sociales de la Universidad de Montevideo, 1947.

FARIAS, Cristiano Chaves de. Miradas sobre a cláusula penal no direito contemporâneo: à luz do direito civil-constitucional, do Código Civil de 2002 e do CDC. In: FARIAS, Cristiano Chaves de (Org.). *Leituras complementares de direito civil*: o direito civil-constitucional em concreto. 2. ed. Salvador: JusPODIVM, 2009. p. 257-277.

FERNANDES, Wanderley. *Cláusulas de exoneração e de limitação de responsabilidade*. São Paulo: Saraiva, 2013.

FERRAZ, José Eduardo Coelho Branco. Os juros e o novo Código Civil: uma abordagem doutrinária e jurisprudencial. In: TEPEDINO, Gustavo (Coord.). *Obrigações*: estudos na perspectiva civil-constitucional. Rio de Janeiro: Forense, 2005. p. 489-511.

FERRIANI, Carlos Alberto. Da cláusula penal. *Revista de Direito Bancário e do Mercado de Capitais*, São Paulo, v. 55, p. 133-166, jan./mar., 2012.

FILHO, Castro *et al. Comentários ao Código Civil Brasileiro*: do direito das obrigações. Coord. Arruda Alvim e Thereza Alvim. Rio de Janeiro: Forense, 2006. v. 4.

FISCHER, Hans Albrecht. *A reparação dos danos no direito civil*. São Paulo: Saraiva, 1938.

FLORENCE, Tatiana Magalhães. Aspectos pontuais da cláusula penal. In: TEPEDINO, Gustavo (Org.). *Obrigações*: estudos na perspectiva civil-constituciona., Rio de Janeiro: Forense, 2005. p. 513-537.

FONSECA, Rodrigo Garcia da. Os juros à luz do Código Civil de 2002. In: FACHIN, Luiz Edson; TEPEDINO, Gustavo (Coord.). *O direito e o tempo*: embates jurídicos e utopias contemporâneas. Rio de Janeiro: Renovar, 2008. p. 495-530.

FRAGALLI, Michele. Garanzia e diritti di garanzia. In: ENCICLOPEDIA del Diritto. 3. ed. Milão: Giuffrè, 1957. v. 18, p. 448-466.

FRANÇA, Rubens Limongi. Cláusula penal. In: ENCICLOPÉDIA Saraiva de Direito. São Paulo: Saraiva, 1977.

FRANÇA, Rubens Limongi. *Teoria e prática da cláusula penal*. São Paulo: Saraiva, 1998. p. 141-166.

FRENZA, Paolo. *Le garanzie delle obbligazioni*: corso di diritto romano. Padova: CEDAM, 1962. v. 1.

FULGÊNCIO, Tito. *Manual do Código Civil Brasileiro*: das modalidades das obrigações. Rio de Janeiro: Jacintho Ribeiro dos Santos, 1926. v. 10.

FURTADO, Gabriel Rocha. *Mora e inadimplemento substancial*. São Paulo: Atlas, 2014.

FURTADO, Gabriel Rocha. *No limiar da mora*: por uma aferição objetiva da utilidade da prestação. 2013. Dissertação (Mestrado em Direito) – Programa de Pós-Graduação em Direito Civil da UERJ, Universidade do Estado do Rio de Janeiro, Rio e Janeiro, 2013.

GALLO, Paolo. *Pene private e responsabilità civile*. Milão: Giuffrè, 1996.

GAMA, Guilherme Calmon Nogueira da. *Direito civil*: obrigações. São Paulo: Atlas, 2008.

GAZZONI, Francesco. *Obbligazioni e contratti*. 16. ed. Napoli: Esi, 2013.

GIORGIANNI, Michele. Causa (dir. priv.). In: ENCICLOPEDIA del Diritto. Milão: Giuffrè, 1958. v. 6, p. 547-575.

GIORGIANNI, Michele. Inadempimento. In: ENCICLOPEDIA del Diritto. Milão: Giuffrè, 1958. v. 20, p. 860-890.

GIORGIO, Giorgi. *Teoria delle obbligazioni*. Firenze: Casa Editrice Libraria 'Fratelli Cammelli', 1907. v. 2.

GOMES, Orlando. *Contratos*. 26. ed. Rio de Janeiro: Forense, 2007.

GOMES, Orlando. *Obrigações*. 17. ed. Rio de Janeiro: Forense, 2007.

GOMES, Orlando. *Sucessões*. Rio de Janeiro: Forense, 2012.

GOMES, Orlando. Tendências modernas da reparação de danos. In: FRANCESCO, José Roberto Pacheco di (Org.). *Estudos em homenagem ao Professor Sílvio Rodrigues*. Rio de Janeiro: Forense, 1980.

GUEDES, Gisela Sampaio da Cruz. *Lucros cessantes*: do bom-senso ao postulado normativo da razoabilidade. São Paulo: Revista dos Tribunais, 2011.

HESPANHA, António M. *Panorama histórico da cultura jurídica europeia*. Mira-Sintra: Publicações Europa-América, 1997.

JAULT, Alexis. *La notion de peine privée*. Paris: L.G.D.J, 2005.

JOSSERAND, Louis. *Derecho civil*. Buenos Aires: Bosch, 1950. t. 2, v. 1.

JUNIOR, Otavio Luiz Rodrigues. *Função, natureza e modificação da cláusula penal no direito brasileiro*. 2006. Tese (Doutorado em Direito) – Faculdade de Direito, Universidade do Estado de São Paulo, São Paulo, 2006.

KONDER, Carlos Nelson; RENTERÍA, Pablo. A funcionalização das relações obrigacionais: interesse do credor e patrimonialidade da prestação. In: FACHIN, Luiz Edson; TEPEDINO, Gustavo (Org.). *Diálogos sobre direito civil*. Rio de Janeiro: Renovar, 2008. v. 2, p. 265-297.

KONDER, Carlos Nelson. Qualificação e coligação contratual. *Revista Forense*, v. 105, n. 406, p. 55-86, nov./dez. 2009.

LACERDA DE ALMEIDA, Francisco de Paula. *Obrigações*. 2. ed. Rio de Janeiro: Revista dos Tribunais, 1916.

LALOU, Henri. *Traité pratique de la responsabilité civile*. Paris: Dalloz, 1949.

LARENZ, Karl. *Derecho de obligaciones*. Madri: Editorial Revista de Derecho Privado, 1958. t. 1.

LIMA, João Franzen de. *Curso de direito civil brasileiro*. 2. ed. Rio de Janeiro: Forense, 1961. v. 2.

LÔBO, Paulo Luiz Netto. *Teoria geral das obrigações*. São Paulo: Saraiva, 2005.

LOTUFO, Renan. Questões relativas à cláusula penal contratual. *Revista do Advogado*, n. 116, p. 161-167, jul. 2012.

MAGAZZÚ, Andrea. Clausola penale. In: ENCICLOPEDIA DEL DIRITTO. Milão: Giuffrè, 1960. v. 7 p. 186-196.

MARINI, Annibale. *La clausola penale*. Napoli: Jovene, 1984.

MARTINS-COSTA, Judith. *A boa-fé no direito privado*. São Paulo: Revista dos Tribunais, 2000.

MARTINS-COSTA, Judith. *A boa-fé no direito privado*. São Paulo: Revista dos Tribunais, 2000.

MARTINS-COSTA, Judith. *Comentários ao Novo Código Civil*: do inadimplemento das obrigações. *vol. V, t. 1*. Rio de Janeiro: Forense, 2003. v. 5, t. 1.

MARTINS-COSTA, Judith. *Comentários ao Novo Código Civil*: do inadimplemento das obrigações. Rio de Janeiro: Forense, 2003. v. 5, t. 2.

MATTIA, Fábio Maria de. Cláusula penal pura e cláusula penal não pura. In: FACHIN, Luiz Edson; TEPEDINO, Gustavo (Org.). *Doutrinas essenciais*: obrigações e contratos. São Paulo: Revista dos Tribunais, 2011. v. 2, p. 1117-1150.

MATTIETTO, Leonardo. Os juros legais e o art. 406 do Código Civil. *Revista Trimestral de Direito Civil*, v. 15, p. 89-106, jul./set. 2003.

MENDES, Gilmar Ferreira; BRANCO, Paulo Gustavo. *Curso de direito constitucional*. São Paulo: Saraiva, 2002.

MENDONÇA, Manoel Ignácio Carvalho de. *Doutrina e prática das obrigações*. 3. ed. Rio de Janeiro: Freitas Bastos, 1938. t. 1.

MENDONÇA, Manoel Ignácio Carvalho de. *Doutrina e prática das obrigações*. 3. ed. Rio de Janeiro: Freitas Bastos, 1938. t. 2.

MENEZES LEITÃO, Luís Manuel Teles de. *Direito das obrigações*. 2. ed. Coimbra: Almedina, 2002. v. 2.

MENEZES LEITÃO, Luís Manuel Teles de. *Manual de direito das obrigações*. Coimbra: Coimbra, 1965. v. 1.

MIGLIASSO, Davide. La clausola penale. In: CENDON, Paolo (Org.). *Fatto & diritto*. Milão: Giuffrè, 2007.

MONGILLO, Roberta. *Inadempimento e risoluzione di diritto*. Napoli: Esi, 2012.

MONTEIRO FILHO, Carlos Edison do Rêgo. Artigo 944 do Código Civil: o problema da mitigação do princípio da reparação integral. In: FACHIN, Luiz Edson; TEPEDINO, Gustavo (Org.). *O direito e o tempo*: embates jurídicos e utopias contemporâneas – estudos em homenagem ao Professor Ricardo Pereira Lira. Rio de Janeiro : Renovar, 2008. p. 757-796.

MONTEIRO, Washington de Barros. *Curso de Direito Civil*. São Paulo: Saraiva, 2007. v. 4.

MORAES, Maria Celina Bodin de. A caminho de um direito civil-constitucional. In: FACHIN, Luiz Edson; TEPEDINO, Gustavo (Org.). *Obrigações e contratos*. São Paulo: Revista dos Tribunais, 2011. v. 1, p. 259-274.

MORAES, Maria Celina Bodin de. A causa dos contratos. *Revista Trimestral de Direito Civil*, Rio de Janeiro, n. 21, p. 95-120, jan./mar. 2005.

MORAES, Maria Celina Bodin de. *Danos à pessoa humana*: uma leitura civil-constitucional dos danos morais. Rio de Janeiro: Renovar, 2003.

MORAES, Maria Celina Bodin de. O princípio da solidariedade. In: MORAES, Maria Celina Bodin de. *Na medida da pessoa humana*: estudos de direito civil-constitucional. Rio de Janeiro: Renovar, 2010. p. 237-265.

MORAES, Maria Celina Bodin de. Perspectivas a partir do direito civil-constitucional. In: LEAL, Pastora do Socorro Teixeira (Coord.). *Direito Civil Constitucional e outros estudos em homenagem ao Prof. Zeno Veloso*. Rio de Janeiro: Forense; São Paulo: Método, 2014. p. 1000.

MOSCATI, Enrico. Pena (dir. priv.). In: ENCICLOPEDIA del diritto. Milão: Giuffrè, 1982. v. 22, p. 771-786.

MULHOLLAND, Caitlin Sampaio. *A responsabilidade civil por presunção de causalidade*. Rio de Janeiro: GZ, 2009.

NAMUR, Samir. A inexistência de espaços de não direito e o princípio da liberdade. *Revista Trimestral de Direito Civil*, v. 42, p. 131-147, abr./jun. 2010.

NANNI, Giovanni Ettore. O dever de cooperação nas relações obrigacionais à luz do princípio constitucional da solidariedade. In: NANNI, Giovanni Ettore. *Temas relevantes do direito civil contemporâneo*. São Paulo: Atlas, 2008. p. 283-321.

NEGREIROS, Teresa. *Teoria do contrato*: novos paradigmas. 2. ed. Rio de Janeiro: Renovar, 2006.

NEVES, José Roberto de Castro. *O Código do Consumidor e as cláusulas penais*. 2. ed. Rio de Janeiro: Forense, 2006.

NONATO, Orosimbo. *Curso de obrigações*. Rio de Janeiro: Forense, 1959. v. 2.

OLIVA, Milena Donato; ABILIO, Vivianne da Silveira. A cláusula penal compensatória estipulada em benefício do consumidor e o direito básico à reparação integral. *Revista de Direito do Consumidor*, v. 25, n. 105, p. 273-294, maio/jun. 2016.

OLIVA, Milena Donato. A responsabilidade do adquirente pelos encargos condominiais na propriedade horizontal. *Revista Trimestral de Direito Civil*, n. 26, p. 67-105, abr./jun. 2006.

PELUSO, Cezar (Coord.). *Código Civil comentado*. São Paulo: Manole, 2008.

PEREIRA, Caio Mário da Silva. *Condomínio e incorporações*. Rio de Janeiro: Forense, 2014.

PEREIRA, Caio Mário da Silva. *Instituições de direito civil*: teoria geral das obrigações. 26. ed. Rio de Janeiro: Forense, 2014. v. 2.

PEREIRA, Caio Mário da Silva. *Instituições de direito civil*: teoria geral das obrigações. 26. ed. Rio de Janeiro: Forense, 2014. v. 3.

PEREIRA, Caio Mário da Silva. *Responsabilidade civil*. 10. ed. Rio de Janeiro: GZ, 2012.

PEREIRA, Vinícius. *Cláusula de não indenizar*: entre riscos e equilíbrio. Rio de Janeiro: Lumen Iuris, 2015.

PERLINGIERI, Pietro. A doutrina do direito civil na legalidade constitucional. In: TEPEDINO, Gustavo (Org.). *Direito civil contemporâneo*: novos problemas à luz da legalidade constitucional. São Paulo: Atlas, 2008. p. 1-11.

PERLINGIERI, Pietro. Complessità e unitarietà dell'ordinamento giuridico vigente. In: PERLINGIERI, Pietro (Org.). *Rassegna di diritto civile*. Napoli, 2005. v. 1.

PERLINGIERI, Pietro. *Manuale di diritto civile*. Milão: Esi, 1997.

PERLINGIERI, Pietro. *O direito civil na legalidade constitucional*. Rio de Janeiro: Renovar, 2008.

PERLINGIERI, Pietro. *Perfis de direito civil*. Rio de Janeiro: Renovar, 2004.

PESSOA JORGE, Fernando. *Direito das obrigações*. Lisboa: Associação Acadêmica da Faculdade de Direito de Lisboa, 1975-1976.

PINTO MONTEIRO, António. *Cláusula penal e indemnização*. Coimbra: Almedina, 1990.

PINTO, Carlos Alberto da Mota. *Teoria geral do direito civil*. 3. ed. Coimbra: Coimbra, 1999.

PONTES DE MIRANDA, Francisco Cavalcanti. *Tratado de direito privado*: direito das obrigações. São Paulo: Revista dos Tribunais, 2012. t. 22.

PONTES DE MIRANDA, Francisco Cavalcanti. *Tratado de direito privado*: direito das obrigações. São Paulo: Revista dos Tribunais, 2012. t. 24.

PONTES DE MIRANDA, Francisco Cavalcanti. *Tratado de direito privado*: direito das obrigações. São Paulo: Revista dos Tribunais, 2012. t. 26.

POTHIER, Robert Joseph. *Tratado das obrigações*. Trad. Adrian Sotero de Witt Batista e Douglas Dias Ferreira. Campinas: Servanda, 2001.

PRATA, Ana. *Cláusulas de exclusão e limitação da responsabilidade contratual*. Almedina: Coimbra, 1985.

ROCHA, José Dionízio da. Das arras ou sinal. In: TEPEDINO, Gustavo (Coord.). *Obrigações*: estudo na perspectiva civil-constitucional. Rio de Janeiro: Renovar, 2005. p. 539-562.

RODOTÀ, Stefano. *Il problema della responsabilità civile*. Milão: Giuffrè, 1967.

RODRIGUES, Silvio. *Direito civil*: parte geral das obrigações. 30. ed. São Paulo: Saraiva, 2006. v. 2.

ROPPO, Vincenzo. *Il contratto*. Milão: Giuffrè, 2001.

ROSAS, Roberto Ferreira. Clausula penal: honorários advocatícios. *Revista dos Tribunais*, v. 61, n. 437, p. 268-270, 1972.

ROSENVALD, Nelson. *As funções da responsabilidade civil*: a reparação e a pena civil. São Paulo: Atlas, 2013.

ROSENVALD, Nelson. *Cláusula penal*: a pena privada nas relações negociais. Rio de Janeiro: Lumen Iuris, 2007.

RUGGIERO, Roberto de. *Instituições de direito civil*. 3. ed. São Paulo: Saraiva, 1973. v. 3.

RUSSO, Domenico. *Il patto penale tra funzione novativa e principio di equità*. Napoli: ESI, 2010.

SAVATIER, René. *La theorie des obligations*. 3. ed. Paris: Dalloz, 1974.

SAVI, Sergio. Inadimplemento das obrigações, mora e perdas e danos: (arts. 389 a 405). In: TEPEDINO, Gustavo (Coord.). *Obrigações*: estudos na perspectiva civil-constitucional. Rio de Janeiro: Renovar, 2005. p. 457-488.

SCHREIBER, Anderson. *A proibição do comportamento contraditório*: tutela da confiança e *venire contra factum proprium*. 3. ed. Rio de Janeiro: Renovar, 2012.

SCHREIBER, Anderson. A tríplice transformação do adimplemento: adimplemento substancial, inadimplemento antecipado e outras figuras. *Revista Trimestral de Direito Civil*, Rio de Janeiro, Padma, v. 32, p. 3-27, out./dez. 2007.

SCHREIBER, Anderson. *Novos paradigmas da responsabilidade civil*. 5. ed. São Paulo: Atlas, 2013.

SCHREIBER, Anderson. Reparação não pecuniária dos danos morais. In: FACHIN, Luiz Edson; TEPEDINO, Gustavo (Org.). *Pensamento crítico do direito civil brasileiro*. Curitiba: Juruá, 2011. p. 329-346.

SERPA LOPES, Miguel Maria de. *Curso de direito civil*: obrigações em geral. 4. ed. Rio de Janeiro: Freitas Bastos, 1966. v. 2.

SILVA, Clóvis do Couto e. *A obrigação como processo*. Rio de Janeiro: FGV, 2009.

SILVA, Jorge Cesa Ferreira da. *A boa-fé e a violação positiva do contrato*, Rio de Janeiro: Renovar, 2007.

SILVA, Jorge Cesa Ferreira da. *Inadimplemento das obrigações*: comentários aos arts. 389 a 420 do Código Civil. São Paulo: Revista dos Tribunais, 2007.

SILVEIRA, Paulo Burnier da. A cláusula penal no Brasil e em Portugal. *Revista Trimestral de Direito Civil*, v. 46, p. 131-158, abr./jun. 2011.

SOMBRA, Thiago Luis Santos. As arras e a cláusula penal no Código Civil de 2002. In: *Revista dos Tribunais*, v. 101, n. 917, p. 75-90, 2012.

SUPREMO TRIBUNAL DE JUSTIÇA. Empreitada. Objecto-produção de filmes. Resolução do contrato e seus efeitos. *Revista da Ordem dos Advogados de Portugal*, ano 45, v. 1, 1985. Disponível em: <http://www.oa.pt/Publicacoes/revista/default.aspx?idc=30777&idsc=26 91&volumeID=56204&anoID=56203>. Acesso em: 6/8/2018

REFERÊNCIAS | 203

TAVARES, Fernanda Girardi. Os instrumentos de equilíbrio contratual no Código Civil e no Código de Defesa do Consumidor: estudo da cláusula penal e da cláusula de não indenizar. In: MARQUES, Cláudia Lima (Coord.). *A nova crise do contrato*. São Paulo: Revista dos Tribunais, 2007. p. 360-399.

TELES, Inocêncio Galvão. *Manual de direito das obrigações*. Coimbra: Coimbra, 1965. t. 1.

TEPEDINO, Gustavo; SCHREIBER, Anderson. As penas privadas no direito brasileiro. In: SARMENTO, Daniel; GALDINO, Flavio (Org.). *Direitos Fundamentais*: estudos em homenagem ao Professor Ricardo Lobo Torres. Rio de Janeiro: Renovar, 2006. p. 499-525.

TEPEDINO, Gustavo; SCHREIBER, Anderson. *Código Civil comentado*: direito das obrigações. São Paulo: Atlas, 2008. v. 4.

TEPEDINO, Gustavo. A responsabilidade civil nos contratos de turismo. In: TEPEDINO, Gustavo. *Temas de direito civil*. 4. ed. Rio de Janeiro: Renovar, 2008. t. 1, p. 251-276.

TEPEDINO, Gustavo. As relações de consumo e a nova teoria contratual. In: TEPEDINO, Gustavo. *Temas de direito civil*. 4. ed. Rio de Janeiro: Renovar, 2008. t. 1.

TEPEDINO, Gustavo. *Comentários ao Novo Código Civil*: das várias espécies de contrato. Rio de Janeiro: Forense, 2008. v. 10.

TEPEDINO, Gustavo. Efeitos da crise econômica na execução dos contratos. In: TEPEDINO, Gustavo. *Temas de direito civil*. Rio de Janeiro: Forense, 2008. t. 1, p. 85-132.

TEPEDINO, Gustavo. Inadimplemento contratual e tutela específica das obrigações. In: TEPEDINO, Gustavo. *Soluções práticas de direito*: pareceres. São Paulo: Revista dos Tribunais, 2012. v. 2, p. 133-150.

TEPEDINO, Gustavo. Itinerário para um imprescindível debate metodológico. *Revista Trimestral de Direito Civil*, n. 35, p. V, jul./set. 2008.

TEPEDINO, Gustavo. Normas constitucionais e direito civil na construção unitária do ordenamento. In: TEPEDINO, Gustavo. *Temas de direito civil*. Rio de Janeiro: Forense, 2009. t. 3, p. 3-20.

TEPEDINO, Gustavo. Notas sobre a cláusula penal compensatória. *Revista Trimestral de Direito Civil*. Rio de Janeiro, v. 6, n. 23, p. 3-15, jul./set. 2005.

TEPEDINO, Gustavo. Notas sobre o nexo de causalidade. In: TEPEDINO, Gustavo. *Temas de direito civil*. Rio de Janeiro: Renovar, 2006. t. 2, p. 63-81.

TEPEDINO, Gustavo. Novos princípios contratuais e teoria da confiança: a exegese da cláusula *to the best knowledge of the sellers*. In: TEPEDINO, Gustavo. *Temas de direito civil*. Rio de Janeiro: Renovar, 2006. t. 2, p. 241-274.

TEPEDINO, Gustavo. Premissas metodológicas para constitucionalização do direito civil. In: TEPEDINO, Gustavo. *Temas de direito civil*. 4. ed. Rio de Janeiro: Renovar, 2008. t. 1, p. 1-24.

TEPEDINO, Gustavo. Sociedade prestadora de serviços intelectuais: qualificação das atividades privadas no âmbito do direito tributário. In: TEPEDINO, Gustavo. *Temas de direito civil*. Rio de Janeiro: Renovar, 2009. t. 3.

TERRA, Aline de Miranda Valverde. *Cláusula resolutiva expressa*. Belo Horizonte: Fórum, 2017.

TERRA, Aline de Miranda Valverde. *Inadimplemento anterior ao termo*. Rio de Janeiro: Renovar, 2009.

TORRENTE, Andrea; SCHLESINGER, Piero. *Manuale di diritto privato*. 12. ed. Milão: Giuffrè, 1985.

TRABUCCHI, Alberto. *Instituzioni di diritto civile*. 34. ed. Padova: CEDAM, 1993.

TRATARANO, Marco. *L'adeguamento della penale tra clausola e rapporto*. Milão: Esi, 2002.

TRIMARCHI, Vicenzo Michele. Clausola penale. In: NUOVISSIMO digesto italiano. 3. ed. Torino: VTET, 1957. v. 3.

TRIMARCHI, Vicenzo Michele. *Clausola penale*. Milão: Giuffrè, 1954.

VARELLA, Antunes. *Das obrigações em geral*. Coimbra: Almedina, 1995. v. 1.

VARELLA, Antunes. *Das obrigações em geral*. Coimbra: Almedina, 1995. v. 2.

VARELLA, Antunes. Parecer. *Revista da Ordem dos Advogados de Portugal*, v. 1, p. 159-197, 1985.

VENOSA, Silvio de Salvo. *Código Civil interpretado*. São Paulo: Atlas, 2013.

VENOSA, Sílvio de Salvo. *Direito civil, teoria geral das obrigações e teoria geral dos contratos*. São Paulo: Atlas, 2008.

VICENTE, Dário Moura. *Da responsabilidade pré-contratual em direito internacional privado*. Coimbra: Almedina, 2001.

VINEY, Geneviève. Les métamorphoses de la responsabilité: rapport de synthèse. In: VINEY, Geneviève. *Les métamorphoses de la responsabilité*: sixièmes journées René Savatier. Paris: Presses Universitaires de France, 1997. p. 323-339.

VISINTINI, Giovanna. *Tratado de la responsabilidad civil*. Buenos Aires: Astrea, 1999. t. 2.

VON TUHR, Andrea. *Tratado de las obligaciones*. Madrid: Reus, 1934.

ZOPPINI, Andrea. *La pena contrattuale*. Milão: Giuffrè, 1991.

ZULIANI, Enio Santarelli. Cláusula penal. *ADV: Advocacia Dinâmica – Seleções Jurídicas*, n. X, p. 12-18, 2001.

Esta obra foi composta em fonte Palatino Linotype, corpo 10
e impressa em papel Offset 75g (miolo) e Supremo 250g (capa)
pela Laser Plus Gráfica, em Belo Horizonte/MG.